Randel

Farbe, Tarot und Kabbala

Carla Randel

Farbe, Tarot und Kabbala

Die mythologische Entschlüsselung der beiden Paradiesbäume durch das Marseiller Tarot

KAILASH

KAILASH
Eine Buchreihe herausgegeben von Hajo Banzhaf

Die Deutsche Bibliothek – CIP-Einheitsaufnahme
Farbe, Tarot und Kabbala : die mythologische Entschlüsselung der beiden Paradiesbäume durch das Marseiller Tarot / Carla Randel. – München : Hugendubel, 1994
(Kailash)
ISBN 3-88034-703-4
NE: Randel, Carla

Umschlaggestaltung: Zembsch' Werkstatt, München
Produktion: Tillmann Roeder, München
Satz: Uhl + Massopust, Aalen
Druck und Bindung: Kösel, Kempten
Printed in Germany

ISBN 3-88034-703-4

INHALT

DOGMATIKER: *Ich lasse mich nicht irre schrein,*
Nicht durch Kritik noch Zweifel.
Der Teufel muß doch etwas sein;
wie gäb's denn sonst auch Teufel?

IDEALIST: *Die Phantasie in meinem Sinn*
Ist diesmal gar zu herrisch.
Fürwahr, wenn ich das alles bin,
So bin ich heute närrisch.

REALIST: *Das Wesen ist mir recht zur Qual*
und muß mich baß verdrießen;
Ich stehe hier zum ersten Mal
Nicht fest auf meinen Füßen.

SUPERNATURALIST: *Mit viel Vergnügen bin ich da*
Und freue mich mit diesen;
Denn von den Teufeln kann ich ja
Auf gute Geister schließen.

SKEPTIKER: *Sie gehn den Flämmchen auf der Spur,*
Und glaub'n sich nah dem Schatze.
Auf Teufel reimt der Zweifel nur,
Da bin ich recht am Platze.

Goethe, Faust I, Auszug aus dem
Walpurgisnachtstraum, V. 4343-4362

EINFÜHRUNG

Der Baum der zehn Punkte

Ein System von zehn Punkten ist zu einer Struktur angeordnet, die als Baum bezeichnet wird. Dieser Baum birgt in sich eine Farblehre, die in ihrem Aufbau einige Ordnungsprinzipien erkennen läßt. Das 10-Punkte-System enthält auf drei untereinanderliegenden Ebenen drei Dreiecke und einen einzeln stehenden Punkt. Das obere Dreieck ist unfarbig, denn Weiß, Grau und Schwarz gelten in der Farblehre als Nichtfarben. Das mittlere Dreieck wird aus den drei Grundfarben, auch Primärfarben genannt, gebildet. Alle anderen Farbtöne basieren auf ihrer Existenz. Die aus ihnen ermischten folgenden drei Farben, Grün, Orange, Violett, im unteren Dreieck werden als Sekundärfarben bezeichnet. Der 10. grau-braune Punkt stellt die Pigmentmischung (additive Mischung) aller Farben dar. Bevor jedoch von weiteren, äußerst vielfältigen Beziehungen im Baum die Rede sein kann, muß einiges zur Herkunft und zum Ursprung des 10-Punkte-Systems gesagt werden.

Die Kabbala und die Tora

Als Kabbala wird die jüdische, später auch jüdisch-christliche Geheimlehre verstanden. Sie basiert auf der Vorstellung von einem Sefirot-Baum (Sefirot = Punkte), der ebenso wie die Tora als Gesetzeskörper oder als Körper des einen Gottes JHWH (Jahwe) angesehen wird. Tora und Sefirot-Baum wollen den mystischen Namen Gottes darstellen. Beide werden als lebendiger Organismus betrachtet, dem die 22 Buchstaben des hebräischen Alphabets zugrunde liegen. Das alte, traditionelle Judentum unterscheidet eine schriftliche und eine mündliche Tora. Die schriftliche Tora umfaßt die fünf Bücher Mose, während die mündliche die geometrische Figur des Sefirot-Baumes überliefert hat. Die Tora hat Moses nach rabbinischer Darstellung in zweierlei Form gleichzeitig auf zwei Steintafeln am Sinai empfangen. Von den Sefirot sind, als exoterische Gesetze, die zehn Gebote auch jedem Christen geläufig, ihre esoterischen Inhalte verbergen sich in der Baumstruktur.

Moses hat die ersten beiden Tafeln, die er aus Gottes Händen empfing, zerschmettert, weil er die Menschen für unwürdig befand, das Wesen des einen Gottes zu erfassen, denn sie verehrten noch die alten Götter. Gott, der Herr, aber hatte das jüdische Volk ausersehen, allein ihm zu folgen. Und so führte Moses mit der Erneuerung des Bundes seinen Willen aus, indem er den Monotheismus gegen die Verehrung der vielgestaltigen Naturgötter durchsetzte. Er rief dazu das auserwählte Volk auf, die Ungläubigen im Lager mit dem Schwert zu erschlagen. 3000 Menschen fielen ihnen zum Opfer, wie befohlen waren es auch der Bruder, der Freund oder der Nächste (Exodus 32,27-29). Es war der Anfang aller im Namen von JHWH verübten Greueltaten, als Folge mißverstandener Handlungsanweisungen.

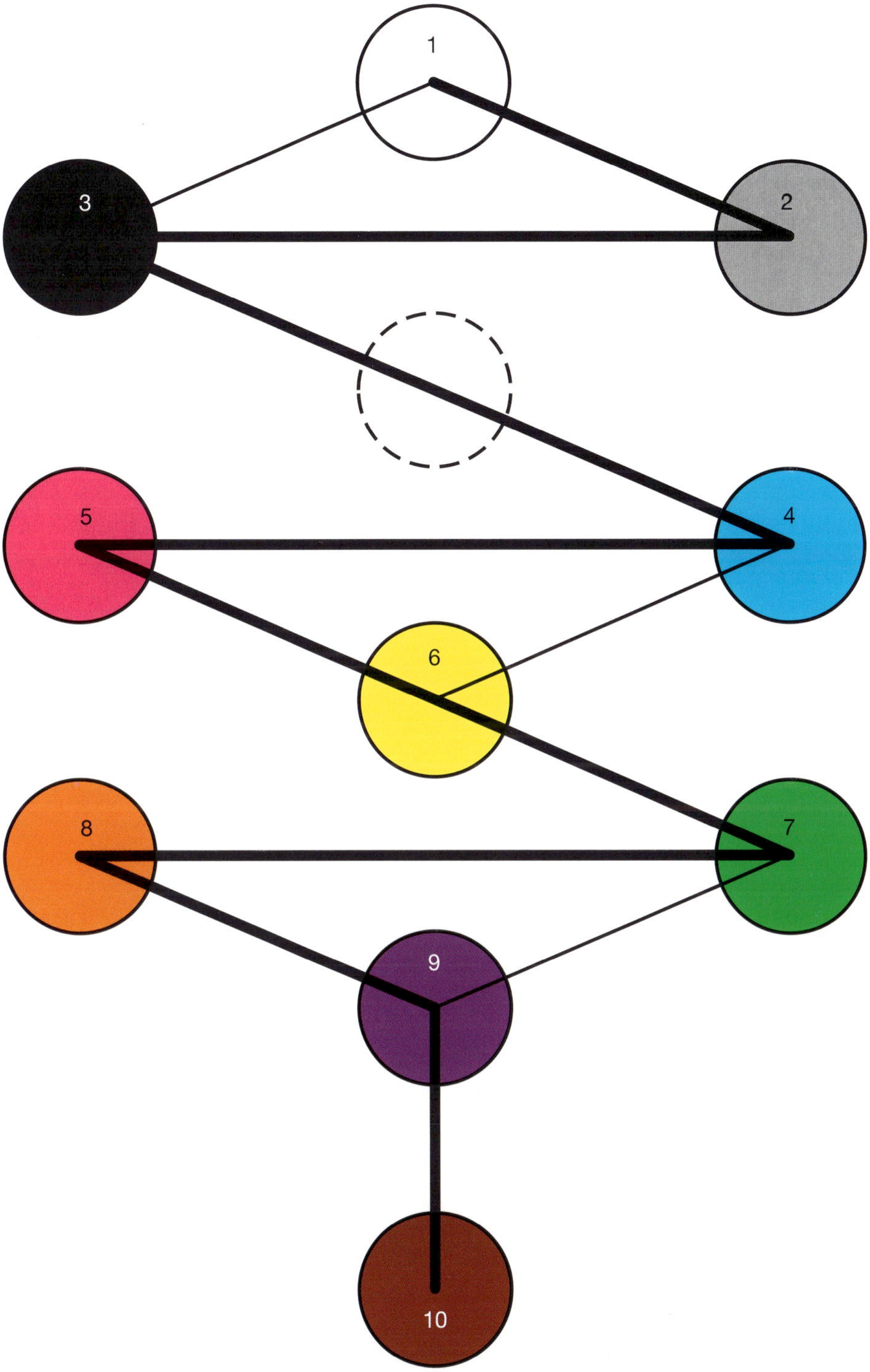

Der lebendige Organismus des kabbalistischen 10-Punkte-Baumes, auch Körper Gottes oder Gesetzeskörper genannt. In der Genesis wird der 10-Punkte-Baum als Baum des Lebens und als Baum der Erkenntnis mit zwei unterschiedlichen Qualitäten beschrieben.

Die Kabbala der zehn Sefirot

Jeder der 22 Buchstaben des hebräischen Alphabets steht für ein Attribut Gottes. Die schriftliche Tora wie auch der Sefirot-Baum sind Buchstabenkombinationen, die ein mystisches Bild von der schöpferischen Vielfalt Gottes darstellen wollen. Die Tora wird auch mit ihrer Anzahl und Zusammenstellung der Buchstaben als der eine, geheimnisvolle Name Gottes angesehen. Ihre schriftliche Darstellung wurde deswegen schon immer mit äußerster Genauigkeit vollzogen, denn ein fehlender oder überzähliger Buchstabe würde den Körper und Gottesnamen verfälschen. Die feststehende Gestalt der schriftlichen Tora, wie sie vom rabbinischen Judentum gedeutet wird, wie auch die Gestalt des Sefirot-Baumes, die Deutungsvorlage für das kabbalistische Judentum ist, durften nicht angetastet werden. Es existiert aber die Idee von unsichtbaren Teilen in der Tora, die dereinst wieder sichtbar werden sollen. Sie birgt die Utopie von einer Rückkehr zu einer ursprünglichen Form, die etwas jetzt Fehlendes enthalten werde, das in ihr enthalten war, bevor durch den Sündenfall die Frucht vom Baum der Erkenntnis genommen wurde. Im Sefirot-Baum wird ein unsichtbarer Punkt zwischen dem höchsten Dreieck und dem ihm spiegelbildlich gegenüberliegenden Dreieck angedeutet. Der Schöpfungsmythos berichtet im zweiten Teil der Genesis von der Existenz zweier Bäume, vom Baum des Lebens und vom Baum der Erkenntnis. Es werden somit beide Bäume zu errichten sein, um die Utopie zu erfüllen, denn die Frucht vom Baum des Lebens verspricht das ewige Leben jenseits der Erkenntnis von der Gottähnlichkeit, die der Mensch durch den Sündenfall sah.

Das kulturelle Umfeld der Kabbala

Eine einheitliche Lehre der Kabbalisten gibt es nicht. Die ersten schriftlichen Aufzeichnungen entstanden im 13. Jahrhundert in Spanien. Sie waren betont bilderfeindlich und sorgsam darum bemüht, die Welt der Symbole und der durch sie hindurchschimmernden Mythen auf abstrakte Begriffe und Zahlenkombinationen zu reduzieren. Sie erreichten damit eine Verselbständigung der lebendigen Gesetze, die ohne ihren ursprünglichen Bezug zum Kosmos und zur Natur ihrer Wertfreiheit, und damit ihres Gleichgewichts, beraubt wurden. Die Gesetze des Lebens aber kennen keine Werte, sondern nur das lebensnotwendige Wechselspiel von polaren Energien.

Der religiöse Urantrieb des jüdischen Monotheismus war als Gegenschlag gegen die Welt des Naturmythos gedacht. Das erstaunliche am Sefirot-Baum ist jedoch sein unübersehbarer Bezug zu den alten Naturreligionen mit ihrem pantheistischen Götterhimmel. Die Symbolik und die Bildhaftigkeit der göttlichen Attribute von Jahwe wurden bereits von einigen mittelalterlichen Kabbalisten als mythisch benannt. Das ging aber niemals soweit, im Sefirot-Baum beispielsweise eine eigenständige, weibliche Schöpferkraft im Zusammenwirken mit dem männlichen Schöpfer anzuerkennen. Die weibliche Symbolik im Sefirot-Baum wurde dem alleinigen Schöpfer als das ihm innewohnende weibliche Prinzip zugeordnet.

Gott Vaters Strafrede, Meister Bertram, 1379. Unten sind vor der Schlange der Baum des Lebens und der Baum der Erkenntnis abgebildet. Eva weist mit einer die Zwei betonenden Geste auf die Bäume und auf die Schlange. Alle Hände betonen die Zwei. Gott Vater zeigt nach oben, Adam weist auf Eva, Eva zeigt nach unten. Gemeinsam bilden alle das Gesetz der Einheit ab, die durch den großen Baum dargestellt ist. Unterhalb seiner Krone weist er ein Loch auf, ein Hinweis auf die fehlende Frucht, die alle Trennung aufhebt.

Das kulturelle Umfeld des Weltenbaumes

Der Sefirot-Baum, auch Baum Gottes oder Weltenbaum genannt, beschreibt für die kabbalistische Lehre im Judentum das verborgene Leben im Körper Gottes. Die ihm innewohnende Symbolwelt hat aber bereits die frühchristlichen, gnostischen Sekten schon zu der, besonders für das rabbinische Judentum, ketzerischen Frage geführt, ob die Kabbala wirklich jüdischen Ursprungs ist oder vielmehr die Verarbeitung eines weitaus älteren kulturellen Erbes aus dem weiten Umfeld von religiösen und philosophischen Vorstellungen, mit denen die wandernden jüdischen Stämme in Berührung gekommen waren.

So findet man die aus der Genesis bekannten Sinnbilder und Geschehnisse als Variationen des gleichen mythischen Stoffes ebenfalls in den Mythen anderer Völker wieder. Um hier nur ein Beispiel anzuführen, sei das aus dem Euphrat-Tigris-Gebiet stammende Gilgamesch-Epos erwähnt. Ähnlich wie im biblischen Bericht vom Sündenfall wird eine listige Schlange beschrieben. Gilgamesch wollte so unsterblich werden wie ein göttliches Wesen. Auf der Suche nach einer Unsterblichkeit verleihenden Pflanze, die ihm verheißen worden war, tauchte er in die Tiefe eines Wassers. Dort fand er das ersehnte Geheimnis und brachte die symbolische Pflanze ans Ufer. In einem unbewachten Moment jedoch wurde sie ihm von einer listigen Schlange gestohlen. Folglich hatte sie sich in den Besitz der Unsterblichkeit gebracht. Die Schlange galt jedoch in den frühen orientalischen Kulturen als Sinnbild der Erneuerung durch Wandlung. Sie verkörperte die weibliche Weisheit, d. h. das Wissen um die zyklische Erneuerung der Natur. Diese Erneuerung wurde auch mit dem Mondrhythmus in Verbindung gebracht, der Einfluß auf die zyklischen Abläufe im weiblichen Körper wie auch auf die Bewegung der großen Wasser hat. Die beiden Quellen des Lebens sind zugleich Sinnbilder der Auflösung von Körperformen. Schlangen müssen ihre Körperhüllen abstreifen, um wachsen zu können. Ihre Häutung befreit sie von der alten, absterbenden Lebensform und wachsend bildet sich eine neue.

In der Genesis heißt es über die Schlange, sie habe Eva dazu verführt, die verbotene Frucht vom Baum der Erkenntnis zu pflücken. Sie habe Eva zuvor auch darauf hingewiesen, daß sie nicht sterben würde, wie Gott es angedroht hatte. Im Gegenteil, sie würde werden wie Gott. Erst nachdem Gott sah, daß Eva und durch sie auch Adam die Augen aufgegangen waren und sie erkannten, daß sie nackt, d. h. hüllenlos wie eine gehäutete, sich ständig erneuernde Schlange, waren, verstieß er sie aus dem Paradies, denn dort gab es noch einen zweiten Baum, den Baum des Lebens. Das Wissen um das Wesen der beiden Bäume wäre die unverhüllte Einsicht in den Spiegel der Ewigkeit gewesen. Den Weg zum Baum des Lebens ließ Gott daher durch Engel mit flammendem Schwert bewachen.

Die Weisheit der Schlange meint das Wissen um einen inneren, unsterblichen Wesenskern, der im Zustand des Todes, in seiner nackten Körperlosigkeit, seiner Wiederbelebung gewiß ist. Erst die Angst vor einem Lebensende ohne Wiederkehr stellt die Welt aller materiellen Erscheinungen als gut, die unsichtbare Welt der Wandlungen aber nur als lebensfeindlich und somit als böse dar.

Das Gilgamesch-Epos bietet außer der Schlange noch andere bemerkenswerte Hintergründe zum biblischen Sündenfall. So wird dort mehrfach die babylonische Göttin

Ischtar erwähnt. Sie galt, wie auch Eva, als Mutter alles Lebenden. Eva war diese Rolle von Gott nach dem Sündenfall zugewiesen worden. Ischtar, die Göttin der Liebe, war jedoch gleichzeitig die gefürchtete Todesbotin. Sie verkörperte beide Kräfte und damit die Macht über Leben und Tod, denn nur als Einheit bilden diese Polaritäten die Gesetze allen Lebens.

Mit dem Blick auf die Große Göttin ist ein biblischer Satz, den Gott an die Schlange richtet, vielleicht besser zu verstehen. Er sagt zu ihr: »Ich will Feindschaft setzen zwischen dich und dem Weibe, zwischen deinen Samen und ihren Samen«, und teilt ihr damit nur die Einsicht in die Hälfte des lebendigen Gesetzeskörpers zu. Den anderen Teil, das Wissen um das Leben im Tod, ließ er hinfort bei der als böse bezeichneten Schlange. Durch dieses Eingreifen trennte er Eva von ihrer ursprünglichen Weisheit, denn die zukünftige Mutter allen Lebens war durch die Frucht vom Baum der Erkenntnis zu der Einsicht gelangt, daß alles Leben in der Natur fortwährenden Wandlungen unterliegt, der innere Grund aber für diese Wandlungen blieb ihr verborgen. Die babylonische Göttin der Frühzeit mußte der patriarchalischen Angst vor dem Verlust der Körperhülle weichen. Es war die Angst vor der Einsicht in das finstere Reich der Wasser und der weiblichen Tiefe.

Welche Umdeutung das Bildsymbol Schlange wann erfahren hat, läßt sich kaum noch ermitteln. Der Held Gilgamesch aber ist mit seinen Taten ein beredtes Zeitzeugnis patriarchalischer Auflehnung gegen das Gesetz der Göttin Ischtar.

Als Lebenszeit von Moses wird das 13. Jahrhundert v. Chr. angegeben. Eine endgültige Zusammenstellung aber läßt sich wohl mit dem Aufenthalt eines jüdischen Stammes im babylonischen Exil von 586–538 v. Chr. datieren. Daraus ergibt sich eine interessante Gleichzeitigkeit der schriftlichen Fixierung von verwandten mythischen Bildern.

Die Verbindung zwischen dem Marseiller Tarot und der Alchemie

Wenn die 22 Buchstaben des hebräischen Alphabets in den 22 Großen Arkana des Marseiller Tarot (Arkanum = Geheimnis) eine optische Übersetzung gefunden haben sollen, stellt sich natürlich die Frage, wo der Urheber dieser Bilder zu suchen ist und wann er gelebt hat. Die Herkunft des Tarot ist von vielerlei Spekulationen umrankt. So existiert u. a. die Vermutung, das Spiel könnte aus Ägypten stammen, weil Moses von dorther kam und das Wissen der ägyptischen Priester für sein Volk in der Gestalt von Gesetzestafeln aufbereitete. Das Tarot wird daher bei einigen Deutern als Buch Thoth bezeichnet. Thoth war der ägyptische Gott der Weisheit, der Heilkunst und der Schreibkunst. In der kulturellen Spätzeit Ägyptens wurde Thoth mit dem legendären Weisheitslehrer Hermes Trismegistos identifiziert, der als Urheber der mittelalterlichen Alchemie gilt. Seine zwölf Lehrsätze auf der »Tabula smaragdina« beschreiben das Große Werk, das die Alchemisten nachvollziehen wollten. Das Große Werk aber ist nichts anderes als ein symbolischer Nachvollzug der biblischen Genesis, der bei einigen Alchemisten 78 Wandlungsstufen umfaßt und insgesamt als dreistufiges Werk bezeichnet wird. Die »Tabula smaragdina« tauchte zuerst im ägyptischen Alexandrien auf, das um die Jahrtausendwende ein kulturelles Sammelbecken aller umliegenden Völker war.

Esmeralda, Zigeunerwahrsagerin mit Ziege, von Antoine Wiertz, 1839.

Das Tarotspiel ist seit dem Mittelalter in Europa bekannt. Es kursierte in höfischen Kreisen, obgleich die Kirche dieses Spiel verboten hatte. Man bediente sich seiner somit nur im geheimen. Auch damals gab es Menschen, die sich dem einschränkenden Diktat über religiöse Inhalte und dem Glaubensdogma der Kirche nicht unterwarfen. Zu ihnen gehörten u. a. auch jene Frauen, die im Mittelalter als Hexen verbrannt wurden. Nicht zufällig wurde das verbotene Spiel daher von Zigeunern aufgenommen und zum Wahrsagen benutzt, denn sie waren offen für eine uneingeschränkte, ganzheitliche Lehre.

Der Ursprung der 78 Karten, von denen 22 mit bildnerischen Motiven und 56 mit Elementarzeichen und höfischen Trägern von Elementezeichen versehen sind, ist genau dort zu suchen, woher sie ihr mittelalterliches Gewand bekamen, in Europa. Im 13. und

14. Jahrhundert begann sich die Praxis der Alchemie auszubreiten. In ihr verschmolzen religiöse Vorstellungen der alten Kulturvölker mit jüdisch-christlichen Glaubensinhalten. Die Absicht der Alchemisten bestand darin, Gold künstlich herzustellen. Sie sahen im Gold, das im Chaos der unreinen Erde, in einer *prima matera,* immer in reiner Form verborgen ist, die göttliche Seele, die im Körper des Menschen unerkannt wirkt. In einem alchemistischen Läuterungsprozeß sollte das philosophische, erhöhte Gold zum Vorschein gebracht werden. Die Grundlage der philosophischen Praxis war die jüdische Kabbala. Ihren abstrakten Gesetzeskörper übersetzten sie in Bilder. Diese illustrierten die beiden unterschiedlichen Schöpfungsberichte der Bibel in sehr differenzierter Weise. Als schriftliche Unterweisung für ihre Entzifferung diente ihnen zusätzlich die Schrift, die von Hermes Trismegistos verfaßt sein soll. Der Name des Autors ist jedoch unbekannt, denn der Begriff Hermes Trismegistos beschreibt gleich einer Überschrift den Inhalt von zwölf Lehrsätzen. Der griechische Gott Hermes verkörpert in der Mythologie die Beweglichkeit zwischen gegensätzlichen Kraftpolen. Er galt als Bote der Götter wie auch als weiser Wegbegleiter durch die Unterwelt und steht damit symbolisch für jede lebendige Bewegung, die Leben in verschiedenen Ausformungen verursacht. Der Begriff *trismegistos,* »dreimalgroß«, beschreibt eine geometrische Formel innerhalb des kabbalistischen Gesetzeskörpers, die allem Lebendigen als Potential zugrunde liegt. Diese Formel hat eine dreistufige Gestalt, die das gesamte Potential im Urbild jenes Menschen beinhaltet, der am sechsten Schöpfungstag als Ebenbild Gottes erschaffen wurde. Das Urbild Adams, das als Mann und Frau erschaffen wurde, wird im ersten Teil der Genesis errichtet.

Die 22 Großen Arkana des Marseiller Tarot beinhalten eine Darstellung des zweiten Teils der Genesis. In diesem Teil werden die Geschehnisse im Garten Eden dargestellt, in dem es zwei Bäume und zwei Menschen gibt. Die 22 hebräischen Buchstaben schildern den Weg des Menschen, der aus der Ur-Einheit herausgetreten ist, um durch sein Leben und seine Suche nach Erkenntnis sein gesamtes Potential zum Vorschein zu bringen, das unerkannt in ihm wirkt. Der Weg enthält das Ziel, in dem der Ursprung sichtbar wird. Der Weg zum Ziel soll daher hier zuerst dargestellt werden.

Die Lehre der Farben von der Einheit gegensätzlicher Paare

Vor dem Errichten von Farbbäumen ist es notwendig, an dieser Stelle auf ein Phänomen hinzuweisen, das sich beim Sehen im Gehirn abspielt. Betrachtet man eine Farbe, entsteht im Gehirn Bewegung. Eine einseitige Beeinflussung oder Überflutung mit einer Farbe ruft augenblicklich die Komplementärfarbe hervor. Beide zusammen bilden sie die Gesamtheit aller Farben, deren Grundlage die drei Primärfarben Blau, Rot, Gelb sind. Um das Gesetz mit eigenen Augen zu erfahren, sind auf den folgenden Seiten farbige Punkte abgebildet. Zu den drei Primärfarben sei vorweg noch angemerkt, daß es für diesen Versuch nicht die reinen Grundfarben sein müssen, die z. B. für den zu Beginn vorgestellten 10-Punkte-Baum von grundsätzlicher Bedeutung sind. Eine reine Grundfarbe ist daran zu erkennen, daß sie keinerlei Beimischung enthält. So soll Rot ohne eine Spur von Gelb sein, in seiner Reinheit wird es als Purpur bezeichnet. Das gleiche gilt für Blau, das als reine Grundfarbe Cölin-Blau genannt wird. Man kann die Ermittlung der

Sehtest: Fixiert man den weißen Punkt eine Weile, stellt sich zuerst ein dunkler Rand ein. Richtet man danach den Blick auf eine neutrale Fläche, erscheint ein schwarzer Punkt auf weißem Grund.

Komplementärfarben mit reinen Farben nachvollziehen, man kann aber auch von jeder beliebigen Farbe ausgehen, denn unsere Augen werden die jeweils richtige Komplementärfarbe erblicken, die das Gehirn uns als sichtbaren Beweis einer im Innern des Menschen angelegten Ganzheit vor Augen führt. Beginnen wir die Versuchsreihe deswegen am einfachsten und klarsten mit den sogenannten Nichtfarben Schwarz und Weiß.

Fixiert man den weißen Punkt eine Weile, wird man bemerken, daß er sich in seiner Mitte verdunkelt. Richtet man die Augen dann auf eine weiße Fläche und läßt sie dort ruhen, wird sich das Gegenbild einstellen, der weiße Punkt erscheint jetzt schwarz, die schwarze Fläche der Umgebung erscheint als weißes Licht. Da die nach außen

Sehtest: Fixiert man den schwarzen Punkt eine Weile, stellt sich zuerst ein leuchtend heller Rand ein. Richtet man danach den Blick auf eine neutrale Fläche, erscheint ein weißer Punkt auf schwarzem Grund.

projizierten Komplementärfarben im Gehirn produziert wurden, sind sie leuchtende Lichtfarben. Eine dem Menschen innewohnende Gesetzmäßigkeit hat ihn mit der Fähigkeit ausgestattet, die Ergänzung zur Ganzheit auch sichtbar wahrzunehmen. Schwarz und Weiß sind das ursprünglichste Gegensatzpaar, das durch Bewegung seinen Partner findet und gemeinsam eine Einheit darstellt.

Es lohnt sich, den Versuch ebenfalls mit dem schwarzen Punkt zu machen, und sei es nur, um zu sehen, welch ein strahlendes Licht an seinen Rändern sichtbar wird.

Den ersten Versuch mit Schwarz und Weiß werden auch Farbblinde in gleicher Weise wie Normalsichtige wahrnehmen. Bei den folgenden Versuchen wird sich jedoch die individuelle Sehweise möglicherweise auswirken. Aber, was auch immer ein Mensch

Simultankontrast.
Das Rot im Zentrum verändert seine Farbigkeit durch die Umgebung.

sieht, und das kann, je nach innerer Prägung, durchaus sehr unterschiedlich sein, er erzielt die richtige Komplementärfarbe und damit die Ganzheit von innen nach außen. Bei Farbblindheit kann es im extremsten Fall auch zu einer Umkehrung, zu einer komplementär vertauschten Sicht von z. B. Rot und Grün kommen, die Gegenbewegung im Gehirn aber bleibt immer vorhanden. Möglicherweise reagiert das Gehirn in solchen Fällen zu schnell, so daß das Gegenbild die vom Auge nach innen gebrachte Farbe sofort überflutet. Der Blick auf die im Gehirn ablaufenden Steuerungsvorgänge erlaubt uns einen Einblick in einen beständig ablaufenden Heilungsprozeß.

Die folgenden drei Punkte mit den reinen Grundfarben auf weißem Grund sollen auf den Farbbaum vorbereiten. Der weiße Hintergrund ist deswegen wichtig, weil das Wahrnehmen von Farbe sich auch noch aus einem anderen Grund als dem oben angegebenen als äußerst relativ erweist, denn je nach farbiger Umgebung erscheint eine absolut identische Farbe durch die Beeinflussung der augenblicklich einsetzenden Gegensteuerung im Gehirn variabel. In der Farblehre nennt man dieses Phänomen Simultankontrast. Ein angefügtes Beispiel soll diese Erscheinung deutlich machen und als Anregung dienen, Versuche mit anderen Farbkombinationen selber anzustellen. Für die Darstellung der Farblehre des 10-Punkte-Baumes ist diese Augentäuschung ohne Bedeutung.

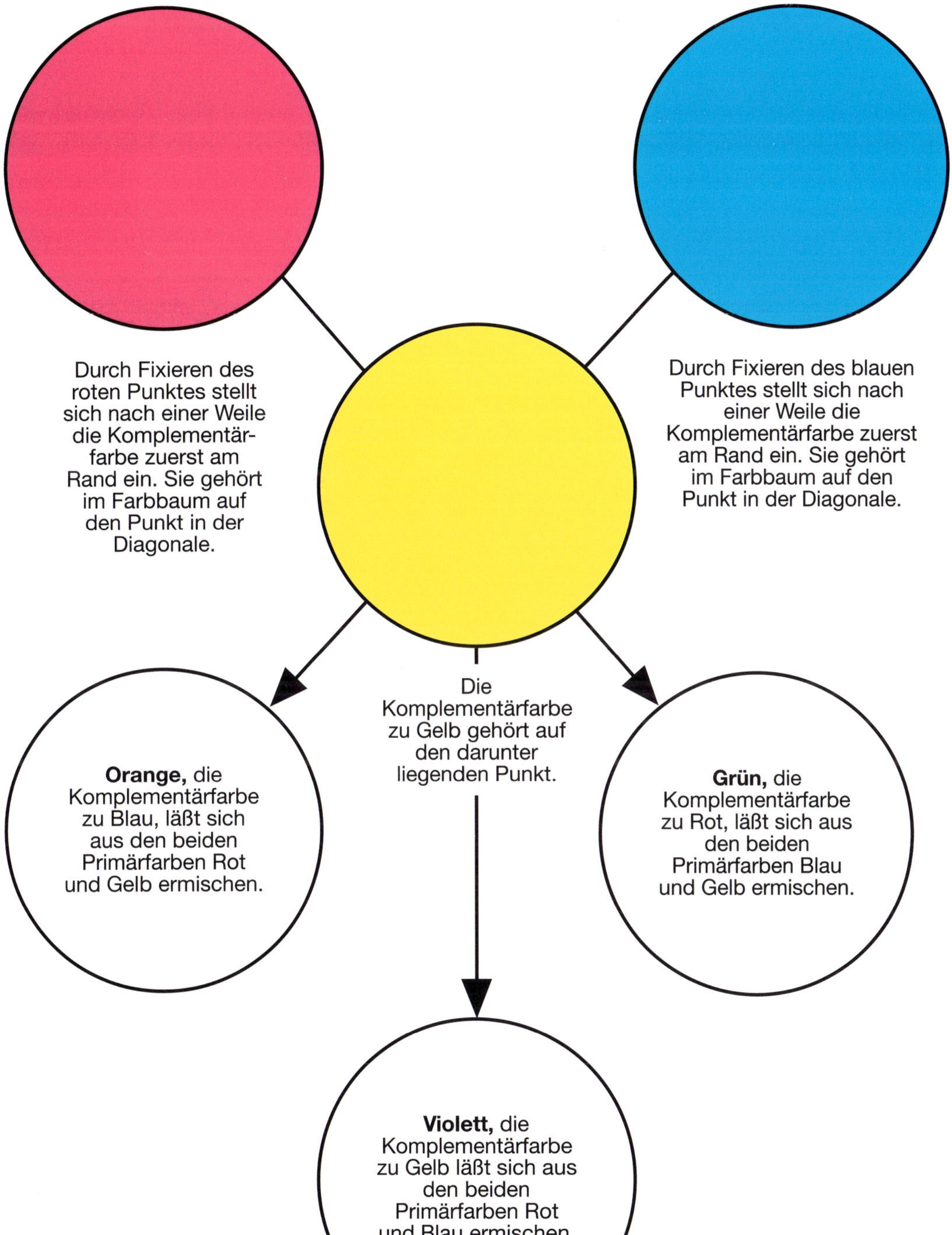
Durch Fixieren des roten Punktes stellt sich nach einer Weile die Komplementärfarbe zuerst am Rand ein. Sie gehört im Farbbaum auf den Punkt in der Diagonale.
Durch Fixieren des blauen Punktes stellt sich nach einer Weile die Komplementärfarbe zuerst am Rand ein. Sie gehört im Farbbaum auf den Punkt in der Diagonale.
Die Komplementärfarbe zu Gelb gehört auf den darunter liegenden Punkt.
Orange, die Komplementärfarbe zu Blau, läßt sich aus den beiden Primärfarben Rot und Gelb ermischen.
Grün, die Komplementärfarbe zu Rot, läßt sich aus den beiden Primärfarben Blau und Gelb ermischen.
Violett, die Komplementärfarbe zu Gelb läßt sich aus den beiden Primärfarben Rot und Blau ermischen.

Farbtest

Erkenntnistheorie und Farbenlehre bei Goethe

Auf Goethes »Farbenlehre« soll hier deswegen kurz eingegangen werden, weil sie von der Grundidee Ähnlichkeiten, in den Anordnungen jedoch augenfällige Unterschiede aufweist. Goethe war der erste europäische Farbtheoretiker, der eine Farblehre mit erkenntnistheoretischen Fragen verband. In seinen Untersuchungsmethoden ging er ausschließlich von optisch wahrnehmbaren Erscheinungen und nicht von Hypothesen aus. Der wesentliche Kern seiner Lehre ist das Gesetz der Polarität. In diesem Punkt scheint er auch den kabbalistischen Farbbaum zu beschreiben, seine Farbsteigerungsdarstellungen ließen ihn jedoch zu einer anderen Ordnung und damit auch Gewichtung kommen.

Daß die Ur-Gegensätze, Goethe nannte sie Licht und Finsternis, einander bedingen, daß sie sich wechselseitig hervorrufen, konnte der Betrachter bereits mit eigenen Augen wahrnehmen. Man könnte auch sagen, daß die eine Seite in der anderen angelegt ist, daß die eine Existenz auf der anderen basiert, und sie damit als unzertrennliches Gegensatzpaar bezeichnet werden, das sich in einem Spannungsverhältnis befindet.

Ausgehend von diesem Ur-Gegensatzpaar machte Goethe viele Versuche mit einem Prisma. Durch die Lichtbrechung erscheinen an Rändern von Weiß und Schwarz oder an dunklen Grenzen von Gegenständen leuchtend klare Farben. Goethe nannte dieses Phänomen Kantenspektrum, weil es sich nur dort einstellt, wo Licht und Finsternis sich gegenüberstehen, und sei es nur in der Form eines zartesten Schattens. Denn richtet man ein Prisma auf eine weiße Fläche, wird man vergeblich nach farbigen Ausgliederungen suchen. Diese Wahrnehmung führte Goethe zu einer heftigen Polemik gegen den Physiker Newton, der in seinem Werk über Optik die Behauptung aufgestellt hatte, daß »das weiße Licht aus sieben farbigen Lichtern« zusammengesetzt sei. Goethe warf ihm vor, er habe durch zu kompliziert durchgeführte Versuchsreihen, die nicht vom Einfachen ausgegangen wären, zu Suggestiv-Lehrsätzen gefunden. Damit habe er verhindert, daß der Anteil Finsternis am Licht, und damit an der Farbe, deutlich dargestellt würde.

Goethes Vorwurf ist insofern interessant, als wir im Zusammenhang mit dem 10-Punkte-System auch einer erkenntnistheoretischen Farblehre begegnen werden, die ganz offensichtlich auf Sinneswahrnehmung von Naturerscheinungen beruht und nicht auf physikalischen Thesen, die möglicherweise berechenbar sind, sich einer Wahrnehmung jedoch entziehen. Dieser letzte Satz betrifft die sich ergebende Folgerung aus Newtons Lehrsatz, wonach alles, was zergliedert ist, sich auch wieder zusammenfügen lassen müsse zu »reinem Licht«. Das aber funktioniert nur über die These, nicht aber in Versuchen, die man beispielsweise mit Hilfe von Kreiseln oder Schwungrädern anstellen kann. In Bewegung versetzte Farbsegmente lassen ein helles Grau erkennen, das jedoch nicht vergleichbar ist mit »reinem« Weiß. Die besondere Erscheinung dieser subtraktiven Farbmischung wird aber für den »verborgenen« Punkt im Baum der Erkenntnis noch von Bedeutung sein. Der Farbbaum enthält in seinem tiefsten Punkt das Ergebnis der additiven Mischung aller Farben. In dem Punkt, der über den beiden Farbdreiecken steht, findet sich hingegen das Ergebnis einer subtraktiven Mischung. Aus stofflichem Grau-Braun und einer hellgrauen Lichterscheinung läßt sich somit die Welt aller Farben entfalten.

Der Blick durch ein waagerecht gehaltenes Prisma läßt an schwarzen Rändern folgende Farberscheinung erkennen: Nach oben gerichtet folgt dem Violett das Cölin-Blau, nach unten entfaltet sich zuerst das Purpur-Rot, dem das Gelb folgt. Grün entsteht ausschließlich dort, wo sich die beiden Farbreihen übereinanderschieben.

Chromatisch abfolgendes Sechseck nach Goethe.

Ein Unterschied zwischen Goethes Farblehre und dem Farbbaum zeigt sich in der Farbenanordnung. Goethe ordnet die Farben zu einem chromatischen Farbkreis, indem er die drei Primärfarben Cölin-Blau, Purpur-Rot und Gelb in ein mit der Spitze nach oben weisendes Dreieck brachte, und ein zweites, nach unten gerichtetes Dreieck mit den Sekundärfarben Grün, Orange und Violett so hinzufügte, daß die Sekundärfarben zwischen den Farben stehen, aus denen sie sich mischen lassen. In diesem Sechseck stehen sich die Komplementärfarben gegenüber. Die Hervorhebung des Purpur-Rot im höchsten Punkt hängt mit seiner Theorie von der »Steigerung ins Rote« zusammen, wonach sich Blau und Gelb nicht verdichten lassen, ohne daß es zu einem rötlichen Schein kommt.

Auch im Farbbaum sind die Farben zwei Dreiecken zugeordnet, auch sie lassen sich, wenn man sie unabhängig von der Spitze im Baum betrachten will, als Sechseck darstellen, in dem sich die Komplementärfarben gegenüberstehen, nur kommt es dabei zu keiner chromatischen Farbfolge, sondern zur deutlichen Trennung von oben und unten. Entscheidend ist jedoch, daß Gelb als die lichthellste Farbe die Spitze einnimmt,

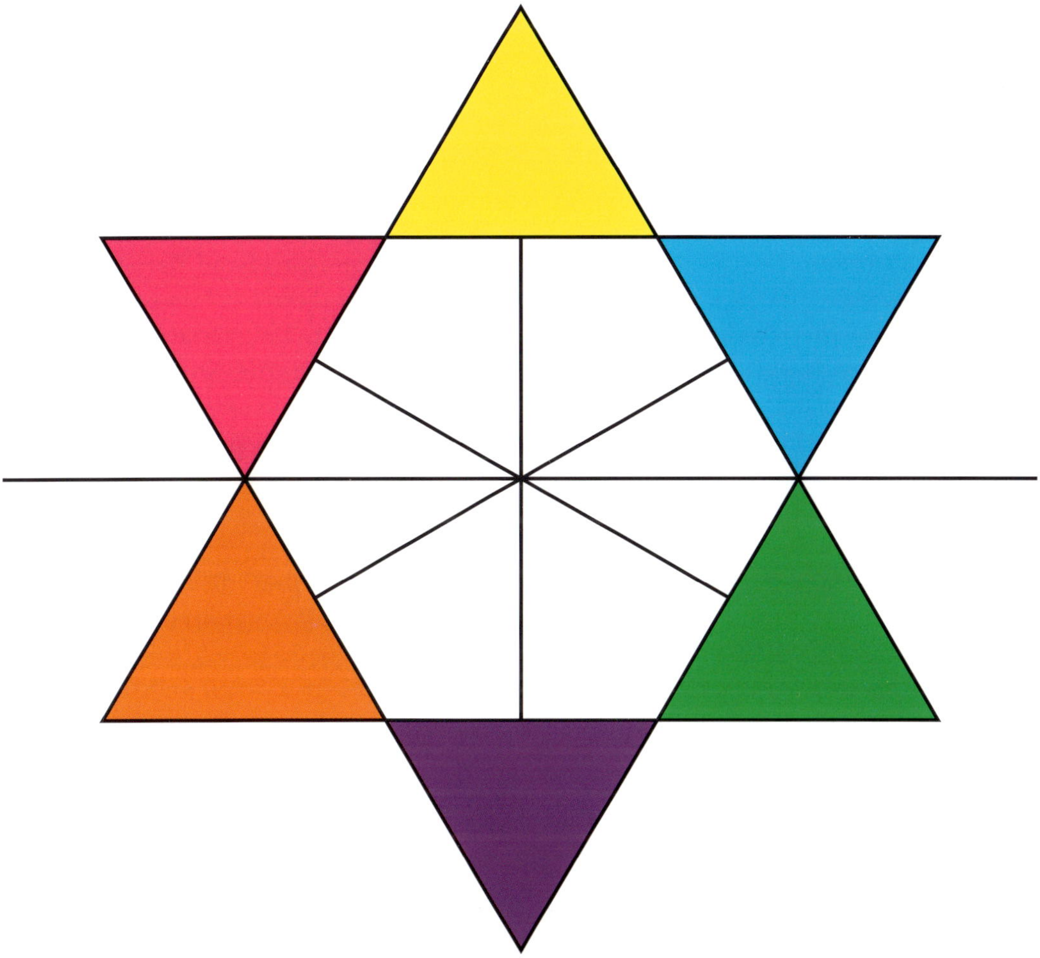

Sechseck im kabbalistischen System mit dem Prinzip Trennung und Durchdringung.

während die dunkelste Farbe, Violett, ihr unten gegenübersteht. Der obere Teil des Sechsecks enthält die drei Primärfarben, der untere die Mischfarben. Bei den sich ergebenden Dreiecken fällt ins Auge, daß das eine ohne Gelbanteil, das andere vollkommen gelbbestimmt ist. Die Gleichzeitigkeit von Trennung und Durchdringung läßt vielleicht schon hier erahnen, daß sich dahinter mehr verbirgt als eine oberflächliche Farblehre.

Dem Farbtheoretiker Goethe wird zwar nachgesagt, er habe gewisse Einsichten in das Wesen der Kabbala gehabt, in seiner »Farbenlehre« gibt es darauf aber keine Hinweise. Mit seiner Anordnung des Purpur an der Spitze widerspricht er, meiner Ansicht nach, sogar seiner eigenen Einsicht in das Gesetz der grundlegenden Polaritäten von Schwarz und Weiß, denn das »Rötliche« ist dem Schwarz im Kantenspektrum auf beiden Seiten gleich nah. Mit der Betonung der einen Seite wird der Hauptwiderspruch zur Nebensache erklärt, in dem das Gelb auf der anderen Seite im Kantenspektrum sich in Weiß auflöst, das Violett auf der gegenüberliegenden Seite sich dagegen aus dem Schwarz herausbildet.

Der Regenbogen, Zeichen des Bundes zwischen oben und unten

Zur Beobachtung des Kantenspektrums ist ein gläserner Körper, wie z. B. ein Prisma zur Ausgliederung von Farben aus dem komplementären Gegensatz von Schwarz und Weiß, nicht unbedingt notwendig. Die Natur bietet uns auch im Schauspiel des Regenbogens den Einblick in die immer gleiche Abfolge von Farben. Dabei läßt sich jedoch beobachten, daß je nach Breite des Farbstreifens, mehr oder weniger Farben in Erscheinung treten. Im allgemeinen sind es aber fünf, entsprechend der Anzahl der Farben im Kantenspektrum und ihrer Überlagerung in der Mitte. Es sind vom oberen Rand her betrachtet Purpur, Gelb, Grün, Blau und Violett. Bei starker Ausdehnung können noch vier weitere Farben auftreten, so daß zwischen Purpur und Gelb noch Orange, zwischen Gelb und Grün noch Gelb-Grün, zwischen Grün und Blau noch Türkis und zwischen Blau und Violett noch Indigo sichtbar werden. Dann sind es neun Farben. Die Anzahl ist somit nicht das Wesentliche, sondern die immer gleiche Ordnung in der Abfolge von zwei Farbrändern.

Ein Regenbogen kann sich am Himmel nur bilden, wenn sich in einer Himmelsrichtung eine dunkle Wolkenwand befindet, in der anderen aber die Sonne scheint. Dazwischen muß es regnen, so daß die Wassertropfen wie ein Prisma wirken können, um die Farben hervorzurufen.

In der Genesis wird die Erscheinung des Regenbogens im Zusammenhang mit der Sintflut erwähnt. Es heißt dort: »Und Gott sprach zu Noah: Das ist das Zeichen des Bundes, den ich zwischen mir und allen Wesen aus Fleisch und Blut auf der Erde geschlossen habe.« (Genesis 9,17). Sein Bogen sollte als Zeichen des Gedenkens am Himmel stehen, daß es nie wieder zu einer alles Leben vernichtenden Flut käme, selbst wenn die Menschen böse wären. Was aber hatten die Menschen getan, um eine so gewaltige Rache heraufzubeschwören? Sie hatten sich mit unsterblichen »Gottessöhnen« eingelassen. »Menschentöchter« hatten ihnen die »berühmten Helden der Vorzeit« geboren. Gott aber wollte, daß sein Geist nicht für immer im Menschen bleibe, sondern daß seine Lebenszeit auf 120 Jahre begrenzt würde (Genesis 6,1–4). Neben dem einen Gott werden hier am Beginn des Alten Testaments andere göttliche Wesen männlichen Geschlechts erwähnt, mit denen es zur körperlichen Vereinigung kam. Das war eine in den frühen Kulturen des orientalischen Raumes übliche Praxis der Gottesverehrung. Auserwählte begingen das Bündnis mit den göttlichen Kräften als Heilige Hochzeit. Die alljährlich stattfindenden Fruchtbarkeitskulte dienten nach dem Absterben in der Natur der Hervorbringung neuen Lebens. Das göttliche Prinzip der Auflösung von Körperformen wurde dabei nicht als lebensvernichtend, sondern als Voraussetzung für die Schöpfung empfunden, als ein Prozeß des lebendigen Wechsels von polaren Kräften als Grundlage allen Seins.

Das höchste, unfarbige Dreieck im Farbbaum steht für den Schöpfergeist, von dem Gott nicht wollte, daß der Mensch an ihm teilhabe. Es beschreibt das schöpferische Ur-Prinzip, das von der Welt der sichtbaren Erscheinungen nicht zu trennen ist. Das eine existiert nicht ohne das andere. Die Mythen und die bildnerischen Zeugnisse der Frühzeit berichten von einer gelebten Einheit dieser Wahrnehmung. Der 10-Punkte-Baum wird mit seinen Bildern den Blick freigeben auf die unzertrennlichen weiblich-männlichen Paare zwischen oben und unten, zwischen Himmel und Erde oder zwischen

Kantenspektrum im Regenbogen.

Geist und Materie. Ihre Einheit ist auch durch eine monotheistische Gottesvorstellung nicht aufhebbar, wohl aber kann sie den Blick der Menschen auf sein unvergängliches Wesen und damit auf seinen inneren Regenbogen verschleiern. Wie in den Mythen zu sehen ist, war es vor allem der weibliche Anteil am Himmel, der ausgelöscht werden sollte. Sowohl die schriftliche als auch die mündliche Tora haben das Gesetz mit gut und böse bedacht, damit durch sie das Zeichen des Bundes entstehe. Ohne sie gäbe es kein Leben.

Das Weltall als kreisende Schlange, mit der Inschrift »Eins ist das All«, aus einer alchemistischen, venezianischen Handschrift. Die sich in den Schwanz beißende Schlange war das Zeichen der Gnostiker für den sich ständig erneuernden Kreislauf des Kosmos und des Lebens.

Versuchsbeschreibung Nr. 40 aus der »Farbenlehre« von Goethe

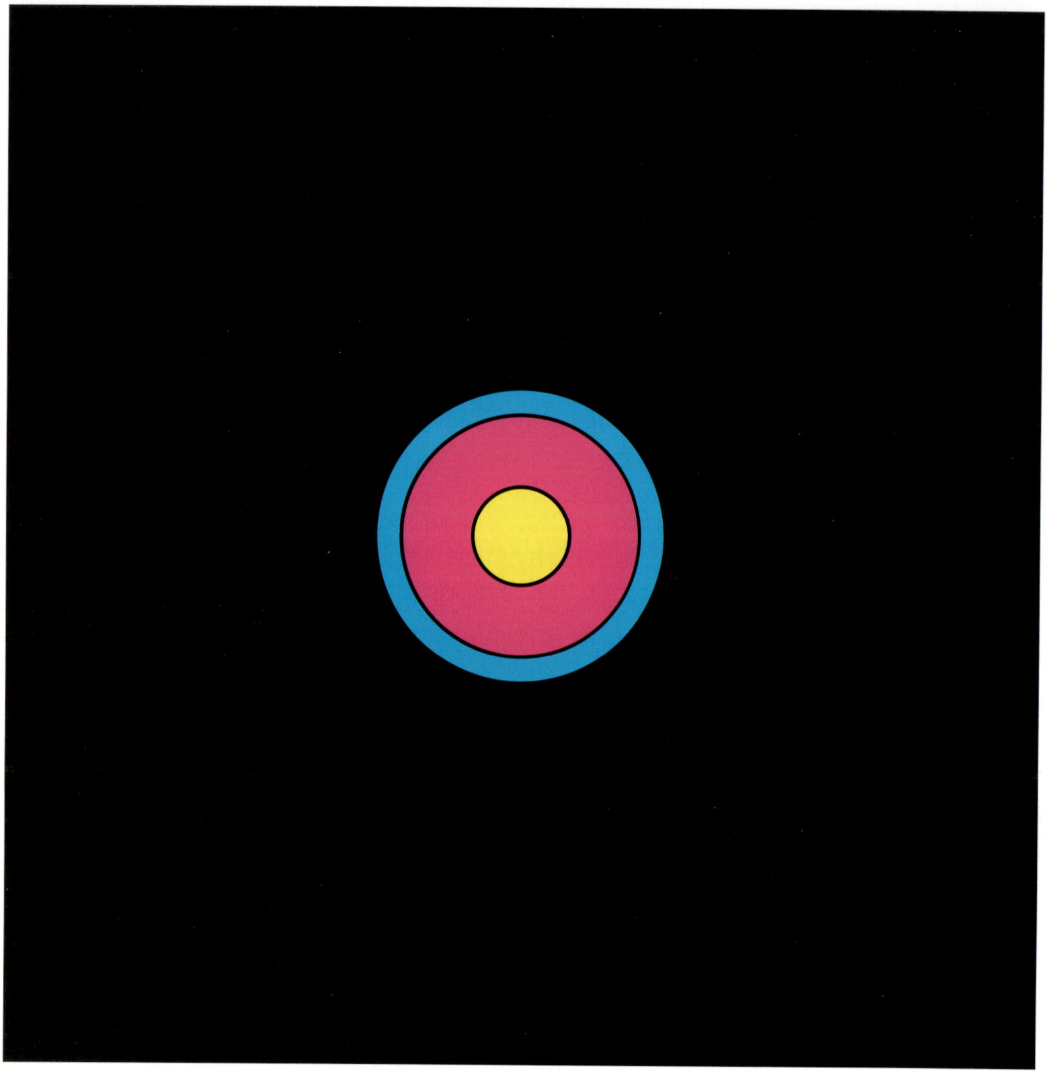

Drei aufeinanderfolgende Farbphasen in einem Bild zusammengefaßt.

»In einem Zimmer, das möglichst verdunkelt worden ist, habe man im Fensterladen eine runde Öffnung, etwa drei Zoll im Durchmesser, die man nach Belieben auf- und zudecken kann; man schließe darauf die Öffnung, und blicke nach dem dunklen Orte des Zimmers, so wird man eine runde Erscheinung vor sich schweben sehen. Die Mitte wird man hell, einigermaßen Gelb sehen, der Rand aber wird sogleich purpurfarben erscheinen. Es dauert eine Zeit lang bis die Purpurfarbe von außen herein den ganzen

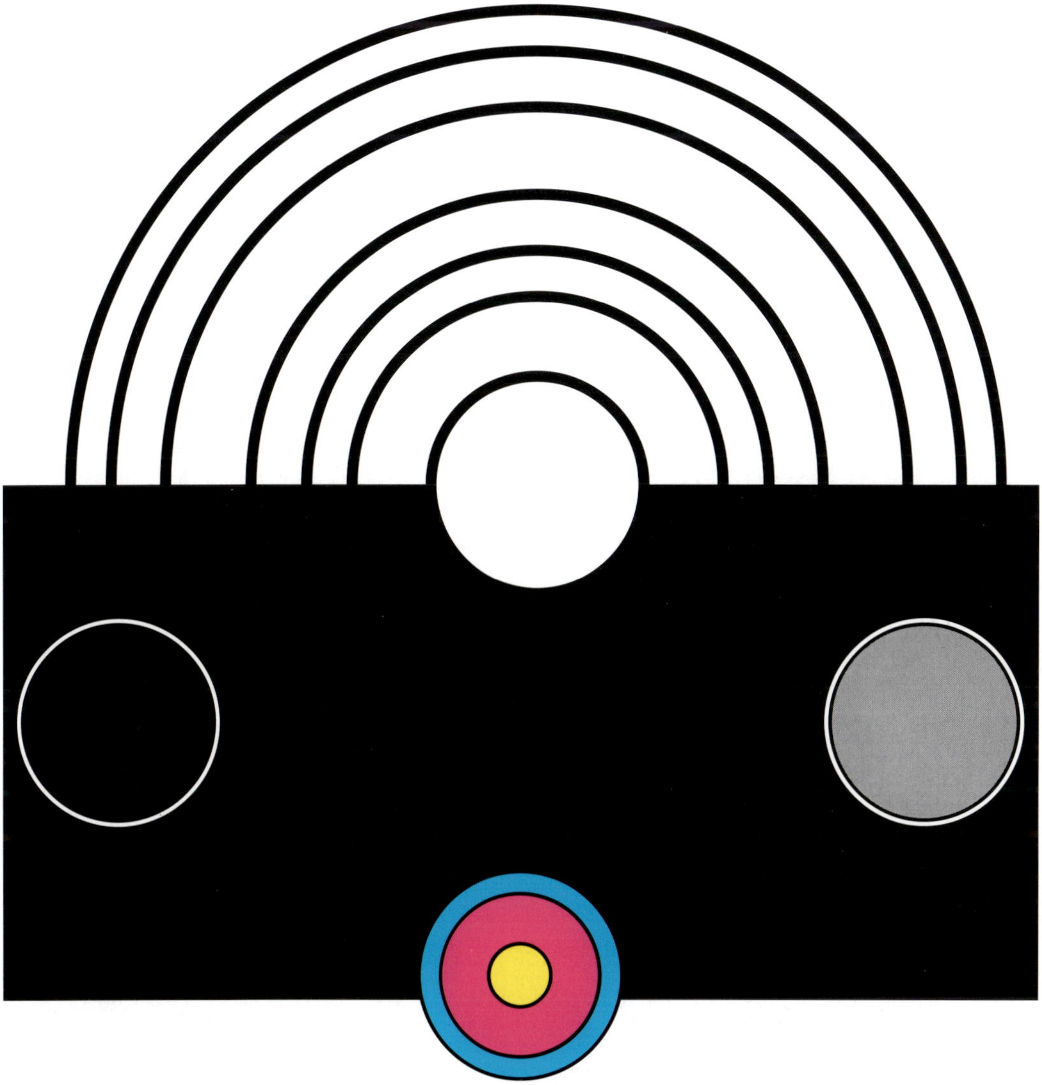

Goethes Farbversuch auf dem Grenzort zwischen den Prinzipien des Lebens und ihrer Ausgestaltung. Die Reihenfolge der flüchtig erscheinenden Farben gleicht dem unsichtbaren Inhalt einer Frucht, die jede spätere Existenz in sich trägt. Ebenso verhält sich der Inhalt des verborgenen Punktes zur sichtbaren Welt. Er gleicht einem Brennpunkt, in dessen Strahlenbündel die Welt aller Erscheinungen enthalten ist.

Kreis zudeckt und endlich den hellen Mittelpunkt völlig vertreibt. Kaum aber erscheint das ganze Rund purpur, so fängt der Rand an, blau zu werden, das Blaue verdrängt nach und nach den Purpur. Ist die Erscheinung vollkommen blau, so wird der Rand vollkommen unfarbig. Es währet lange, bis der unfärbige Rand völlig das Blaue vertreibt und der ganze Raum unfärbig wird.«

Die hebräischen Bezeichnungen der zehn Sefirot

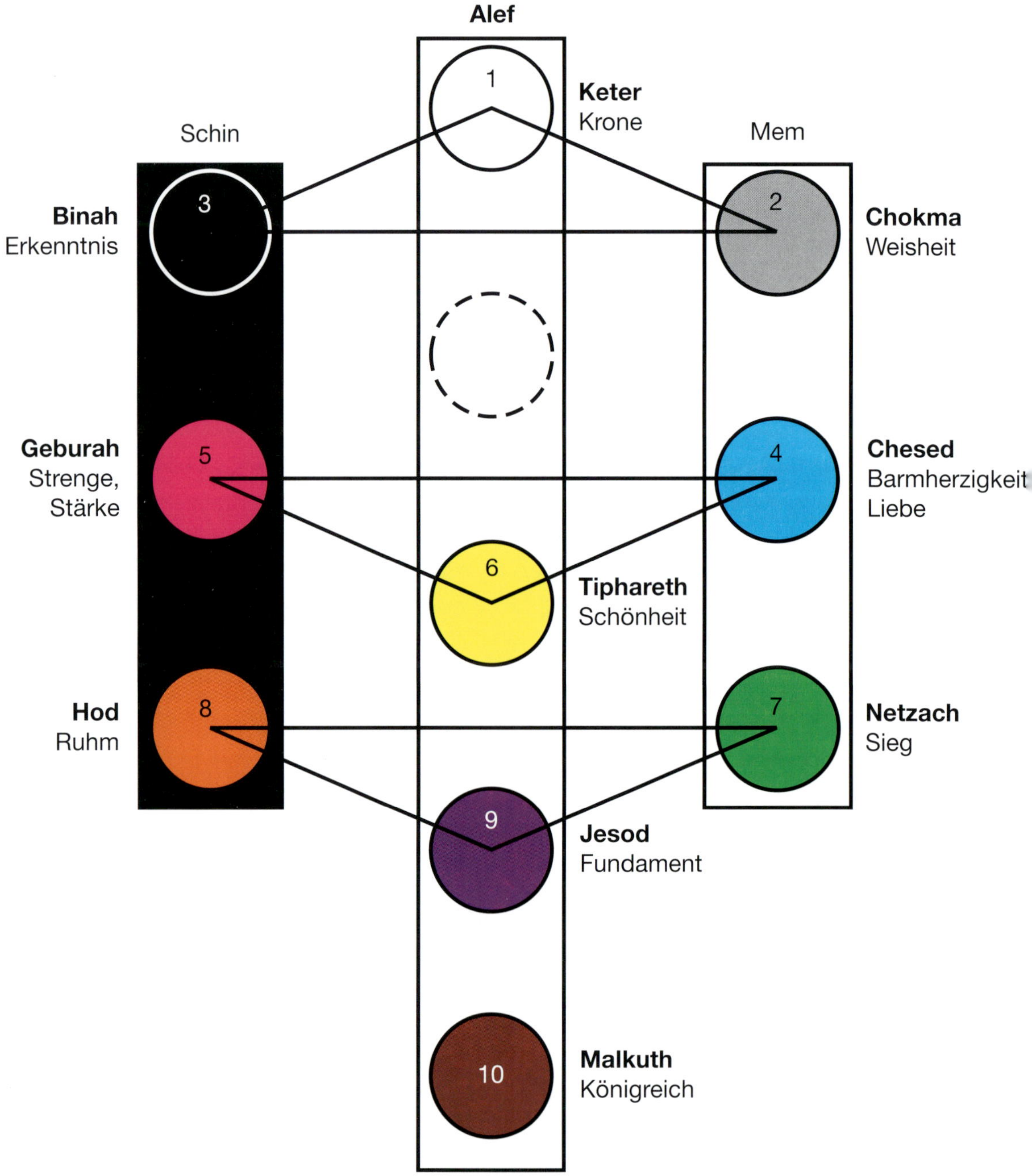

Die drei sogenannten »Mutter«-Buchstaben Alef, Mem, Schin bezeichnen die drei senkrechten Säulen im Sefirot-Baum.
Diese Bezeichnungen der jüdischen Kabbala werden nur hier genannt. Der Körper Gottes wird im weiteren Verlauf durch Tarotbilder und Mythen entschlüsselt, da nur sie einen kulturell übergreifenden Zugang ermöglichen.

Die hebräischen Bezeichnungen der waagerechten Gliederung im Sefirot-Baum und das Tetragrammaton JHWH auf der mittleren Säule

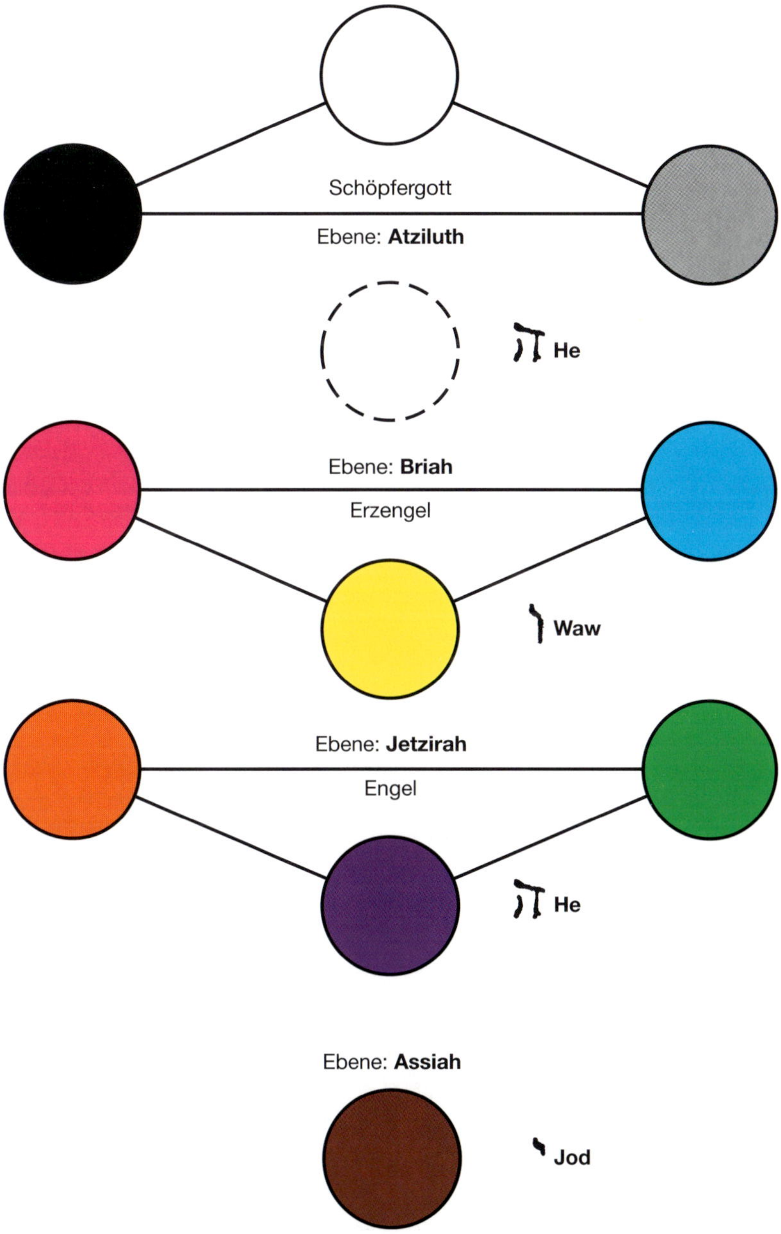

Die vier hebräischen Buchstaben JHWH (Jehowa oder Jahwe) bezeichnen den Namen des Schöpfergottes in seiner farbig manifestierten Erscheinungsform. Sein Name galt als unaussprechlich und wurde daher mit einem Tetragrammaton umschrieben. Diese Buchstaben stehen für die vier elementaren Grundlagen des Lebens – Erde, Wasser, Feuer, Luft –, die in der hebräischen Mystik auch die vier Knotungen genannt werden.

Das hebräische Alphabet und die 22 Tarotbilder

1	א	Alef	A	»Der Magier«
2	ב	Bet	B	»Die Päpstin«
3	ג	Gimel	G	»Die Herrscherin«
4	ד	Dalet	D	»Der Herrscher«
5	ה	He	E	»Der Papst«
6	ו	Waw	W	»Die Liebenden«
7	ז	Sajin	S	»Der Wagen«
8	ח	Chet	Ch	»Die Gerechtigkeit«
9	ט	Tet	T	»Der Eremit«
10	י	Jod	J	»Das Rad des Schicksals«
11	כ	Kaf	K	»Die Kraft«
12	ל	Lamed	L	»Der Gehängte«
13	מ	Mem	M	»Der Tod«
14	נ	Nun	N	»Die Mäßigkeit«
15	ס	Samech	S	»Der Teufel«
16	ע	Ajin	A	»Das Haus Gottes«
17	פ	Pe	P	»Der Stern«
18	צ	Zade	Z	»Der Mond«
19	ק	Kof	K	»Die Sonne«
20	ר	Resch	R	»Das Gericht«
21	ש	Schin	Sch	»Der Narr«
22	ת	Taw	T	»Die Welt«

Das einzige Tarotbild, das sich auch in Spielkarten erhalten hat, ist »Der Narr«. Es muß als vorletztes Bild vor der letzten Offenbarung mit besonderen Bedeutungen ausgestattet sein, die es in die Lage versetzen, in alle Lücken oder Löcher zu springen, in denen etwas fehlt.

Die 22 Bilder des Marseiller Tarot.

Das Marseiller Tarot

Die 22 Bilder des Tarot enthalten eine Lehre, die mit dem kabbalistischen 10-Punkte-System zusammenhängt. In vielen heute erhältlichen Spielen scheint jedoch dieser Zusammenhang bei der Gestaltung nicht mehr bewußt zu sein. So stellen einige Spiele den Versuch dar, sich des Inhalts mit psychologischen Deutungen zu bemächtigen, andere hingegen versuchen über eine Dämonisierung der Bilder das Gruseln zu lehren, denn das hat schon immer auf Menschen gewirkt, denen es nicht um Erkenntnis, sondern um diffuse Gefühlsbetörung geht.

Für mich gab die Klarheit, Schlichtheit und Übersichtlichkeit des Marseiller Tarot den Ausschlag, seine Bilder genauer zu betrachten. Dabei stellte sich heraus, daß die so einfach wirkenden Bilder eine Fülle von Informationen enthalten, die auf später gestalteten Spielen nicht mehr vorkommen. Man muß nur sorgfältig die Details beachten oder zählen, wenn Punkte, Tropfen oder Gegenstände abgebildet sind.

Das Marseiller Tarot ist wohl das älteste erhaltene Spiel. Die vorliegenden Zeichnungen sollen 1760 in Marseille entstanden sein, ihr Ursprung aber bis ins 14. Jahrhundert zurückreichen. So finden wir in ihnen ein Abbild der damaligen Zeit in Kleidung und Gestus, wie auch in den höfischen und kirchlichen Attributen. Das Äußere erschwert ein wenig den Blick auf den Kern des Inhalts, was sich in besonderer Weise bei »Der Päpstin« (La Papesse) und beim »Papst« (Le Pape) mit ihren von der christlichen Kirche geprägten Beigaben auswirkt. Trotz des Zeitgeistes, der aus den Bildern spricht, sind sie mit ihrer Symbolsprache ganz besonders gut geeignet, die Mythen aufzuspüren, die sich hinter ihnen verbergen.

Zur Erklärung des 10-Punkte-Systems habe ich bewußt auf ihre farbige Wiedergabe verzichtet, erstens weil sie nur ablenken würde, und zweitens, weil die Farbgebung des heute erhältlichen Spiels erst bei einer Neuauflage von 1930 hinzugefügt wurde.

Ein mittelalterliches Weltbild auf Karten gibt weitere Hinweise

Anders geartete Tarotbilder sind in ihrer ältesten Fassung von einem Ferraresischen Meister aus Italien erhalten. Sie sind auf das Jahr 1465 datiert. Es existieren 50 verschiedene Bilder, die sich zu fünf Serien mit je zehn Bildern ordnen. Sie zeigen ein mittelalterliches Weltbild, das erstens die zehn Rangstufen und Stände der menschlichen Gesellschaft, zweitens die neun Musen und Apollo, drittens die Freien Künste und Wissenschaften, viertens die drei kosmischen Prinzipien und die sieben christlichen Tugenden sowie fünftens die sieben Planeten und die drei höchsten himmlischen Sphären darstellt. Mit einer ein Gesetz abbildenden Lehre, wie es sich auf den 78 Marseiller Tarotkarten zeigt, haben sie nichts gemeinsam, obgleich einige Bilder ähnliche Inhalte ansprechen. Nur die zuletzt genannte Serie stellt die auch im 10-Punkte-System vorhandene Zuordnung von Planeten dar. Soweit sie zur Verdeutlichung des kabbalistischen Systems hilfreich sind, sollen sie unterstützend betrachtet werden. Das gilt vor allem für die Serie der astralen Kräfte mit ihren bildhaften, göttlichen Verkörperungen aus der griechischen und römischen Mythologie.

Athene, die griechische Göttin der Weisheit und des Krieges, auf einem Tarotbild des Ferraresischen Meisters, Italien, um 1465. Auf ihren Schultern sind Spiralen, die den Ursprung des Kosmos darstellen, zu sehen.

ZWEI BÄUME UND EINE FRUCHT – DAS UNTEILBARE GESETZ DER EINHEIT

Der 10-Punkte-Baum und die 22 Tarotbilder

Auf der Suche nach dem Schlüssel der Weisheitslehre, die sich hinter einem 10-Punkte-Baum und 22 Tarotbildern verbirgt, war das besondere Ordnungssystem der Farbschichtung der alleinige Wegweiser.

Mit den ersten zehn Bildern ließ sich ein Baum mühelos von oben nach unten errichten. Die Reihenfolge ergab sich aus der Numerierung der Sefirot, als Durchgangsform entsteht dabei ein Blitzweg. Die erste Überraschung zeigte sich bereits hier, denn entsprechend der in der Diagonale angeordneten Komplementärfarben-Paare in den unteren beiden farbigen Schichten entstand jetzt auch im oberen Bereich eine Paarbildung, hier aber durch die Bilder »Päpstin« (La Papesse) und »Papst« (Le Pape). Sie befinden sich in einer Diagonale ebenso wie »Herrscherin« (L'Imperatrice) und »Herrscher« (L'Impereur). Beide Paare wirken grenzüberschreitend zwischen dem unfarbigen Dreieck und dem gegenüberliegenden Primärfarben-Dreieck. Die beiden männlichen Personen entsprechen den beiden Primärfarben Blau und Rot, die sich im Kantenspektrum zu beiden Seiten von dunklen Flächen zeigen. Die polare Beziehung zu ihren weiblichen Partnerinnen läßt sich in keiner linearen Auslegung der Tarotbilder darstellen, denn »Die Päpstin« steht an zweiter Stelle in der Reihenfolge, »Der Papst« aber erst an fünfter Stelle. Nur der Blitzweg durch den Baum läßt die Zusammengehörigkeit des Paares erkennen.

Andere interessante Bildzusammenhänge, die sofort ins Auge fallen, ergeben sich in der Mitte. So sieht man auf dem sechsten Tarotbild »Die Liebenden« (L'Amoureux), das den gelben Punkt im Baum des Lebens beschreibt, eine männliche Person zwischen zwei Frauengestalten. Sie stellen die irdische Variante des höchsten Dreiecks dar, das auch als oberer Himmel im Gegensatz zum farbigen Planetenhimmel bezeichnet wird. Unter der gelben Sonnenenergie steht auf dem violetten Punkt mit seiner Saturnenergie der »Eremit« (L'Eremite) ebenfalls als farbige und inhaltliche Zusammenfassung von »Herrscher« und »Papst«. Violett entsteht beim Mischen von Blau und Rot. Der »Eremit« ist der alte Weise, dessen Lebensbereich jenseits irdischer Machtfülle liegt.

Das gesamte Beziehungsgeflecht kann erst in der detaillierten Entschlüsselung deutlich gemacht werden. Etwas Wesentliches aber kann hier bereits wahrgenommen werden. In Analogie zur Farbenordnung zeigen sich inhaltliche Beziehungen und Paarbildungen auch in den Bildern. Alle Verbindungslinien zwischen ihnen verlaufen immer ebenenübergreifend von oben nach unten.

Auf dem 10. Punkt steht das »Rad des Schicksals« (La Roue de Fortune), in dessen Speichen sich die sechs Farben des Baumes spiegeln. In ihrer stofflichen Mischung werden sie zu einem Grau-Braun, das das Fundament unter dem Rad darstellt. So wurzelt der Baum aller lebendigen Lebenserfahrungen in der Erde.

Der Baum des Lebens.

Ein zweiter Baum konnte sich logischerweise nur aus dem entfalten lassen, was sich zur Summe aller Farben, der Farbe der Erde, verdichtet hatte. Ebenso wie der Baum des Lebens mußte auch der Baum der Erkenntnis das gleiche Fundament haben. Als Bild konnte somit »Das Rad des Schicksals« als Urgrund des Emporwachsens bestehen bleiben. Die nach oben sich ausgliedernden Bilder waren, wenn sie in Beziehung zum ersten Baum stehen sollten, an den gleichen Blitzweg gebunden, nur in spiegelbildlicher Verkehrung. Als zweite verblüffende, optisch sofort wahrnehmbare, überraschende Tatsache zeigt sich im oberen Dreieck, was wir mit Sonne, Mond und Sternen als Himmel bezeichnen. Dieser Baum zeigt nun ganz offensichtlich andere Aspekte, die jedoch in analoger Beziehung zum Baum des Lebens stehen. Waren es auf einen Blick im ersten Baum äußerlich erkennbare Lebensgrundlagen, zeigen sich im zweiten Baum Werte, die sich bis auf das oberste Dreieck nicht sofort erschließen. Sie werden sich als Wesensgrundlage allen Seins noch entschlüsseln lassen und somit zum Baum der Erkenntnis werden, der sich jedoch erst in der Einzeldarstellung der Punkte entziffern läßt.

Auf einen ähnlichen Aspekt in beiden Bäumen soll aber bereits hier hingewiesen werden. Den höchsten Punkt im Baum des Lebens leitet der »Magier« (Le Bateleur) ein. Auf seinem Haupt trägt er in Form eines Hutes das Unendlichkeitszeichen. Das gleiche Zeichen, ebenfalls als Hut, trägt »Die Kraft« (La Force) als 11. Tarotbild im Baum der Erkenntnis. Auch dieser Baum beginnt in seinem ersten, diesmal aber tiefsten Dreieck mit der Lemniskate (Unendlichkeitszeichen). Der Baum des Lebens wird durch eine männliche, der Baum der Erkenntnis durch eine weibliche Figur eingeleitet, der erstere entfaltet sich von oben nach unten, der zweite von unten nach oben.

Verfolgt man nun die Idee von den beiden Paradies-Bäumen weiter, so wie die Genesis darüber berichtet, müßte noch die Darstellung einer paradiesischen Frucht erfolgen. Denn es fehlt bei der Gegenüberstellung von zwei gegensätzlichen Bäumen ein dritter zusammenfassender Aspekt, der sichtbar macht, daß polare Kräfte eine unzertrennliche Einheit sind und ein Gesetz darstellen.

Von den 22 Tarotbildern sind nach der Errichtung der beiden 10-Punkte-Bäume noch drei Bilder übrig. In Analogie zur Erde, die unverändert die Grundlage bleibt, soll auch der höchste Himmelspunkt unverändert bleiben, denn beide sind in gleicher Weise Sammelpunkt und Ausgangspunkt. So nimmt auch das Prinzip Sonne bei der Darstellung der Frucht den höchsten Punkt ein. Die Sonne als Himmelskörper ist im unfarbigen, geistigen Dreieck nicht gemeint, sie wird erst durch den gelben Punkt als ein mit den Augen wahrnehmbarer Körper dargestellt. Der Blitzweg vom höchsten Punkt entfaltet jene Frucht, in der sich jetzt die dritte erstaunliche Tatsache zeigt, daß das letzte Tarotbild, »Die Welt« (Le Monde), in dem sich die gesamte Lehre des 10-Punkte-Systems zusammenfassend darstellt, genau die Lücke füllt, die bisher leer geblieben war. Es enthüllt den verborgenen Grenzpunkt, der Geist und Materie wie auch Leben und Erkenntnis miteinander verbindet, und der als verheißene Utopie dereinst wieder in Erscheinung treten wird.

In diesem Zusammenhang sei die Ansicht des mittelalterlichen Kabbalisten Isaak Lurias (1534–1572) erwähnt, der die Ansicht äußerte, daß die 10. Sefira jeder Welt (beider Bäume) zugleich als »Spiegel« und »Filter« funktioniert, der die eigentliche Substanz der in sie einströmenden Lichter zurückwirft. Und Lurias äußert sich zu einem weiteren Punkt, der für eine Errichtung von zwei Bäumen und den Aspekt der sie verbindenden

Der Baum der Erkenntnis.

Frucht von aufschlußreicher Bedeutung ist. Er meint, daß der erwartete Messias, den er im Zusammenhang mit dem verborgenen Punkt erwähnt, nichts anderes sei, als die erlösende Wiedereinsetzung der Frucht, die von jedem Menschen vollzogen werden muß.[1] Im 16. Jahrhundert entstand die Auffassung vom Exil der verbindenden Weisheit der Frucht, die als Symbol für das selbstverschuldete Exil des jüdischen Volkes dargestellt wurde: »Seitdem (seit Adams Sünde) ist das Obere vom Unteren, das Männliche vom Weiblichen, irgendwo tief innen getrennt. Unter vielen Symbolen wird diese Trennung beschrieben. Es ist die Trennung des Baums des Lebens von dem der Erkenntnis, aber auch die des Lebens vom Tod, es ist das Losreißen der Frucht vom Baume, an dem sie haften sollte, es ist das Auspressen der Säfte und Gewalten des Gerichts aus der heiligen Frucht der Schechina, die in diesem Zusammenhang tiefsinnig ausgedeutet wird. Es ist aber auch die Verkleinerung des Mondes und seine Konstitution zum lichtlosen Empfänger des Lichtes, die hier in anderen kosmischen Symbolen wieder auftaucht.«[2] Der Hinweis auf die Mondsymbolik im Zusammenhang mit der Frucht wird sich im weiteren Verlauf der Entschlüsselung noch als äußerst wichtig erweisen.

Nur in einem männlich (»Der Magier«) eingeleiteten Baum des Lebens und einem weiblich (»Die Kraft«) eingeleiteten Baum der Erkenntnis läßt sich in Verbindung mit der neutralen, geschlechtslosen Frucht das ganze Gesetz der Einheit und der Ganzheit darstellen, wie es sich durch 22 Bilder in einem 10-Punkte-System auch optisch wahrnehmen läßt. Eine Lehre, die sich über die Sinne offenbaren will, verwendet dazu Ur-Bilder. C. G. Jung nannte sie Archetypen. Die Kabbalisten bezeichnen sie als Welt innergöttlichen Seins ihres einen Gottes, der mit weiblichen Attributen ausgestattet ist. Der Widerspruch zwischen jüdischer und religionsübergreifender Betrachtungsweise des Welten-Baumes besteht somit nicht darin, einen einheitlichen Gesetzeskörper zu sehen, sondern in der Unterdrückung seiner weiblichen Schöpfungssymbolik. Nur die Trennung in Gegensatzpaare offenbart ein lebendiges Gesetz der Einheit. Wenn jüdische Kabbalisten sagen, daß an dem heiligen Körper der Tora kein Buchstabe fehlen oder an falscher Stelle plaziert sein darf, so läßt sich ihre Ansicht bereits an dieser Stelle bestätigen.

Die inhaltliche Thematik von drei Kräften durchzieht das gesamte System. Als Dreieck, Dreiheit, Dreigliedrigkeit oder Dreifaltigkeit durchziehen sie den 10-Punkte-Baum. In jeder Trinität sind die Antriebsprinzipien von Schöpfung, Auflösung und Erneuerung enthalten. Das Schöpfungsprinzip, das mit dem weißen Punkt beginnt, prägt die gesamte mittlere Säule, die im braunen Erdpunkt endet. Das Prinzip Auflösung durchzieht die rechte und das Prinzip Erneuerung die linke Säule. Im farbigen Bereich des Baumes finden die drei abstrakten Prinzipien des unfarbigen Dreiecks ihre konkrete Ausformung.

Jeder Punkt im Baum wird mit Hilfe der Mythologie gedeutet. Dabei zeigt sich, daß einige Göttergeschichten nicht nur einmal, sondern mehrfach erwähnt sind. Ebenso wie in jeder Farbe der jeweilige Gegenpol beim Betrachten zum Vorschein kommt, wird auch jedes göttliche Wesen, das ein Naturgesetz verkörpert, durch ein anderes ergänzt. Häufig sind es weiblich-männliche Gegensatzpaare, die bei der Beschreibung komplementärer

[1] Vgl. Gershom Scholem, Zur Kabbala und ihrer Symbolik, Frankfurt 1973, S. 153–157.
[2] Ebenda, S. 145.

Farbpunkte dargestellt werden, es können jedoch auch zeitlich oder örtlich bestimmte Gegensätze sein, die den jeweiligen Schwerpunkt einer Kraft im Gesetzeskörper betonen. Ähnliche Geschichten in unterschiedlichen Farbkapiteln beschreiben daher die Beziehungen zwischen den zehn Punkten innerhalb der kabbalistischen Baumstruktur.

Die Frucht.
Die letzten drei Tarotbilder führen zur Aufhebung aller Trennungen.

Die 22 Großen Arkana des Marseiller Tarot, angeordnet zu zwei Bäumen und der Frucht, die sie miteinander verbindet.

Der Irrtum, die Tarotbilder auf Pfaden anzusiedeln

In der gesamten aktuellen Esoterik-Literatur gibt es widersprüchliche Zuordnungen der 22 Tarotbilder und der 22 hebräischen Buchstaben zum Sefirot-Baum. Sie werden nicht auf den Punkten plaziert, sondern auf Verbindungslinien zwischen den Punkten. Die Pfade oder Wege, wie man sie nennt, sind allerdings von entscheidender Bedeutung, wenn es um die Darstellung der Beziehung zwischen Gegensatzpaaren geht. Zieht man alle nur möglichen Verbindungen, wird man feststellen, daß die Anzahl von 22 Pfaden eine willkürliche Beschränkung ist. Wo, von wem und wann es zu einer solchen Interpretation gekommen ist, läßt sich nicht genau feststellen. Die Vermutung liegt allerdings nahe, daß im 19. Jahrhundert, mit der Wiederentdeckung des Tarot, vor allem in Frankreich und England Geheimbünde oder Orden entstanden, die sich um die Deutung der Lehre bemühten. Erstaunlich ist nur, daß die in der Genesis so deutlichen Hinweise auf zwei Bäume nicht beachtet wurden, zumal die Verbindung zur Kabbala bekannt war. Der bis heute bekannteste Geheimbund war der englische Orden »Order of the Golden Down«, aus dem zwei der nachhaltigst wirkenden Neuinterpreten des Tarotspiels hervorgegangen sind. Der eine war Aleister Crowley, der andere Arthur Edward Waite, dessen Neugestaltung als Rider-Waite-Deck bekannt ist, weil seine Karten ursprünglich im Rider-Verlag erschienen. Alle Neuauflagen des Tarot waren zudem begleitet von Umstellungen in der Bildabfolge. Da die Bildinhalte nicht im Zusammenhang mit dem Baum des Lebens, dem Baum der Erkenntnis und ihrer Frucht gesehen wurden, konnte auch die alte Symbolsprache nicht entziffert werden. Die eindimensionale Sicht auf den Baum hatte zudem eine Umbenennung einzelner Tarotbilder zur Folge.

Alle Wahrheitssucher nach dem ursprünglichen Gehalt des Tarot möchte ich auf die Unveränderlichkeit und Unwandelbarkeit der Gesetzmäßigkeiten im Sefirot-Baum verweisen, wie die Juden es für ihre kabbalistische Tora betonen. Mein Umgang mit ihrer Überlieferung ist voller Respekt, was die Vorstellung von einem göttlichen Gesetzeskörper betrifft, ohne jedoch in ihm die Verkörperung nur eines männlich geprägten Gottes zu sehen.

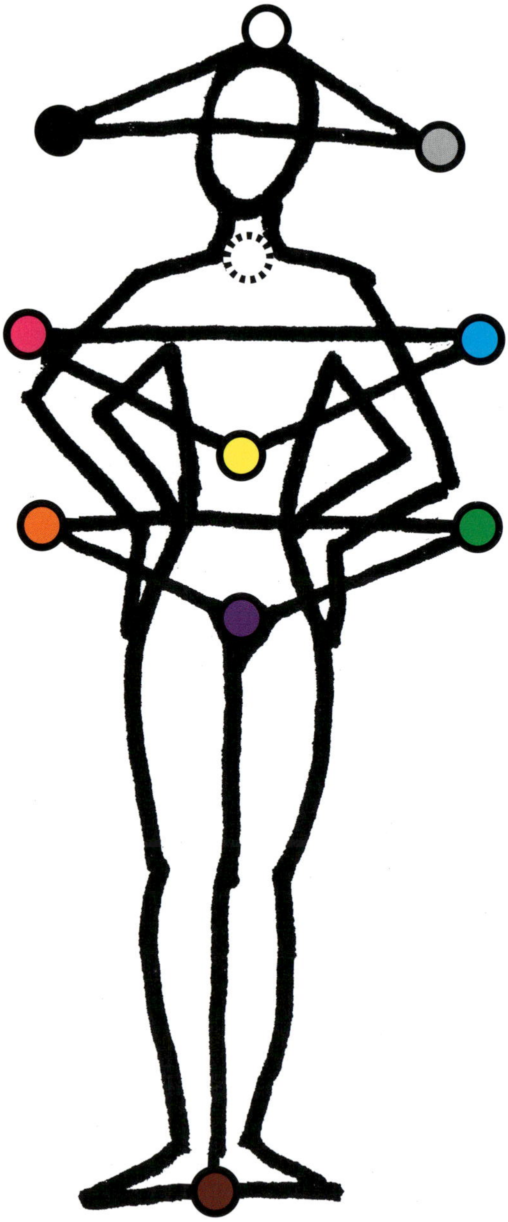

Der 10-Punkte-Baum im Körper des Menschen. Der unsichtbare Punkt am Kehlkopf scheint ein elfter Punkt zu sein. Sprache und Töne aber sind ein Ausdruck von Geist (unfarbig) und Körper (farbig). In ihrer vollkommenen Vereinigung werden sie zum Spiegel der Erleuchtung. Nur dann entfällt der Erdpunkt als Summe der Materie.

Die Planetenzuordnungen im kabbalistischen 10-Punkte-System. Der Mond als lichtempfangender Himmelskörper nimmt den unsichtbaren Grenzpunkt ein.

Punkt 1
Weiß
Prinzip Schöpfung

Primo Mobile, erste Bewegung, Tarotbild des Ferraresischen Meisters, Italien, um 1465.

Die erste Bewegung

Die optischen Versuche haben deutlich gemacht, daß sich ein weißer Punkt im Gehirn in sein Gegenteil umwandelt und auf einer hellen Fläche als flüchtiges Schwarz erscheint. Ebenso läßt sich ein schwarzer Punkt in sein Gegenteil verkehren. Jede Erscheinung ruft augenblicklich eine gegensätzliche hervor. Zusammen bewirken sie Bewegung. Ohne Weiß wäre Schwarz nicht sichtbar, also ein Nichts, wie auch Schwarz erst aus der Unsichtbarkeit hervortritt, wenn sein Gegenpol als Weiß, Helligkeit oder Licht vorhanden ist. Das für uns sichtbare Licht wird nur deswegen für unser Auge wahrnehmbar, weil es auf winzige Partikel trifft, die unsere Erdatmosphäre ausmachen. Jedes winzige stoffliche Teilchen ist ein Faktor Schatten, der Licht erst erkennbar macht. Der Mensch besitzt mit seinem Gehirn ein Organ, mit dem er sich die sich wechselseitig bedingenden Gegenpole in ihrer lebendigen Einheit vor Augen führen kann. So wie im Weltraum nur dort etwas sichtbar wird, wo sich Licht mit Materie verbindet, wird auch in unserem Innern Licht nur durch sein Gegenteil definierbar. Punkt 1 will den Beginn aller existentiellen Erscheinungen darstellen, den Ur-Knall, der aus dem unsichtbaren und unbewegten Nichts erfolgt. Im Kosmos zeigt er sich als Spiralbewegung, die sich aus einem Punkt entfaltet, wobei die Bewegung bereits mit dem Erscheinen der ersten Ursache einsetzt. Die optischen Versuche mit schwarzen und weißen Flächen machen jedoch auch noch auf einen dritten Faktor aufmerksam, der mit dem ersten Erscheinen eines Gegensatzpaares in Erscheinung tritt, es ist das Prinzip der Umkehrbarkeit eines Vorgangs, seine Wiederholbarkeit in einem unendlich sich wiederholenden Prozeß, der eine dritte Energie erkennen läßt, eine verbindende Kraft, die sowohl teilt als auch eint. Das Prinzip der schöpferischen Unendlichkeit zeigt sich auch im System der Einheit der Trinität, dargestellt als Dreieck. Die Prinzipien von Schöpfung und Auflösung werden ergänzt durch das Prinzip der Erhaltung, das die Wiederholbarkeit charakterisiert.

Spiralförmiger Milchstraßen-Wirbel in den Canes Venatici.

Indisches Yantra, es beschreibt die Ausdehnung und Zusammenziehung des Kosmos. Die Schwingungsströme sind durch Sanskrit-Buchstaben dargestellt. Der Ursprung und das Ziel der Schöpfung werden im Zentrum des Sechsecks durch einen Punkt beschrieben. Das Sechseck mit einem Mittelpunkt ist ebenfalls in der jüdischen Mystik das Symbol der Einheit gegensätzlich wirkender Kräfte.

Ein Grundgedanke in den indischen Vorstellungen vom Kosmos basiert auf der Idee von der Einheit des Verschiedenen. Die Vielfalt des Verschiedenen entfaltet sich so lange aus einem Punkt, bis die Schöpfung abgeschlossen ist und der Prozeß sich umkehrt, um zur Einheit des Ursprungs zurückzuführen. Als Hauptziel bei der indischen Suche nach der Wahrheit gilt die intuitive Erfahrung der Einheit im All-Einen-Punkt, der Ursprung und Ziel allen Seins ist.

Das abgebildete Yantra versinnbildlicht die Ausdehnung und Zusammenziehung des Kosmos in einer Sternform, deren Zentrum ein Punkt bildet, der von zwei sich durchdringenden Dreiecken umgeben ist, denen die weiteren pulsierenden Bewegungen als auswärts und einwärts gerichtet folgen. Dieser Vorgang wird auch verglichen mit einem langen Einatmen und Ausatmen Gottes.

Das Beispiel aus einem anderen Kulturraum sei deswegen hier eingefügt, weil es in besonders bildhafter Weise das darstellt, was auch den ersten, weißen Punkt im kabbalistischen Baum auszeichnet, denn auch hier dehnt sich die Bewegung der Vielfalt zunächst durch den Baum des Lebens aus, um sich nach vollendeter Schöpfung durch den Baum der Erkenntnis wieder zum Ausgangsort zurückzubewegen.

Tatsächlich befindet sich der gesamte Kosmos mit einer ungeheuren Geschwindigkeit in einer auseinanderstrebenden Bewegung, wie die Astronomen berichten. Von ihnen werden ebenfalls die schwarzen Löcher beschrieben, in denen sichtbare Himmelskörper, für die Wissenschaft auf noch unerklärliche Weise, verschwinden.

»Der Magier« als Ausgangspunkt im Baum des Lebens

Der Begriff des Magiers geht zurück auf eine altiranische Priesterkaste, die als Überlieferer der orientalischen Weisheitslehre galt. Ihr Name wurde von den Griechen übernommen, um mit ihm die Fähigkeiten von Sterndeutern, Astrologen, Wahrsagekundigen, Heilkundigen oder Zauberern zu bezeichnen. Unter Magie versteht man Zauberhandlungen mit geheimen Kräften. Dazu wird häufig der Analogiezauber angewendet, das meint Zaubern mit ähnlichen Dingen, die für das nicht Vorhandene, nicht Erreichbare oder Unfaßbare stellvertretend eingesetzt werden. Genau das sieht man auch auf dem Tarotbild »Der Magier«. Er leitet den Baum des Lebens ein, indem er einen Analogie-Zauber vollführt, der sichtbar machen soll, was aus dem Schöpfungspunkt erschaffen wird. Dazu hält er in seiner rechten, aktiven Hand einen runden Gegenstand, der einer Münze gleicht. Münzen stehen im Tarot für das Element Erde. In der Höhe seines Zeugungsgeschlechts symbolisiert die Münze die Ur-Zeugung der Welt. Ihr befruchtender Same ist nach unten auf die Erde gefallen. Der Same ist als Tropfenform unter dem Magier zu erkennen. In seiner linken Hand hält der Magier einen Zauberstab mit betonten Endpunkten, ähnlich einem Stabmagneten, der auf das Gesetz der Bewegung zwischen polaren Kräften verweist. Beide Hand-Habungen stellen die Prinzipien dar, auf denen die Hervorbringung allen Seins basiert, erstens die Erschaffung von sichtbarer Materie aus unsichtbarer Energie und zweitens die Schaffung von gegensätzlichen Kraftpolen als Grundlage aller Bewegungen.

Auf seinem Haupt trägt der Magier einen Hut, in dem die hin- und herschwingende Bewegung der Unendlichkeitsschleife als Zeichen seines unendlich wirkenden Willens dargestellt ist.

Der Zaubertisch hat nur drei Beine. Sie stehen für das lebenserhaltende Prinzip der Dreiheit von Schöpfung, Auflösung und Erneuerung, das das gesamte 10-Punkte-System in Form von drei senkrechten Säulen durchzieht. Auf dem Tisch liegen verschiedene Gegenstände. Sie entstammen einer Tasche, in der sie zuvor im lichtlosen Innern verborgen waren. Alle Gegenstände auf dem Tisch bilden die farbige Welt im Baum des Lebens unterhalb der unfarbigen Schöpfungstrinität ab. Mit ihnen will der Magier seinen Analogiezauber demonstrieren. Erkennbar sind zwei längliche Werkzeuge und zwei Gefäße, die in ihrer Symbolsprache auf zwei männliche und zwei weibliche Kräfte

»Der Magier« oder »Der Gaukler«, 1. Bild des Marseiller Tarot.

»Die Sonne«, 19. Bild des Marseiller Tarot.

hindeuten. Hier stehen sie für die vier Elemente Feuer, Wasser, Luft und Erde. Die beiden länglichen Werkzeuge symbolisieren die lichten Elemente Feuer und Luft und die beiden Gefäße die dunklen Elemente Erde und Wasser. In der Mitte liegen zwei Würfel. Auf ihnen sind die Zahlen Eins und Fünf zu erkennen, die sich zu sechs addieren lassen. Sechs Farben enthält der Baum. Innerhalb dieser Farbwelt wird der Kreislauf des Jahres mit seinen zwölf Monaten dargestellt. Für die lichten und die dunklen Monate im Jahr stehen die beiden Würfel mit ihren insgesamt zwei mal sechs Seiten. Des weiteren sind zwei Haufen mit jeweils zwei Münzen abgebildet. Wie alle Münzen symbolisieren sie die stoffliche Grundlage allen Seins. Sie stehen für die beiden farbigen Punkte auf den beiden äußeren Säulen und mit ihnen für zwei lichte und zwei dunkle Kräfte. Der dritte Haufen mit drei Münzen deutet auf die mittlere Säule mit ihren drei Punkten oberhalb des Erd-Punktes, von denen der dritte nur angedeutet wird. Der dritte jedoch stellt den lichtlosen Mond als den siebten Himmelskörper dar. Alle Münzen gemeinsam stellen somit die sieben planetarischen Kräfte dar.

Der nach links gerichtete Blick des Magiers ist auf das Tarotbild »Die Herrscherin« gerichtet. Sie nimmt den schwarzen Punkt in der unfarbigen Welt des Geistes ein und verkörpert das Prinzip der Erneuerung. Aus ihr erneuert sich sowohl das geistige Schöpfungsprinzip als auch die stoffliche Welt. Wie der Blick auf einen schwarzen Punkt deutlich macht, wird aus ihm das Licht erneut geboren. An den Rändern vom Schwarz zeigt sich im Kantenspektrum jedoch ebenfalls die leuchtende Welt der Farben, wenn Dunkelheit und Helligkeit zusammenwirken.

Im Tarot stellt somit »Der Magier« auf dem Schöpfungspunkt einen Zauberer dar, der vor Augen führt, wie der lichte, männliche Geist der Schöpfung durch einen dunklen, weiblichen Geist erhalten wird. Im Baum des Lebens richtet sich seine Demonstration an die, die sehen wollen, durch welche Kräfte das ewige Leben hervorgebracht wird.

»Die Sonne« als Endpunkt im Baum der Erkenntnis

Im Baum der Erkenntnis, der sich von unten nach oben entfaltet, bildet das Tarotbild »Die Sonne« den höchsten Punkt und steht damit parallel oder in analoger Beziehung zum »Magier«. Da das oberste Dreieck der 10-Punkte-Bäume unfarbig ist, bezeichnet es übergeordnete, abstrakte oder geistige Qualitäten. Insgesamt sieht man im Baum der Erkenntnis in dieser Sphäre Tarotbilder, die das darstellen, was mit Sonne, Mond und Sternen als Himmel bezeichnet wird. In den drei höchsten Punkten geht es jedoch um die Darstellung von Schöpfungsprinzipien, die mit einem weißen Licht beginnen. Somit ist hier nicht eine Sonne gemeint, wie wir sie als zentralen Himmelskörper unseres Planetensystems kennen. Deren Anteil und wichtige Qualität am Fortbestand allen irdischen Wachstums wird erst im gelben Punkt dargestellt, der mit seiner Farbe das Zentrum der materiellen und damit für das Auge wahrnehmbaren Welt der Erscheinungen ist.

Wie am Anfang beschrieben, symbolisiert das weiße Licht den Ur-Knall, der dem Nichts entsprang und der durch den ihm innewohnenden Gegenpol zur ersten Bewegung wurde, die sich fortzeugend ausbreitet. Mit dem Ursprung des Ur-Lichts wurde die Ur-Finsternis sichtbar. Eine sich aus sich selbst erneuernde Schöpfungsenergie wird durch die Dreiheit von Schöpfung, Auflösung und Erneuerung dargestellt. Im höchsten Dreieck des Erkenntnis-Baumes stehen die Tarotbilder »Der Mond« und »Der Stern« bildhaft für die beiden dunklen, weiblichen Gegenpole des Geistes zu seiner lichten, männlichen Seite. Was »Der Magier« am Beginn als These darstellt, wird in »Die Sonne« als Erkenntnis zur Gewißheit.

Die Fragen nach der Entstehung des Universums, der Welt und des Menschen verbanden sich seit der Frühzeit mit den täglichen wie auch jährlich sich abwechselnden Zeiten von Tag und Nacht, Sommer und Winter, Anfang und Ende eines Jahres, Aktivität und Ruhe – in Analogie dazu mit Geburt und Sterben, Leben und Tod. Die Wiederkehr der Sonne, das wiederbeginnende Wachstum, die Erneuerung der Natur verbanden sich in vielen frühen Kulturen mit der Vorstellung von der Wiederkehr auch des menschlichen Lebens in einer Vielzahl von Wiedergeburten in nur wechselnden Körperhüllen. Der unsterbliche Wesenskern, auch als Seele oder Geist bezeichnet, galt als ebenso unvergänglich wie der göttliche Geist, aus dem er erschaffen wurde und zu dem er zurückkehren würde. Der Weg der Lebenden war ein Weg der Suche nach dem Ursprung allen Seins. Geist und Materie als Einheit zu sehen, war daher ein Ziel religiöser Vorstellungen und Kulthandlungen. Aber auch ihre Trennung in eine göttliche und eine irdische Welt, in der der Körper als eine Strafe Gottes oder als Gefängnis für das göttliche Licht angesehen wurde, war eine Auffassung vom Wesen der Schöpfung.

Mit ihr verknüpften sich vor allem christliche Vorstellungen, die aus jüdischen hervorgegangen waren, denn von den wandernden Stämmen heißt es in der Bibel häufig, sie hätten den Himmel von vielen körperhaft erscheinenden Göttern gesäubert. Wie bereits erwähnt, gehörte der weibliche Schöpfungsanteil ebenso dazu wie ein anderes Bild, das sich mit jüdischen Vorstellungen vom Himmel verknüpft. Es schildert den Höllensturz des Erzengels Luzifer, der sich anmaßte, Gott ähnlich zu sein. Luzifer gilt als Sohn der Morgenröte, mit der sich ein Stern verbindet, der sowohl am Abend wie auch am Morgen hell leuchtet. Im Venusstern erkannten die Völker aus dem babylonischen

Die Trennung von Licht und Finsternis, Meister Bertram, 1379. Gott trennt sein lichtes Haupt von seinem dunklen Körper. Sein Haupt ist von Wolken umgeben, die den grauen und schwarzen Punkt im Gesetzeskörper symbolisieren. Aus ihnen stürzen sechs Tiergestalten, die im 10-Punkte-System durch sechs Farben dargestellt werden. Ihre Summe bildet unten als Erdkugel den Gegenpol zu seinem lichten Haupt.

Kulturraum die Erscheinung ihrer Liebes- und Todesgöttin Ischtar. Bei den Syrern hieß sie Astarte, bei den Griechen Aphrodite und bei den Römern Venus. Im Baum der Erkenntnis wird sie auf dem unfarbigen Tarotbild »Der Stern« als Prinzip der Erneuerung dargestellt, aus dem das Licht wiedergeboren wird.

Das Tarotbild »Die Sonne« bildet zwei Kinder ab, die durch ihre Arme miteinander verbunden sind. Sie symbolisieren das Thema von ungleichen Brüdern, das in den Mythen vieler Völker vorkommt. Der eine von ihnen verkörpert die Sonne im Reich des Lichts und der andere die Sonne im Reich der Finsternis. Sie stehen für den Lauf der Sonne durch Tag und Nacht oder die unvergängliche Kraft des Lichts, das ebenso in der Finsternis wirkt, wie die Finsternis im Licht oder wie Luzifer in Gott.

In der griechischen Mythologie finden wir die ungleichen Brüder durch Kastor und Pollux dargestellt. Beide sind Kinder der Leda, der eine jedoch wurde vom Göttervater Zeus gezeugt und dadurch zum unsterblichen Pollux. Der andere in der gleichen Nacht mit ihrem Gemahl Tyndareos gezeugte Sohn Kastor hingegen sollte sterblich sein. Da sie sich über alle Maßen liebten, wollten sie sich niemals voneinander trennen und erwirkten beim Götterrat die Gnade, daß sie gemeinsam die Hälfte der Zeit in der Welt der Lebenden und die andere Hälfte im Reich des Todes verbringen durften.

13 Tropfen fallen aus der Abbildung der geistigen Sonne. Ihre Anzahl weist auf das 13. Tarotbild, das im irdischen Bereich auf dem grünen Punkt den Tod sichtbar darstellt. Im Licht der Schöpfung ist die Vergänglichkeit körperlicher Erscheinungsformen angelegt. Mit dieser Einsicht endet der aufwärtsgerichtete Baum der Erkenntnis. Die Mauer im Hintergrund macht deutlich, daß der Weg durch alle Stationen der Suche durchschritten ist. Die Mauer bildet die Grenze zur Frucht, die sich erst jenseits von Einsichten und Erfahrungen der Erleuchtung zeigt. Das Tarotbild »Die Sonne« nimmt somit den höchsten, den weißen Punkt ein, der über der Frucht liegt.

Tropfen sind ebenfalls auf dem Tarotbild »Der Mond« dargestellt. Hier sind es 19, die auf das Mondgesicht zuströmen. Es sind die Lichter der geistigen Sonne, denn ihr Bild trägt die Zahl 19. Ihre geistige Wandlung erfährt die Schöpfung im Prinzip der Auflösung (Grau), ihre sichtbare hingegen im sichtbaren Tod (Grün).

Der Jahreskreislauf als Geburt und Tod der Sonne

Die 13 Tropfen im Tarotbild »Die Sonne« deuten in ihrem ursprünglichen Kern auf frühe Berechnungsmethoden des Jahresablaufs, denen Beobachtungen des Himmels am Tage wie auch in der Nacht zugrunde lagen. Ein Monat wurde entsprechend seines zyklischen Ablaufs von Vollmond zu Vollmond mit 28 Tagen veranschlagt. Daraus ergeben sich für das Jahr 13 Monate, die mit 28 multipliziert zu 364 Tagen im Jahr werden.

Der für den exakten Kalender noch fehlende Tag spielte in den Ritualen um das sterbende Jahr und seine Wiedergeburt eine große Rolle, denn in der dunkelsten Jahreszeit, zur Wintersonnenwende, wurde in vielen Kulturen an diesem Tag der Totenkult um einen sterbenden Sonnengott ebenso begangen wie seine Wiedergeburt als göttliches Kind aus der Finsternis der mütterlichen Nacht. Ende und Anfang des Jahreskreislaufs fallen also auf einen Punkt. Die ungleichen Sonnenbrüder sind unzertrennlich, sie sind sterblich und unsterblich zugleich.

Der mit dem weiblichen Zyklus übereinstimmende Mondrhythmus von 28 Tagen, der für das Jahr 13 Monde ergibt, bestimmt die matriarchale Kalenderberechnung. Mit dieser Einteilung ging zusätzlich die Vorstellung von einem dreigeteilten Monat und von einer Dreiteilung des Jahres einher.

Spätere wie auch gleichzeitig stattfindende Jahresberechnungen nahmen die Sonnenwenden wegen der größeren Genauigkeit als Grundlage für den Vierjahreszeitenkalender. Die Sonnenverehrung war gepaart mit der Erforschung ihres Erscheinens und Verschwindens, die den Rhythmus des Jahresablaufs bestimmten und damit die Eingebundenheit aller belebten Materie in einen von der Sonne abhängigen Kreislauf verdeutlichte.

Die Pyramiden der Könige Cheops, Chephren und Mykerinos in Gise, Ägypten, um 2560–2475 v. Chr.

Der ägyptische Kalender entstand auch aus praktischen, landwirtschaftlichen Bedürfnissen. Das ganze Land hing vom Nil ab. Sein Anschwellen und Abschwellen, das sich mit fast mathematischer Regelmäßigkeit jedes Jahr wiederholte, bestimmte die Aussaat- und Erntezeit. Es zwang zu einem genauen System der Zeitrechnung.

Der Tempel von Karnak, der dem Schöpfergott Amun Re geweiht war, ist ein Beispiel für die Verehrung und Kalendermathematik. Nur am Tag der Sommersonnenwende schien die Sonne für einen kurzen Moment, entlang eines von Säulen gerahmten Prozessionswegs, bis ins innerste Allerheiligste. Das Sonnenheiligtum diente dem Totenkult des Herrschers, der als Verkörperung des Schöpfergottes seiner Wiederbelebung entgegenging.

Ein ähnliches Beispiel ist das megalithische Rundheiligtum von Stonehenge in England. Seine Beziehung zur kosmischen Ordnung und zu ihren überirdischen

Nachzeichnung eines Reliefs aus dem Tempel der Hathor in Dendara, 1. Jahrhundert v. Chr., die Sternbilder sind dargestellt, darunter in 19 Mondbarken der Tote auf seinen Stationen durch die Nacht, umrahmt von der Himmelskönigin Nut, durch deren Leib die Sonne in den Nachtstunden wandert.

Mächten wird durch eine heilige Achse markiert, die vom Altarstein im Zentrum durch eine Öffnung im großen Trilithenring und durch einen Walldurchbruch entlang einer Prozessionsstraße nach Nordosten läuft. Auf dieser Linie berühren nur am 21. Juni, dem Tag der Sommersonnenwende, die Strahlen der aufgehenden Sonne den Altarstein. In Stonehenge soll die Zahl 19 in 19 Sockelgruben verewigt sein, die in einem Halbkreis südöstlich vom Bodenrund angeordnet sind. Alle 19 Jahre kommt es zu einer annähernden Übereinstimmung von Sonnen- und Mondzeit. Der Mond bestimmt daher den 19jährigen Metonzyklus. Dieser wurde mit der Herrschaftsdauer eines Sakralkönigs in Zusammenhang gebracht, der in der Frühzeit, als Stellvertreter des Sonnengottes, im Namen einer Mondgöttin geopfert wurde.

Das Tarotbild »Die Sonne« trägt diese Zahl 19. Die ägyptischen Pyramiden mit ihren vielfältigen Beziehungen zu kosmischen Vorgängen wurden auch als Bindeglied zwischen einem höheren Wesen und seinem königlichen Vertreter gesehen. So waren sie ein Symbol der Himmelstreppe für die Seele zu ihrem Vater, dem Sonnengott Re.

Das Prinzip »Sonne« als Teil einer göttlichen Triade

Es ist unumgänglich, mit der Sonne, die den Tag bestimmt, die Zeit ihrer Abwesenheit zu betrachten. Da Tag und Nacht, Licht und Finsternis sich abwechseln, kam es zwangsläufig zu der Analogie von Leben und Tod oder von einem Neubeginn nach nur einem scheinbaren Ende, wie der Mensch es äußerlich wahrnimmt.

Innenbezirk der megalithischen Kultanlage, Stonehenge, England, Baubeginn um 2000 v. Chr.

Die Nacht verband sich in der ägyptischen Mythologie mit einer Reise der Sonne durch das Totenreich. Mit der Nacht als einer schützenden, dunklen Umhüllung für die unsterbliche Seele verknüpften sich Vorstellungen von vielgestaltigen Himmelsköniginnen. In ihren Rollenverteilungen finden wir sie mit typischen Attributen auch auf den beiden dunklen Punkten im höchsten, unfarbigen Dreieck beider Bäume beschrieben. Der weiße Punkt oder die »Sonne« ist mit dem grauen Punkt oder dem »Mond« und dem schwarzen Punkt oder dem »Stern« verbunden. Ihre Analogie finden die weiblichen Prinzipien in der »Priesterin« und der »Herrscherin« des ersten Baumes. Sie repräsentieren eine empfangende und eine gebende weibliche Kraft.

Die bekannteste göttliche Triade in Ägypten wird durch Isis, Horus/Osiris und Hathor dargestellt. Der falkenköpfige Sonnengott Horus wird im Morgenrot, dem Blut der Himmelskönigin Isis, geboren. Ihr Name bedeutet Thron. Der göttliche Sohn kehrt im Tod zurück in den Mutterleib und zeugt in ihm, als Gatte, sein Leben neu. In der Nacht bescheint das Licht des jetzt zu Osiris gewordenen Herrschers die toten Seelen, die wie er einer Wiedergeburt entgegengehen. Der weibliche Nachtaspekt, mit dem er sich am Abend in Liebe vereinigt, ist auf vielen Darstellungen mit einer Mondsymbolik versehen. Die Liebesgöttin Hathor, die auch als Kuh dargestellt wurde, trägt als menschengestaltige Erscheinung Mondhörner auf ihrem Haupt. Sonne und Mond haben sich symbolisch in ihrem Kopfschmuck vereint, denn die Hörner tragen eine Scheibe. In der Spätzeit wurde dieses Attribut auch der Herrscherin der Nacht beigefügt. Möglicherweise weil beide Göttinnen die Nacht verkörpern und die Übergänge zwischen ihnen fließend sind. Die gegensätzlichen Welten des Lichts und der Finsternis fanden in der pantheistischen Götterwelt einen bildhaften Ausdruck. Sie stellten die Gesetzmäßigkeiten dar, auf deren Existenz die Wiederkehr allen Lebens beruht. Der Tag, das Licht und die Seele galten dabei als männlich und die Nacht, die Finsternis und der Körper als weiblich. Beide Seiten des Lebens wurden als sich wechselseitig bedingend und daher nicht wertend dargestellt.

Amun Re, der unsichtbare ägyptische Schöpfergott, wurde erst im Lauf der Zeit als phallischer Gott personifiziert.

Haremhab im Jenseits, Theben, um 1335–1305. Der Sonnengott Horus führt den verstorbenen König vor ihre gemeinsame himmlische Mutter Isis. Danach bringt der König der ebenfalls Herrscherin des Himmels genannten Hathor ein Trankopfer dar, damit sie ihn empfange.

Punkt 2
Grau
Prinzip Auflösung

Der Mond – Licht der Nacht und Beweger der Wasser

Der 2. Punkt in den beiden 10-Punkte-Bäumen ist grau. Grau wie die Nacht, wenn sie vom fahlen Mondlicht erhellt wird. Die Nacht aber hat viele Gesichter, denn je nach Mondphase, kommt sie mal heller und mal finsterer daher. Am schwärzesten wirkt sie in der mondlosen Zeit, dann aber tritt der Glanz der Sterne deutlicher hervor. Nur der Vollmond drängt ihre Lichter in den Hintergrund, außer einem Sternenlicht, das am Abendhimmel wie auch am Morgenhimmel immer sichtbar bleibt. Der immerleuchtende Venusstern wird den folgenden schwarzen 3. Punkt beleuchten und mit ihm das weibliche Prinzip der Erneuerung. Zuvor aber zeigt sich auf dem 2. grauen Punkt das weibliche Prinzip der Auflösung als Gegenpol zum Weiß der Ur-Schöpfung. Sahen wir im 1. Punkt die Ur-Zeugung durch den »Magier« und die »Sonne«, so begegnen wir hier einem empfangenden Prinzip, das durch die Tarotbilder »Die Päpstin« und »Der Mond« sichtbar gemacht wird.

Der Mond würde ohne die Sonne ein lichtloser Körper sein, denn er reflektiert nur das von der Sonne ausgestrahlte Licht.

In den Mythen der alten Kulturvölker wird das Licht des Lebens durch den nächtlichen Himmel getragen, bis es am Morgen erneut geboren wird. In vielen Variationen wird von Göttinnen der Nacht erzählt, die häufig als dreifaltige Mondgöttinnen in Erscheinung treten. Im Baum der Erkenntnis erkennt man auf den ersten Blick nur den grauen Punkt als bildhaften Ausdruck des Mondes. Seine drei Aspekte, die sich in zyklisch wechselnden Formen zeigen, werden sich jedoch noch auf besondere Weise im 10-Punkte-System wiederspiegeln. Der graue Punkt beschreibt nur seine Form und sein Wesen als empfangende Sichel. Die Neumondphase, sein Nichterscheinen, wird durch den schwarzen Punkt beschrieben. Der Vollmond hingegen zeigt sich erst im umfassendsten Aspekt des gesamten Systems in der Frucht, denn sein Licht gilt als das höchste Zeichen der Vereinigung von Geist und Materie. Sein Erscheinen bleibt daher solange verborgen, bis die beiden Welten von Leben und Erkenntnis zur erlösenden Einheit gelangt sind. Sein Sinnbild wird den Grenzpunkt zwischen dem oberen Himmel und dem Planetenhimmel einnehmen.

Drei Mondphasen wurden auch auf das dreigeteilte Mondjahr als Zeiten der Befruchtung, des Wachstums und der Ernte übertragen. Die dreifaltigen Göttinnen traten dabei als Jungfrau für den Frühling, als Hetäre für den Sommer und als Weise für den Winter in Erscheinung. Sie wurden zudem als Verkörperungen der drei Lebensalter der Frau, Jugend, Reife und Alter, angesehen.

In vielen Mythologien wurde der Mond mit Weiblichkeit identifiziert, das geschah jedoch nicht überall. So wurde z. B. am babylonischen Götterhimmel nur der Venusstern als Erscheinung der Göttin Ischtar angesehen, während der Mond mit dem Gott Sin

Weibliches Idol, Frankreich, Paläolithikum, um 30 000 v. Chr. Das mondförmige Horn enthält 13 Einkerbungen, 13 Monde währte das Jahr von seinem Beginn bis zu seinem Ende nach matriarchaler Zeitrechnung.

»Die Päpstin«,
2. Bild des
Marseiller Tarot.

»Der Mond«,
18. Bild des
Marseiller Tarot.

Theologia, die Lehre von den göttlichen Dingen, Tarotbild des Ferraresischen Meisters, Italien, um 1465. Die weibliche Gestalt ist doppelgesichtig dargestellt. Ihr weiblicher Anteil blickt aufwärts, gen Himmel, während ihr männlicher Anteil nach unten sieht. Unten zeigt sich der Planetenhimmel als Halbkugel. Dieser untere Himmel steht, wie auch im 10-Punkte-System, für die Kräfte, durch die das irdische Leben bestimmt wird. Im Mittelalter konnte, offensichtlich durch eine Rückbesinnung auf die Antike, die Lehre von den göttlichen Dingen noch als weiblicher Einblick in den Himmel dargestellt werden, während ihre Vermittlung als männliche Domäne gesehen wurde.

verbunden wurde. Auch in der deutschen Sprache und Mythologie ist der Mond männlich. Überwiegend jedoch verbinden sich mit ihm weibliche mythische Gestalten und Eigenschaften. Das hat sicherlich verschiedene Ursachen. Zum einen mag es an seinem nächtlichen Erscheinen liegen, andererseits aber mit seinem zyklischen Wechsel zusammenhängen, in dem sich die Menstruationszyklen der Frau spiegeln. Auch Geburt und Tod stehen im Zusammenhang mit seinen Phasen und Anziehungskräften, die sich vor allem in der Bewegung des Meeres als Ebbe und Flut zeigen. Auch da scheint er nicht nur die Wasser der Erde zu bewegen, sondern ebenso die Wasser im Körper. Bestimmen seine Rhythmen aber die Zeiten der Menstruation, so hängen von ihm auch die Zeiten der Empfängnisbereitschaft ab. Empfängnis jedoch ist nur dort möglich, wo es ein leeres Gefäß gibt, in dem sich neues Leben im dunklen Raum der Gebärmutter einnisten und in seinem Schutz heranreifen kann. Die Voraussetzung der Leerheit, die Wandlung erst ermöglicht, wurde mit dem Tod als einem auflösenden Prinzip identifiziert. Nur durch das weibliche Prinzip galt der Tod als überwindbar. Das empfangene Licht des Mondes wurde zum Sinnbild der Empfängnis für das zeugende Licht. Ein zeugender männlicher Samen aber ist abhängig von der nur kurze Zeit währenden Empfängnisbereitschaft der Frau.

Die versöhnende Kraft, die zur Vereinigung der Gegensätze führen kann, nennt man Liebe. Licht und Finsternis, Leben und Tod, männliches und weibliches Prinzip können somit in ihrer wechselseitigen Anziehung und Abstoßung sinnbildhaft nur über eine Heilige Hochzeit zur Vereinigung finden. Im 10-Punkte-System findet sie ihren geistigen Ausdruck zwischen der »Päpstin« und dem »Papst«. Die »Päpstin« im Baum des Lebens und die Mondsymbolik im Baum der Erkenntnis stellen eine geistige Liebesbereitschaft dar, die sich zum einen in der Liebe einer geweihten Priesterin zum Himmel und zum anderen als Liebe des Himmels zur Natur zeigt. Die Mondgöttin der Mythen vereint sich in Heiliger Hochzeit mit einem phallischen Frühlingsgott. Der wiederum sieht sich eingebunden zwischen einem höheren himmlischen Prinzip und einem körperlichen erotischen Verlangen.

Körper und Verkörperung der Weisheit

Den weiblichen Körper, aufgeschlagen wie ein Buch der Weisheit, sehen wir im Tarotbild »Die Päpstin«. Ein diagonal verlaufendes Kreuz verbindet ihr Herz mit dem Buch oder, anders ausgedrückt, ihr Liebesverlangen mit ihrem Körper. Die weibliche Körpererfahrung mit ihrer Eingebundenheit in kosmische Vorgänge wurde bereits in der Frühzeit als wahrnehmbare und ablesbare Einheit mit den himmlischen Kräften gesehen. So erzählen es uns die bildnerischen Zeugnisse und Mythen. Es waren zuerst die Frauen, die wußten, daß ihre Lebensrhythmen auch am Himmel ablesbar sind. Neues Leben konnte aus ihnen nur dann hervorgehen, wenn ihr Körper sich in Empfängnisbereitschaft befand. Der Mondkalender war für sie ein Buch der Weisheit über Leben und Tod.

Der Kopf der Päpstin ist von einem geöffneten Schleier umgeben. Seine Darstellung in Kopfhöhe weist auf das dunkle, geistige Prinzip der Auflösung hin, das durch dieses Bild im Baum des Lebens angesprochen werden soll. Der Schleier bildet eine dunkle Umhüllung, die gleich einer Wolke das Antlitz der Weisheit einrahmt.

Römisch beeinflußte Statue der ephesischen Artemis. Die Wülste auf dem Oberkörper stellen angehängte Stierhoden dar. 2. Jahrhundert n. Chr., Ephesos, Türkei.

Die Darstellung einer Frau mit Tiara mag zurückgehen auf die legendäre Päpstin Johanna im 9. Jahrhundert. Hinter ihrem mittelalterlichen Äußeren aber verbergen sich die Hohepriesterinnen der heiligen Mysterienkulte, die ihre Aufgabe als Vertreterinnen einer Mondgöttin wahrnahmen. Ihrem hohen Amt gemäß vollzogen sie auch die Heilige Hochzeit mit dem Heiligen König, dem irdischen Stellvertreter eines Fruchtbarkeitsgottes, um die himmlischen mit den irdischen Kräften in Liebe zu versöhnen. Die heilige Tempelprostitution des alten Orients und der Mittelmeerländer basiert auf diesen Vorstellungen. Die Priesterinnen der Mondgöttin konnten ebenso wie ihr himmlisches Ebenbild ihre Jungfräulichkeit durch ein reinigendes Bad im Wasser erneuern. Alle Wasser galten als weibliches Prinzip, in dem sich und durch das sich Leben erneuert.

Die ephesische Artemis und der Marienkult

An der kleinasiatischen Küste in Ephesos existierte seit ungefähr dem 7. Jahrtausend v. Chr. ein Heiligtum, das der Göttin Artemis geweiht war. Ihr phrygischer Name lautete Kybaba oder Kybele. Sie wurde als Hervorbringerin allen Lebens verehrt. Ihre Statuen zeigen sie mit einer Vielzahl von angehängten Stierhoden. Stiere galten in damals weit verbreiteten Vorstellungen einerseits als Verkörperung der Zeugungskraft, andererseits waren sie wegen ihrer mondförmigen Hörner den Mondgöttinnen heilig. In einem alljährlich stattfindenden Fruchtbarkeitsritual wurde die Heilige Hochzeit zelebriert und der auserwählte Stier anschließend geopfert, damit sein Samen und sein Blut die Erde befruchte. Die Heilige Hochzeit galt der Vereinigung einer überirdischen Macht mit einer Priesterin oder einem Priester, um das Bündnis zu erneuern. Es wird vermutet, daß der Artemis in der Frühzeit auch menschliche Hoden als Opfer dargebracht wurden. Daß ihr Kult nicht nur auf den Vorderen Orient beschränkt war, beweisen die vielen Funde ihrer Statuen bis nach Italien. Die Teilansicht einer Statue aus dem 2. Jahrhundert n. Chr. zeigt hinter dem Kopf eine runde Form, vermutlich ein Sinnbild des Mondes, auf dem untereinander angeordnet die drei ihr heiligen Tiere, Löwe, Greif und Stier, zu sehen sind. Sie symboli-

Bruchstück einer Artemis-Statue aus Ephesos, Türkei, 1. Jahrhundert v. Chr.

sieren die Dreifaltigkeit der Großen Göttin. Der Löwe steht für Herrschaft, der Greif für das erneuerte Leben, das sich sonnengleich aus der Tiefe in die Höhe zu bewegen vermag, und der Stier für die Fruchtbarkeit, die Opfer und Tod einschließt.

Eine ähnliche Symbolik befindet sich am Ischtar-Tor von Babylon, nur wirkt der Greifvogel dort mehr wie ein Drache mit Vogelklauen. Die den großen Göttinnen entlehnte Symbolik wurde durch die Bibel bis in unsere Gegenwart lebendig erhalten. Ihr jüdischer Überlieferer war Ezechiel, der um 600 v. Chr. im babylonischen Exil mystische Visionen über Tiergesichte hatte, die auch den kabbalistischen Baum beschreiben. Die frühen Christen ordneten diese Tiergesichte den vier Evangelisten zu. So steht seither der Löwe für Markus, der Adler für Johannes und der Stier für Lukas. Matthäus jedoch wurde mit einem Symbolwesen versehen, das es nur in der jüdischen Mystik gibt, dem geflügelten Menschenantlitz. Alle vier Bilder sind auf dem letzten Tarotbild der 22 Großen Arkana, »Die Welt«, zu sehen.

Auf den Oberarmen der römisch beeinflußten Artemis sind Löwen noch einmal besonders hervorgehoben. Sie charakterisieren sie als Herrscherin über Leben und Tod. Der Kreis der Sternzeichen um ihre Schultern stellt sie in den Mittelpunkt des kreisenden Jahres, über das sie dreigestaltig gebietet. Die göttliche Einheit einer weiblichen Dreifaltigkeit wird auch durch die Baumstruktur beschrieben. Sie verteilt sich als kosmische Kraft auf drei Punkte. Der graue Punkt mit seiner Mondsymbolik beschreibt nur den Aspekt der empfängnisbereiten Jungfräulichkeit, der als Prinzip der Auflösung auf dem Leben basiert.

Da bei der großen Artemis-Statue die seitlich an ihren Körper angebrachten Bienen sowie die mit ihnen im Wechsel dargestellten Blüten, nicht zu sehen sind, ist das Bruchstück einer weiteren Statue hinzugefügt, die diese Embleme auf ihrer Brust trägt.

Der Bienenstaat galt in matriarchaler Vorzeit als ideales Vorbild für die zyklische Gestaltung des Jahresablaufs. Nach der Befruchtung der Bienenkönigin durch die Drohnen waren diese nur noch überflüssige Last und mußten sterben. Die Königin überlebte die Jahreszeiten und konnte sich mit neuem, zeugungskräftigem Nachwuchs vereinigen. Auch die Fruchtbarkeitskulte zu Ehren einer Mutter-Göttin waren gepaart mit dem rituellen Töten eines Opfers zugunsten der Erneuerung der Natur. Im minoischen Kulturkreis waren Bienen und ihr Staat heilige Vorbilder im religiösen Leben.

Das dritte unter dem Stierkopf und der Biene dargestellte Symbol ist eine Blüte in einem abgeteilten Kästchen. Sie bezeugt das blühende Leben in der Natur, das sich nach der Empfängnis der Bienenkönigin und dem Opfertod des Stieres erneut einstellt.

Mit diesen Attributen der vorderasiatischen Fruchtbarkeitsgöttin werden sehr alte, matriarchale Vorstellungen abgebildet.

Ephesos, das Kultzentrum der Artemis, war eine der Haupthandelsstädte des Altertums. Seit dem 2. Jahrhundert n. Chr. geriet der Ort unter römischen Einfluß. Unter Kaiser Augustus wurde Ephesos zur Hauptstadt der römischen Provinz Asia. In ihr entstand eine der ersten Christengemeinden, die auf Paulus zurückgeführt wird. In den Jahren 37–42 wurden die Verkünder der neuen Religion aus Jerusalem vertrieben. Im Jahr 53 kam der Apostel Paulus nach Ephesos. Seine Missionsreise brachte ihm Anhänger, aber er traf auch auf heftigen Widerstand, der schließlich zu seiner Vertreibung führte (Apostelgeschichte 19,11–40). Wie berichtet wird, sollen die Anführer seiner Gegner vor allem Kaufleute und Handwerker gewesen sein, die um ihre Einkünfte aus dem Handel mit Weihgaben für die Große Göttin bangten. Ein Volksaufstand brach los, bei dem die aufgebrachten Massen riefen: »Groß ist die Göttin Artemis.«Geschrei und wildes Durcheinander herrschte während der Versammlung im Theater, bis schließlich ein Stadtschreiber auf die Gerichtstage verwies und die Menschen mit den Worten: »Wer wüßte nicht, daß die Stadt der Epheser die Tempelhüterin der großen Artemis und ihres vom Himmel gefallenen Bildes ist«, beruhigen konnte. Ein vom Himmel gefallenes Bild meinte einen Meteorit, der als eine Erscheinungsform der Artemis verehrt wurde. Dieser Meteorit wurde von König Attalos I. nach Rom gebracht, weil er helfen sollte, den Krieg gegen die Karthager zu gewinnen. In Rom brachte man der Mutter-Göttin viel Verehrung entgegen. So wird von Kaiser Heliogabalus (204–222 n. Chr.) berichtet, daß er bei einer Kulthandlung seine eigenen Geschlechtsteile abtrennte, um diese der Göttin zu opfern. Zur gleichen Zeit mit Paulus sollen auch Johannes und Maria in Ephesos geweilt haben und später dort gestorben sein. Diese Tatsache wurde auf einem Konzil bestätigt, das 431 in Ephesos stattfand. Dort wurde ebenfalls festgelegt, daß Maria nicht nur die Mutter des Menschen Jesu war, sondern auch des göttlichen Messias. Somit wurde erstmalig eine sterbliche Frau als Himmelskönigin verklärt. Ohne die ihr zugedachten Mondattribute wäre vielerorts das Christentum wahrscheinlich nicht einzuführen gewesen, so aber erkannten die Gläubigen in ihr die Mutter-Göttin wieder.

Maria auf der Mondsichel, vom Meister des Amsterdamer Kabinetts, 1480–1490. In den Mythen der vorchristlichen Zeit heißt es, daß die Nacht den Tag gebiert, der sich sterbend wieder mit ihr vereinigt. Die Mondgöttin galt als Bewegerin der Lebenswasser.

Die jungfräuliche Maria entsprach der sich jährlich erneuernden Reinheit von Mondgöttinnen, die durch ein Bad im Meer oder in Quellen wiederentstand. Der Name Maria deutet auf dieses alte Ritual hin (*mar,* »Meer«). Als Gebärerin eines göttlichen Sohnes, einem Licht der Welt, konnte sie mühelos in eine Kette von Mutter-Göttinnen aus verschiedenen Kulturen eingereiht werden. Nur eine umfassende Dreifaltigkeit, die den Aspekt des Todes und der Macht miteinschließt, wollte man der neuen Himmelskönigin nicht zugestehen. Unter der patriarchalen Überbewertung des Lichts, die einherging mit einer Verteufelung und Angst vor der Schattenseite, fand Maria ihre Anhänger zwar unter den Anbetern einer Mondgöttin, unter ihnen aber gab es auch Verehrer ihrer furchteinflößenden, dunklen Seite, die sie weiter in geheimen Ritualen beschworen.

Die griechische Artemis-Variante

Artemis galt auch in Griechenland als dreifaltige Mondgöttin, nur wurde die vorhellenistische, aus Asien stammende Große Göttin dort dem Gottvater Zeus als Tochter zugeordnet. Man gab ihr den Zwillingsbruder Apollon an die Seite, der angetreten war, sich vieler matriarchaler Heiligtümer zu bemächtigen. Artemis wurde vor allem als ewig jungfräuliche Göttin der Jagd, der Quellen und der Natur verehrt. Sie galt als Herrin der Tiere. Die Römer nannten sie Diana. Auf Bildern sieht man sie mit kurzem Gewand bekleidet, mit Pfeil und Bogen, an Quellen sitzend und von Hunden umgeben.

Diese Attribute lassen ihre umfassenden Eigenschaften erkennen, denn als Todesgöttin tötet sie, dem Mythos zufolge, die Alten und Kranken, damit die Menschheit sich in ewiger Verjüngung erhalte, wie sie selber, die sich alljährlich in den Wassern des Lebens reinigt, um ihre Jungfräulichkeit zu erneuern. Sie verkörpert die verantwortlich handelnde Natur.

Die Griechen interpretierten ihre Jungfräulichkeit als Unberührbarkeit und ewige Keuschheit. Ihre Gefühlskälte gegenüber Männern wurde mit dem kühlen Licht des Mondes verglichen. Liebhaber, die sich ihr nähern wollten, wurden von ihren Pfeilen getötet oder von Hunden zerrissen. Berühmt ist die Geschichte von Aktaion, der Artemis nackt badend in einer Quelle beobachtet hatte. Zur Strafe verwandelte die Göttin ihn in einen Hirsch, den ihre Hundemeute zerriß. Der geopferte Hirsch galt als ihr Lieblingstier. Einer anderen Erzählung zufolge war Aktaion in ein Hirschfell gekleidet, als er sich ihr näherte. Dieser Mythos beweist ihre ursprüngliche Rolle als Fruchtbarkeitsgöttin, die einen gehörnten heiligen König nach der vollzogenen Heiligen Hochzeit tötet.

Diana und Aktaion, Tizian, um 1559. Die dreifaltige Göttin Diana, Herrin über Leben, Tod und Erneuerung der Natur, tötet den heiligen Hirsch-König Aktaion nach dem vollzogenen Ritual der Heiligen Hochzeit, denn das Blut des Opfers soll die Erde befruchten.

In ihrem dunkelsten Aspekt wurde Artemis auch mit Hekate gleichgesetzt, der Göttin der Unterwelt. Auch in dieser Verkörperung ist sie umgeben von einer Hundemeute. Sie wurde angefleht, bei Geburten wie auch beim Sterben zu helfen. Sie konnte gnadenreich und mitleidvoll sein, aber auch jede Gunst oder Hilfe verweigern. In dieser Rolle soll selbst Zeus ihr respektvoll begegnet sein, denn er gewährte ihr alle Macht über Land, Meer und Himmel. Diese Macht aber hatte sie bereits verkörpert, bevor der hellenistische Zeus zum Göttervater erhöht wurde.

Die weibliche Weisheit und der Schutz des Mondkultes

Im antiken Griechenland, in dem viele ältere, göttliche Gestalten von der gewandelten Auffassung des aufkommenden Patriarchats neugeboren wurden, widerfährt dem Göttervater Zeus eine phantastische Kopfgeburt. Der Geburtsvorgang stellt sich folgendermaßen dar: Zeus muß sich den Kopf gewaltig zerbrochen haben, wie er die ursprünglich

Die Geburt der Göttin Athene aus dem Haupt von Zeus, Vasenbild, 6. Jahrhundert v. Chr. Auf Athenes Schild ist ein Stierkopf zu erkennen, ein Kultsymbol der Mondmysterien.

übermächtige Göttin Athene sich untertan machen könne. Von Kopfschmerzen geplagt, bat er Hephaistos, den Gott der Schmiedekunst, ihm mit einem Beil den Schädel zu spalten. Da entsprang ihm seine Tochter Athene, angetan mit ihrer vollen Rüstung. Athene gilt als Göttin der Weisheit, der Wissenschaften und des Krieges. Sie wurde zur Schutzgöttin von Athen. Die Kunst der strategischen Kriegsführung machte sie zur Friedensgöttin. Eule und Schlange waren ihr als Tiere der Weisheit heilig. Meistens sieht man sie mit dem schlangenumwobenen Haupt der Medusa dargestellt. Dieses Attribut ziert entweder ihren Umhang oder ihren Schutzschild, und es erweist sich als Wegweiser zu ihrem matriarchalen Ursprung.

Medusa ist eine von drei Schwestern. Als Gorgonen, Meeresgöttinnen, werden sie bezeichnet und sehr widersprüchlich geschildert. So gelten sie einerseits als schön, andererseits aber als schreckenerregende Gestalten. Medusa soll mit Eberhauern und schlangenumwundenem Körper so grauenhaft gewirkt haben, daß ihr Anblick den

Athene, Vasenbild, Griechenland, 5. Jahrhundert v. Chr. Die Göttin der Weisheit und der Kriegsstrategie. Das Schlangenhaupt der Medusa ist im Zentrum ihres Schildes abgebildet.

Betrachtern den Atem verschlug und sie zu Stein erstarren ließ. An ihrer Ermordung soll Athene beteiligt gewesen sein. Medusa, die Schöne, war in einem der Athene geweihten Tempel die Geliebte des Meeresgottes Poseidon gewesen. Athene soll darüber so erbost gewesen sein, daß sie Perseus befahl, gegen die Gorgo vorzugehen. Er solle nur nicht in ihr Antlitz schauen, sondern ausschließlich auf die Spiegelung in seinem blanken Messingschild, so würde der Zauber nicht wirken. Perseus schlug ihr den Kopf ab und brachte ihn Athene. Athene aber war ursprünglich keine Feindin der Medusa sondern, ebenso wie sie eine Hüterin der heiligen Mondmysterien, bei denen auch die Heilige Hochzeit zelebriert wurde. Meeres- und Flußgötter wurden häufig mit Stierhörnern dargestellt und waren auserwählte Heilige Könige. Die Vereinigung von Medusa und Poseidon war ein Sinnbild für ein Fruchtbarkeitsritual.

Solche Kulthandlungen waren geheime Mysterien und wurden mit furchterregenden Masken geschützt, um ungebetene Zuschauer abzuschrecken. Eine Gorgonenmaske soll auch Hekate aufgesetzt haben, um das Reich der Unterwelt vor ungebetenen Eindringlingen zu schützen. Mit ihrem Schild schützte Athene somit einen Mondkult. Ihr Speer war, ähnlich wie die Pfeile der Artemis, ein Tötungsinstrument der verantwortlich handelnden Göttin. Die Schlangen verweisen auf die Weisheit von der Erneuerung durch Wandlung des Körpers. Der Schutzschild wurde auch als Gorgoneion bezeichnet. Gorgoneion heißt ebenfalls das »Antlitz des Mondes«.

Dem verflossenen Blut der Medusa wurde nachgesagt, daß es unsterblich machen könne. Asklepios, der Gott der Heilkunst, brachte es in seinen Besitz. Als er sich anschickte, Tote wieder zum Leben zu erwecken, wurde er von Zeus mit einem Donnerkeil erschlagen.

Die matriarchalen Mysterienkulte wurden in hellenistischer Zeit dem Kult um den Göttervater Zeus untergeordnet.

Der Initiationstod der Mondverehrer

Artemis und Hekate wurden immer von Hundemeuten umgeben abgebildet und geschildert. Hekate wurde auch Hündin oder Wölfin genannt. Das Tarotbild im Baum der Erkenntnis bildet zwei den Mond anheulende Hunde oder Wölfe ab. Von beiden ist bekannt, daß sie in mondhellen Nächten den Mond anheulen. Dieses Verhalten hat ihnen die Rolle von Anbetern und Verehrern eingebracht. Auf dem Tarotbild sitzen sie am Rand eines Wassers, in dem ein Krebs zu sehen ist. Der Krebs gehört, wie auch die Schlange, zu den Tieren, die ihre Körperhüllen sprengen müssen, um wachsen zu können. So wurden beide zu Sinnbildern des ewigen Lebens, das sich durch ein äußeres Absterben der Körperhülle und ein Neuerscheinen des inneren Wesens zeigt.

Die griechische Mythologie berichtet von einem König Lykaios, der als regenmachender Heiliger verehrt wurde. Das war ursprünglich auch die Rolle von Zeus gewesen. Lykos heißt Wolf, Lykaia Wölfin. König Lykaios war entweder ein göttlicher Liebhaber der Mondgöttin oder ein Priester des Mondkultes. 22 Söhne soll er gehabt haben.

Sollte die Zahl 22 zufällig mit der Anzahl der 22 Tarotbilder übereinstimmen, die auf zehn Punkten die Gesetze des Lebens und des Kosmos abbilden?

Dem Mythos zufolge besuchte Zeus in Gesellschaft von Hermes/Merkur König Lykaios und seine 22 Söhne in Arkadien. Als Gastmahl sollen ihm die Eingeweide von einem der Söhne, Niktimos, in einer Suppe gereicht worden sein. Zeus, sehr empört über das Knabenopfer, verwandelte alle in Wölfe und erweckte Niktimos zu neuem Leben.

Nachdem Zeus den geopferten Sohn der Nacht (griech. *nikta*) wieder zum Leben erweckt hatte, kehrte dieser als wahrhaft erwachter Mensch ins Leben zurück. Er war durch die fließenden Wasser der Wandlung geschwommen, um seinen tierhaften Körper zu reinigen und Weisheit zu erlangen.

Was hier als Zeus' Rache beschrieben wird, war jedoch ein heiliges Mysterium, denn die Verwandlung in einen Wolf galt als Initiationsritual. In der Initiation sollte etwas von der Wandlungskraft des Todes erfahren werden. Der Eingeweihte möchte aber eine Rückkehr ins Leben mit einer bewußtseinserweiternden Erkenntnis. Er will die Schranken seiner Individualität überwinden, um sein unsterbliches, inneres Selbst zu erfahren. Werwölfe (mhd. *wer,* »Mann«) verlassen ihr Menschsein, um sich als Geschöpf der wilden Natur zu erfahren und im Einklang mit ihr zu leben, denn auch die Natur stirbt, bevor sie sich regeneriert. Werwölfe waren noch bis ins Mittelalter gefürchtete Grenzgänger zwischen Leben und Tod, zwischen Zivilisation und Wildnis, zwischen Ordnung und Chaos. Der Vollmond zur Jahreswende soll als Initiationszeit gegolten haben. Verschiedene Drogen, wie halluzinogene Pilze, dienten dabei der mystischen Grenzerfahrung.

Dem Mythos zufolge soll ein auserwählter Initiand nach dem Genuß einer Suppe augenblicklich aufgeheult haben, durch einen Fluß geschwommen sein und sich für acht Jahre in einen Werwolf verwandelt haben. Erst im neunten Jahr konnte er wieder als Mensch leben.

Tod- und Auferstehungsrituale gehörten zu den kultischen Handlungen von Mondgöttinnen. Nach der Fastenzeit ist es in Griechenland bis heute Brauch, das Auferstehungsfest des Erlösers in der Osternacht mit einer Suppe aus Eingeweiden und Innereien eines geopferten Lammes zu beginnen. Dabei ruft jeder: »Christus ist auferstanden, wahrhaft auferstanden.«

Die todbringende Sintflut und die Erneuerung des Lebens

Zeus' Rache an König Lykaios und seinen 22 Söhnen aber war mit der Wolfsverwandlung noch nicht beendet. Die ganze Menschheit wollte er wegen ihrer Verderbtheit vernichten, indem er die Sintflut über sie kommen ließ. Nur ein Menschenpaar, Devkaleon und Pyrrha, überlebte die Flut, weil beide von Prometheus, dem Vater Devkaleons, rechtzeitig gewarnt worden waren. Sie hatten den Rat bekommen, eine Arche zu bauen und von allen Tieren ein Paar mitzunehmen.

Der weibliche Name Pyrrha bedeutet »die Entbrannte«, gemeint ist möglicherweise eine Priesterin, die zur Erneuerung des Lebens ihr heiliges Amt als Tempelhure versah. Durch ihre heiße Liebe zu den göttlichen Kräften diente sie der mystischen Vereinigung.

Neun Tage schwamm die griechische Arche auf den großen Wassern, heißt es, als eine Taube mit einem Ölzweig im Schnabel verkündete, daß die große Flut vorbei sei. Das Paar verließ die dunkle Arche und fand sich allein auf der Welt. Da gingen beide zum zerstörten Tempel der Göttin Themis und flehten sie um die Erneuerung des Menschengeschlechts an. Themis sagte zu ihnen: »Werft die Gebeine eurer Mütter hinter euch!« Sie wußten aber nicht, wie sie das Orakel auffassen sollten, denn ihre leiblichen Mütter lebten nicht mehr. Eine plötzliche Eingebung jedoch ließ sie erkennen, was gemeint war. Sie nahmen Felsbrocken und warfen sie, wie ihnen geheißen war, mit geschlossenen Augen hinter sich. Da wurden alle Steine, die hinter Devkaleon auf die Erde trafen zu Männern, alle Steine hinter Pyrrha zu Frauen.

Aus patriarchaler Sicht jedoch nimmt die griechische Sintflutgeschichte einen anderen Verlauf. Danach war es Zeus selbst, der ein Paar auserwählte, das die vernichtende Flut überleben sollte. Er brachte die braven, alten Eheleute Philemon und Baucis in Sicherheit vor den Wassern, indem er Dämme errichtete. Diese Fassung hat Goethe in seinem Faust II bearbeitet. Der Inhalt hat jetzt einen völlig anderen Schwerpunkt, Zeus belohnt die lebenslängliche Monogamie in der Ehe, die gegen polygam geprägte, matriarchale Lebensformen durchgesetzt werden sollte. Persönliche Besitzverhältnisse, zu denen auch der Besitz einer Frau gehört, hatte es zuvor nicht gegeben.

Eine dritte Sintflutversion sei noch aus einem besonderen Grund hinzugefügt, die, wie auch die erste, dem Buch »Hebräische Mythologie« von Ranke-Graves entnommen ist: »Eine Perle, die vom Dach der Arche herabhing, leuchtete still über Noach und seiner Familie. Wenn ihr Licht verblaßte, wußte er, daß die Stunden des Tageslichts gekommen waren; wenn sie aufleuchtete, wußte er, daß die Nacht bevorstand, und so wußte er

Die Göttin Lilith, Ur (?), um 2000 v. Chr. In der hebräischen Mythologie wird sie als die erste Frau Adams bezeichnet. Sie war eine matriarchale Göttin der Frühzeit. Ähnlich wie Ischtar oder Artemis thront auch sie auf Löwen. Sie selber verkörpert wie Athene die Weisheit der Nacht, in der sie eulengestaltig erscheint. In den Händen der Göttin sieht man die Zeichen des ewigen Lebens, den Stab für die Vergänglichkeit und den Kreis für die Ewigkeit.

immer wann Schabbat war. Manche sagen jedoch, daß dieses Licht von einem heiligen, in Saphire gebundenen Buch kam, das der Erzengel Rafael Noach gab und das alles Wissen über die Sterne, die Heilkunst und die Beherrschung der Dämonen enthielt. Noach vererbte es dem Schem, von dem es über Abraham an Jaakob, Lewi, Moscheh, Jehoschua und Salomo weitergereicht wurde.«[1]

Die Perle, die den Grenzpunkt zwischen oberem und unterem Himmel darstellt, gilt als Wort Gottes.

Der 22. Sohn König Devkaleons, der Nächtliche, steht mit seinem Opfertod für den erwachten Menschen, der das mystische Licht der Weisheit erblicken darf. Dieses Licht gleicht dem Licht des vollen Mondes oder einer weiß schimmernden Perle über der Arche, die nur in der Nacht leuchtet, oder der geheimnisvollen Paradiesfrucht.

Seelenbegleiter durch die Finsternis

Im höchsten Dreieck des 10-Punkte-Systems symbolisieren die beiden dunklen Punkte auch die Ur-Flut der Genesis, von der es heißt, daß der Geist Gottes am Beginn der Schöpfung über ihr schwebte. Beim grauen Punkt geht es um den Eingang in die Finsternis und beim schwarzen Punkt um den Ausgang aus ihr. Das Licht des Geistes tritt eine Reise durch die Ur-Flut an, um aus ihr erneut geboren zu werden. Einzig auf den beiden Tarotbildern »Der Mond« und »Der Stern« im Baum der Erkenntnis ist Wasser abgebildet. Das Wasser auf dem Tarotbild »Der Mond« meint ein Prinzip, wie es sich bildhaft durch eine allesverschlingende Ur-Flut ausdrücken läßt. Sie bildet im oberen Himmel die lebendige Voraussetzung für die Erneuerung der Schöpfungsenergie.

Eine Reise durch das Reich der Finsternis wurde in der Mythologie mit vielgestaltigen Seelenbegleitern verbunden. Eine solche Gestalt ist der Fisch als Bewohner des Wassers.

Glasgefäß in Gestalt eines Fisches, Ägypten, um 1350 v. Chr.

In der Frühzeit der ägyptischen Kultur existierte die Vorstellung, daß die Sonne in der Nacht durch ein Ur-Meer ziehen muß, um zu ihrem Ausgangsort zurückzugelangen. Die Fische waren ihr dabei Helfer und Weggenossen. Eine Möglichkeit für den Menschen, die Reise zum Ufer des neuen Lebens zu überstehen, bestand darin, sich von einem Fisch verschlingen zu lassen, um in seinem Leib an den Horizont im Osten gebracht zu werden.

Erst in der Spätzeit kam der Fisch als Sonnenverschlinger in Verruf, so daß er als unrein und schädlich galt und im Kult gemieden wurde. Um ihn auf magische Weise zu

[1] Robert von Ranke-Graves: Hebräische Mythologie, Reinbek 1986, Seite 139.

vernichten, zertrümmerte man auch Nachbildungen aus Glas. Auch in Ägypten hatte sich im Laufe der Zeit die Einstellung zum Reich der Finsternis gewandelt, das ursprünglich als gleichgewichtig zum Leben in der Welt und somit lebensnotwendig erkannt worden war. Eine männlich geprägte Überbetonung des Lichts jedoch führte auch dort zur Angst vor der unbekannten Welt hinter den sichtbaren Erscheinungen.

Das Thema der Verschlingung und Ausspeiung durch einen großen Fisch wird ebenfalls in der Bibel behandelt (Jona 1,1–4). Jona, ein Auserwählter Gottes, wollte vor seiner Aufgabe in einem Boot über das Meer fliehen. Ein heftiger Sturm bedrohte das Leben aller Menschen an Bord, so daß Jona, weil er wußte, daß das Unwetter ihm galt, sein Leben für das der anderen opferte. Ins Meer geworfen aber fand er nicht den Tod, sondern wurde von einem riesigen Fisch verschlungen, der ihn am Ufer wieder dem Leben übergab. Jona erfüllte nun die ihm aufgetragene Aufgabe, die Menschen der Stadt Ninive zu retten. Seine Prophetenrolle war ihm aber weiterhin lästig, so daß er wieder den Tod suchte. Gott aber machte ihm den Vorwurf, daß er nicht genügend Mitleid mit den Menschen hätte und entließ ihn nicht aus dem Leben... bis die Geschichte im Neuen Testament ihre Fortsetzung erfährt.

Als die Schriftgelehrten und Pharisäer Jesus um ein Zeichen baten, das ihnen zeigen sollte, wer er sei, antwortete er ihnen: »Diese böse und treulose Generation fordert ein Zeichen, aber es wird ihr kein anderes gegeben werden als das Zeichen des Propheten Jona. Denn wie Jona drei Tage und drei Nächte im Bauch des Fisches war, so wird auch der Menschensohn drei Tage und drei Nächte im Innern der Erde sein.« Jesus steht für den aus der Finsternis wahrhaft Erwachten, sein Tod für die geheimnisvolle Wandlung zum Auferstandenen aus der Ur-Flut.

Die frühen Christen benutzten den Fisch als Geheimzeichen. Das alte Symbol für den Auferstehungsglauben bekam einen neuen christlichen Sinn. Es stand in Verbindung mit dem griechischen Wort für Fisch, ICHTHYS, dessen einzeln untereinandergeschriebene Buchstaben ergeben die Worte:

Iesos	Jesus
Christos	Christus
Theos	Gott
Yios	Sohn
Sotir	Erlöser

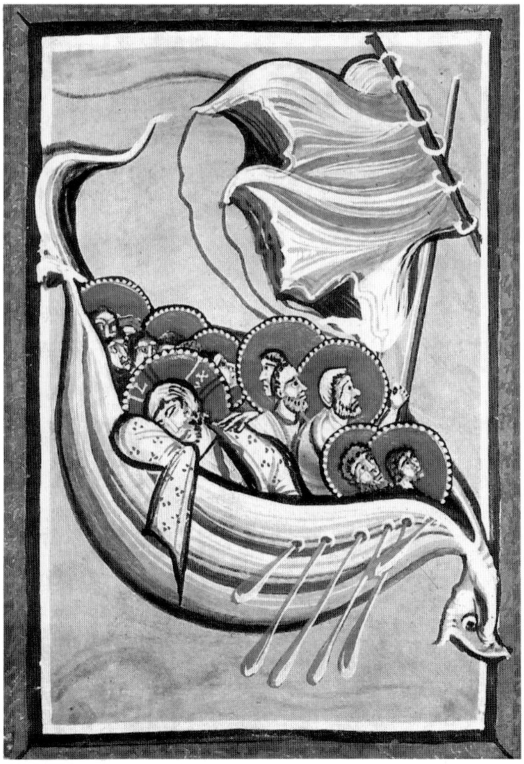

Der Sturm auf dem Meere, Miniatur aus dem Hitda-Codex, Deutschland, 10. Jahrhundert. Jesus und seine Jünger befinden sich in einem Boot, das einer Schlange gleicht, dem Symbol für Weisheit und Wandlung.

Der ägyptische Totengott Anubis, aus dem Grab des Tutanchamun in Theben, um 1340 v. Chr.

Auf einen weiteren Seelenbegleiter durch das Reich des Todes sei bei dem grauen Punkt noch hingewiesen, weil seine Gestalt durch die beiden Hunde auf dem Tarotbild »Der Mond« angesprochen wird. Als Begleiter der Artemis/Hekate sind sie bereits genannt. In Ägypten galt Anubis als hundegestaltiger oder hundeköpfiger Begleiter durch das Totenreich. Er hatte die Aufgabe, die Seelen der Toten vor das Gericht zu führen. Auf einer Waage wurde das Herz, als Sitz der Seele, gegen das Gewicht einer Feder aufgewogen. Die Feder war das Zeichen Maats, der Göttin der kosmischen Ordnung, Gerechtigkeit und Wahrheit. Wenn das Herz die Prüfung bestanden hatte, notierte der paviangestaltige Gott der Weisheit und Schreibkunst, Thoth, das Ergebnis. Das Urteil wurde danach vom Herrscher der Unterwelt, Osiris, verkündet. Jetzt erst konnten die Wiederbelebungsriten der Mund- und Augenöffnung beginnen. Für diese Zeremonie wurde ein Henkelkreuz, das Anch, benutzt. Dieses Zeichen befindet sich häufig auch in den Händen des Wächters und Seelenführers Anubis.

Das Totengericht, Ausschnitt aus dem Totenbuch der Naune, einer Musikantin des Amun Re, aus Deir el-Bahari, Papyrus, Ägypten um 1000 v. Chr.

Die Himmelsgöttin Hathor empfängt den im Tod zu ihr zurückkehrenden königlichen Sohn, um ihn mit dem Lebenszeichen Anch neu zu beleben. Aus dem Grab des Amenophis II. in Theben, Ägypten, um 1410 v. Chr.

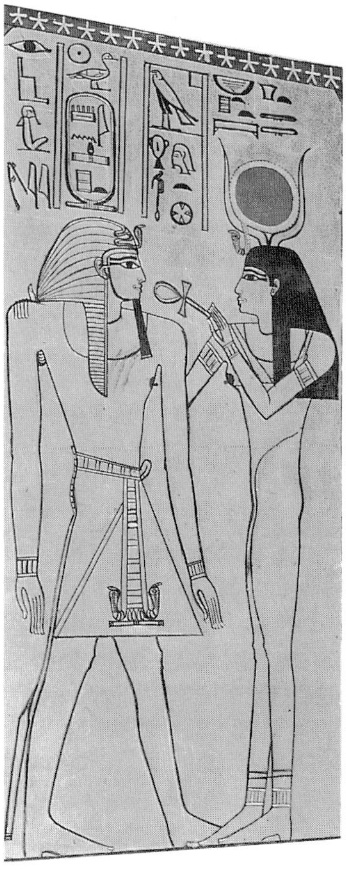

Das Schriftzeichen für Leben, Anch, in der Form eines Henkelkreuzes, aus dem Grab Tutmosis IV., Ägypten, 18. Dynastie. Zwei verschlungene und zusammengebundene Stränge ergeben ein Zeichen, das aus einer unendlichen (Kreis) und einer endlichen (Enden) Form zusammengesetzt ist.

Der Empfang im Leib der mütterlichen Liebhaberin

Die Übergänge zwischen dem grauen Punkt und dem schwarzen Punkt in beiden 10-Punkte-Bäumen sind so fließend wie eine Reise durch die Ur-Wasser. Das weibliche Prinzip des liebevollen Empfangens des Ur-Lichts wird durch Darstellungen der ägyptischen Himmelskönigin Hathor auf eindrucksvolle Weise dokumentiert. Ursprünglich wurde sie wegen ihrer mondförmigen Hörner ausschließlich als Kuh dargestellt. In menschlicher Gestalt trägt sie die Mondhörner als Krone auf ihrem Haupt. Zwischen den Hörnern ruht als Scheibe die Sonne. Sonne und Mond sind zu einer Einheit verschmolzen. Die Himmelskönigin der Nacht hat sich mit ihrem sonnenhaften Liebsten vereinigt und trägt seine Kraft in ihrem Leib, bis diese erneut als Sonne wiedergeboren wird. Das Zeichen der Vereinigung von Sonne und Mond ist ein Symbol für die Heilige Hochzeit, die auch der Pharao als königlicher Stellvertreter des Sonnengottes mit der Königin der Nacht vollzog, um seiner Wiedergeburt entgegengehen zu können. Mondhörner zieren seit der Spätzeit auch das Haupt von Isis, der Herrscherin der Nacht. Da ihr Name »Thron« bedeutet, ist ihre Krone ein Thron. Ihre besonderen Eigenschaften werden das Prinzip der Erneuerung des jetzt folgenden schwarzen Punktes bildhaft übersetzen.

Hathor mit den Zeichen der Heiligen Hochzeit von Sonne und Mond auf dem Haupt. Kleine Figur in der Mitte einer Schale, um 1450 v. Chr.

Punkt 3
Schwarz
Prinzip Erneuerung

Der hellste Stern als Bindeglied zwischen Licht und Finsternis

Im höchsten, unfarbigen Dreieck fehlt, nach der Darstellung der Ur-Schöpfung im weißen Punkt und der Auflösung im grauen Punkt, noch das dritte geistige Prinzip, die umkehrende Bewegung aus dem Schwarz, die Erneuerung des Schöpfungsprinzips. Diese Trinität bildet gemeinsam die bewegende und bewegte Grundlage allen Seins.

Die optischen Versuche mit weißen, grauen und schwarzen Punkten können uns dieses Grundmuster auch vor Augen führen, Schwarz und Weiß erzeugen im Gehirn beständig Bewegung, sie werden in ihr komplementäres Gegenbild umgewandelt. Ein Teil für sich existiert nicht.

Eine weitere Erscheinung aber wird durch das Gegensatzpaar Weiß und Schwarz außerdem noch wahrnehmbar, an den Rändern von dunklen Flächen entstehen die Regenbogenfarben, wenn es zu einer prismatischen Lichtbrechung kommt.

Diese beiden Bewegungen, die aus dem Schwarz heraus möglich sind, werden auch den mythologischen Inhalt des 3. Punktes bestimmen. Zum einen wird Schwarz seinen geistigen Gegenpol neu beleben, zum anderen wird aus ihm die Welt der Farben geboren. Der 10-Punkte-Baum mit seinen drei unfarbigen Prinzipien im oberen Himmel und seinen sieben planetarischen Erscheinungsformen der Welt im unteren Himmel wird mit dem Schwarz als ein lebendiger Körper der Natur sichtbar.

Der schwarze Punkt in beiden Bäumen stellt symbolisch die Neumondphase dar. Die Nacht wirkt in ihr finsterer, doch aus endloser Tiefe treten jetzt die Lichter von unzähligen Sternen in Erscheinung. Ein Stern jedoch ist durch sein besonders helles Licht auch dann immer noch deutlich von den anderen zu unterscheiden. Die Venus, sowohl als Morgen- wie auch als Abendstern bezeichnet, bleibt selbst in der Zeit der Dämmerung noch sichtbar. Ihr Licht ist daher ein leuchtender Weggefährte des Mondes. Wie dieser ist auch Venus ein lichtloser Himmelskörper. Diese Eigenschaft und ihre besondere Erscheinungsweise hat ihr seit der Frühzeit das Attribut von unvergänglicher Weiblichkeit eingebracht. Ihr Leuchten bis in den Morgen hinein und ihr Erscheinen bei einsetzender Dämmerung aber hat sie zum mütterlichen Bindeglied zwischen Tag und Nacht sowie zwischen Himmel und Erde werden lassen. Mit ihr verbinden sich Vorstellungen von einer Mutter alles Lebenden. Aus ihr schien sich der Tag zu erneuern mit der als Sohn aus ihr hervorgehenden Sonne. Zugleich aber galt Venus ebenfalls als Todesbotin, die am westlichen Horizont die sterbende Sonne wieder empfängt.

Im 10-Punkte-System steht die Kraft des Venussterns für die Erneuerung der Schöpfungsenergie und für das Erscheinen der vielgestaltigen, wahrnehmbaren Welt. Die besondere Bedeutung eines Sterns im höchsten unfarbigen Dreieck, wie sie im Baum der Erkenntnis durch das Tarotbild »Der Stern« zum Ausdruck kommt, unterscheidet sich von der Planetenenergie der Venus dadurch, daß im oberen Himmel Prinzipien dargestellt werden, nicht aber Kräfte, die sich in der wahrnehmbaren Welt sichtbar zeigen. Die Planetenenergie der Venus wird daher erst den grünen Punkt beschreiben.

Bei den alten Kulturvölkern aus dem Euphrat-Tigris-Gebiet spielte der hell leuchtende Morgen- und Abendstern eine besondere Rolle, denn in ihm sahen sie die Verkörperung ihrer großen Göttin Ischtar, »der Mutter alles Lebenden«. Ischtar ist ihr akkadischer Name. Bei den Sumerern hieß sie Inanna, in Syrien Astarte. Bei der Verbreitung ihres Kults bis nach Griechenland wurde sie Aphrodite genannt und bei den Römern Venus, um nur einige ihrer vielen Namen aufzuzählen.

Stele des Königs Naramsin als Sieger, akkadisch, 2261–2224 v. Chr. Am Himmel ist zweimal der achtstrahlige Venusstern zu sehen, das Zeichen der Göttin Ischtar. Er ist zugleich Morgen- und Abendstern.

Astrologia, mathematische Berechnung und Schicksalsdeutung der Sterne. Tarotbild des Ferraresischen Meisters, Italien, um 1465. Sie setzt den Menschen als Mikrokosmos mit dem Makrokosmos in Beziehung. Das Bild zeigt eine weibliche Gestalt mit Flügeln und Sternenkrone. Ihr Blick ist auf einen gestirnten Körper gerichtet. Unter ihrem linken Arm trägt sie, verhüllt durch ein Gewand, ein Buch. Mit dem Stock dirigiert sie das Leben auf der Erde nach dem Vorbild der Gestirne.

»Die Herrscherin«, 3. Bild des Marseiller Tarot.

»Der Stern«, 17. Bild des Marseiller Tarot.

Die Mutter alles Lebendigen

Der schwarze Punkt symbolisiert im 10-Punkte-Baum die Erneuerung des Lichts, das sich im Schwarz bildet. In seiner Doppelgesichtigkeit verbindet er sich im Baum des Lebens mit dem Tarotbild »Die Herrscherin« und im Baum der Erkenntnis mit dem Bild »Der Stern«. Die in ihnen dargestellten himmlischen Herrscherinnen sind gleich nie versiegenden Quellen allen Lebens. Durch sie erneuert sich einerseits das Schöpfungsprinzip, das sich auch optisch durch die Umkehrung von Schwarz zu Weiß in einem Sehtest erfassen läßt. Andererseits erneuert sich durch sie die lebendige Vielfalt der farbigen Welt. Auch sie läßt sich optisch als Kantenspektrum an Rändern von schwarzen Flächen oder Körpern wahrnehmen.

Im Baum des Lebens steht die Herrscherin durch ihr Zepter mit dem Magier in Verbindung, denn dieses weist schräg nach oben in seine Richtung. Der Stab ruht in ihrem lebenhervorbringenden Schoß. Die Kugel an seiner Spitze bildet die drei Prinzipien des unfarbigen Dreiecks ab. Das waagerechte Band steht für die beiden dunklen Punkte und das senkrechte für den lichten Punkt. Oben auf der Kugel überragt die dreifaltige Einheit der Ur-Schöpfung ihre Rundung wie auch den Thron der Herrscherin, als Zeichen einer übergeordneten, geistigen Kraft, durch die der kabbalistische Gesetzeskörper erschaffen ist.

Ebenfalls in Höhe ihres Schoßes trägt die Herrscherin ein Wappen mit einem Adler. Die rechte Begrenzung des Wappens bildet als Zeichen ihrer Verbundenheit mit dem Adler zugleich ihre Körperlinie. Der Adler ist mit nach oben gerichteten Flügeln dargestellt, als wolle er sich erheben. Adler, Falken und Geier galten in vielen frühen Kulturen als Sonnenvögel. In Schoßhöhe der Herrscherin wirkt das Wappentier wie ein sonnenhafter Sohn, der sich von ihr lösen möchte.

Der Thron der himmlischen Herrscherin hat die Form eines Flügelpaares. Einen einzelnen Flügel sieht man ganz deutlich seitlich der rechten Oberschenkellinie hervorragen. Flügel sind immer Symbole einer geistigen Kraft. Dieser kleine Flügel erinnert an christliche Darstellungen vom Heiligen Geist, der sich in Gestalt einer weißen Taube offenbart. Die Taube galt seit der Frühzeit als Sinnbild der Gegensätze verbindenden Kraft der Liebe. Ursprünglich war sie den Liebesgöttinnen wie Venus, Aphrodite oder Ischtar heilig. Auf dem Tarotbild »Die Herrscherin« steht sie für die geistige Liebe, die den oberen, unfarbigen Himmel mit dem unteren farbigen Himmel verbindet. Unterhalb des Flügels bildet das Gewand die Form einer Mandorla, die in der mittelalterlichen Kunst als Umrahmung für den Sohn Gottes verwendet wurde. Der weiße Kern der Mandel galt als Sinnbild des Geistes, der sich unter der harten Schale verbirgt. Die ovale Mandel hat zudem eine vaginale Form. Auf dem Tarotbild ist diese Form noch geschlossen, doch ihre Öffnungslinie ist mit Strahlen versehen.

Der Sitz des Throns gleicht durch die schräg nach oben verlaufenden Linien einem Berg. In den Mythen verschiedener orientalischer Völker wurde die himmlische Herrscherin auch als Berggöttin bezeichnet. Hochgelegene Berghöhlen dachte man sich als Geburtsort ihrer Kinder. Auf Berggipfeln wurde das Ritual der Heiligen Hochzeit gefeiert. Im Euphrat-Tigris-Gebiet zeugen die Tempelberge, die Zikkurate, von diesen Vorstellungen.

»Die Herrscherin« im Baum des Lebens verkörpert die geistige Kraft der Erneuerung, die mütterliche Züge trägt.

Gestirnenmenschen, von den Gebrüdern Limburg, aus dem Stundenbuch des Herzogs de Berry, Frankreich, um 1400. In einer Mandorla aus zwölf Tierkreiszeichen sind zwei Menschen abgebildet. Der eine kommt aus der vaginalen Form, der andere kehrt in sie zurück. Die Spitzen der Mandorla markieren den Frühlings- und den Herbstpunkt.

Im Baum der Erkenntnis verkörpert ebenfalls eine Frauengestalt den schwarzen Punkt. Sie sitzt am Ufer eines Wassers. Ihr Körper ist unverhüllt. Wasser fließt aus einem Gefäß, dessen Öffnung in Höhe der Vagina liegt, auf die Erde. Der Körper der göttlichen Erscheinung ist gleich dem Gefäß eine Quelle der geistigen Ur-Wasser, die das Leben auf der Erde hervorbringen. Das irdische Leben ist geprägt von der Vergänglichkeit der Form, die durch die unvergängliche Kraft des Geistes in einem fließenden Prozeß zu vielgestaltiger Umformung gelangt. Der kahle Baum auf der Horizontlinie zeigt die absterbende Natur. Auf der anderen Seite ist ein belaubter Baum mit einem Vogel dargestellt. Dieser Baum befindet sich oberhalb eines Gefäßes, das die Rückkehr der geistigen Kraft aus der vergänglichen Form in die dunkle Ur-Flut des oberen Himmels symbolisiert. Der belaubte Baum steht für die Erneuerung der Schöpfung, die ebenfalls durch den Vogel, der sich auf Flügeln zu erheben vermag, symbolisiert wird. Tauben im Baum werden in der griechischen Mythologie auch als Schicksal verkündende Vögel beschrieben.

Der Himmel auf dem Tarotbild »Der Stern« ist mit sieben kleinen und einem großen Stern versehen. Sieben Planeten stellen die farbige Welt im kabbalistischen Baum dar. Der große, achte Stern beschreibt ein geistiges Prinzip des oberen Himmels, auf dessen Existenz alle sichtbaren Erscheinungen zurückgehen. Der Abglanz des gestirnten Himmels zeigt sich als schicksalhafte Bestimmung für alles Lebendige auf der Erde.

Im Baum der Erkenntnis steht »Der Stern« auf dem schwarzen Punkt für die unverhüllte Einsicht in die geistige Gesetzmäßigkeit allen Seins, aus der das Leben hervorgeht und in die alles Leben wieder einfließt. Das Prinzip der Erneuerung stellt sich als Leben hervorbringende, weibliche Kraft dar, die sich optisch als ein Sinnbild der dunklen Ur-Flut zeigt. Die Ur-Flut der Genesis am Beginn der Schöpfung ist eine Metapher für die erste Trennung einer unsichtbaren Einheit des Nichts von einer unsichtbaren, gegenpoligen Bewegungsenergie, die im 10-Punkte-Baum durch die Nichtfarben Weiß, Grau und Schwarz dargestellt wird.

Die Göttin Ischtar, Verkörperung des Venussterns, auf einem Löwen, ihrem Attribut der Macht, vor ihr eine Betende, Silbermedaillon, Sam'al, 9.–8. Jahrhundert v. Chr.

Liebe und Fruchtbarkeit – Krieg und Tod

»Hoch wie ein Berg erhebt sich der heilige Tempel in der umfriedeten Stadt«, heißt es im Gilgamesch-Epos, das erst im 6. Jahrhundert v. Chr. auf Tontafeln schriftlich fixiert wurde, dessen Ursprung jedoch um 2400 v. Chr. in Mesopotamien vermutet wird. Die Akkader, ein semitisches Kulturvolk, besiedelten damals das Ufer des Euphrat. Sie nannten ihre große Göttin Ischtar, die Mutter alles Lebenden. Sie bestimmte über das Schicksal des Landes und das Leben der Menschen. Hinter ihrer symbolischen Verknüpfung mit einem Berg stand die Vorstellung, daß das Licht der Sonne während der Nachtzeit durch den Berg hindurchgeht, um aus ihm am Morgen wiedergeboren zu werden. Ischtar war daher zugleich Göttin der Liebe und des Todes. Auch im Gilgamesch-Epos wird der Berg Maschu als Durchgangsort der Sonne beschrieben. Gilgamesch bittet die Große Göttin um Einlaß in den Berg. Sein Ziel ist es, die Macht der himmlischen Herrscherin außer Kraft zu setzen, denn der irdische Held will entgegen der Naturgesetze die Unsterblichkeit für seinen Körper.

Rollsiegel, akkadisch, um 2250 v. Chr., in der Mitte steht die Berggöttin Ischtar. Dem Berg entsteigt der Sonnengott Schamach, als würde er aus ihr geboren.

Die Heiligtümer im Euphrat-Tigris-Gebiet waren künstliche Berge, die als Weltenberge Bindeglieder zwischen Himmel und Erde sein sollten.

In spätbabylonischer Zeit, in der es zur schriftlichen Fixierung der Heldensage von Gilgamesch kam, erneuerte der König von Babylon und Statthalter der Länder Akkad und Sumer, Nebukadnezar (604–562 v. Chr.), den Tempelberg in der Stadt und weihte ihn dem Nationalgott Marduk. Er bestand aus sieben Stufen. In seinem hochgelegenen Tempelraum, der als Begegnungsstätte zwischen Gott und den Menschen galt, sollen ein Bett und ein Tisch gestanden haben. So wurde es auch noch um 450 v. Chr. von dem griechischen Geschichtsschreiber Herodot geschildert. Diese Gegenstände dienten dem Ritual der Heiligen Hochzeit und der Darbietung von Opfergaben.

Von dem Tempelberg in Susa ist bekannt, daß er dem Mondgott Sin geweiht war. Die vier Ecken der Weltenberge waren genau nach den vier Himmelsrichtungen ausgerichtet, so daß anzunehmen ist, daß sie, ebenso wie die ägyptischen Pyramiden, auch der Observation des Himmels und damit der Verehrung der kosmischen Kräfte in göttlicher Gestalt galten, die in ihrem Zusammenwirken die Prinzipien verkörperten, denen sich auch der Mensch in seinem Leben ausgesetzt sah. In der Frühzeit wurde das hohe Amt, das der Befruchtung der Natur diente, vom Landesherrscher ausgeübt. Er vereinte sich mit einer der Göttin Ischtar geweihten Priesterin. Die Priesterin war also sehr mächtig, denn sie bestimmte die Regierungszeit eines Herrschers, die von seiner Zeugungsfähigkeit abhing.

Die patriarchale Auflehnung gegen die Gesetze der Natur, deren Ordnung durch weibliche Hüterinnen repräsentiert wurde, brachte der Göttin Ischtar die schmachvolle Bezeichnung »Hure Babylon« ein. Der Morgen- und Abendstern verblaßte durch die veränderte Sicht auf die Dunkelseite des Lebens, die als Hälfte des Himmels in einer Göttin des Lebens und des Todes Verehrung gefunden hatte.

Gilgamesch war angetreten, den Tod zu besiegen, und so verfluchte er alles Weibliche. Er liebte nur seinen Kampfgefährten Enkidu. Auch ließ er in seinem Land nicht die Buhle zu ihren Geliebten. Als die Göttin Ischtar sich mit ihm, dem Schönen und Starken, zu vereinen wünschte, beschimpfte und verfluchte er sie. Er warf ihr vor, daß sie sich ihre Liebhaber nähme, um sie nach einiger Zeit, wenn sie ihrer müde wäre, zu verstoßen. Er aber wäre nicht gewillt, sich ihren Gesetzen unterzuordnen. Ischtar war zutiefst empört und sann auf göttliche Rache. Sie sandte ihren Himmelsstier, um das Land zu verwüsten. Der aber wurde von Gilgamesch und Enkidu getötet. Daraufhin sandte die Göttin Enkidu einen schmachvollen Tod auf dem Krankenlager. In seiner Verzweiflung machte sich Gilgamesch auf die Suche nach der Unsterblichkeit. Er wollte den körperlichen Verfall aufheben, den er bei seinem Freund voller Schmerz beobachtet hatte. Nach vielen bedrohlichen Abenteuern erhielt er von einem Unsterblichen, der die Sintflut überlebt hatte, den Hinweis auf ein verborgenes Gewächs in den Tiefen einer Quelle. »Dies Gewächs ist das Gewächs gegen die Unruhe, durch die der Mensch sein Leben erlangt.« »Sein Name ist: Jung wird der Mensch als Greis.« Es würde die Jugend immer wiederkehren lassen. Nachdem er die Zauberpflanze gefunden hatte und glücklich mit ihr hochgetaucht war, legte er sie am Rand des Brunnens ab, um sich zu waschen.

Die babylonische Hure mit Papstkrone, Lucas Cranach d. Ä., 1522.

Während er sie unbewacht zurückließ, kam eine Schlange, verschlang das Gewächs und warf bei ihrem Verschwinden die Haut ab. Fortan war sie im Besitz der Unsterblichkeit und trug die Schuld an der Sterblichkeit des Helden. Er hatte sich angeschickt, über die Gesetze der inneren Natur herrschen zu wollen. Da er als Mensch an dieser Zielsetzung scheitern mußte, tritt mit der Schlange ein scheinbar schuldiges Wesen auf, das jedoch nichts anderes verkörpert als eine bildhafte Darstellung des weiblichen Prinzips der Erneuerung in der Natur, das durch eine Umwandlung der äußeren Körperhülle symbolisiert wird. Gilgamesch aber hatte nur die vergängliche Hülle vor Augen, denn er hatte die Erneuerung durch eine Göttin abgelehnt. Das dunkle Reich des Todes war für ihn nur noch eine trostlose Endstation.

Die Schuld der Schlange an der Sterblichkeit ist ebenfalls Inhalt der biblischen Schöpfungsgeschichte. Ihre Rolle wird dort ebenso interpretiert wie im Gilgamesch-Epos. In beiden Texten ist sie jedoch ein Sinnbild für die Auferstehung zu neuem Leben nach einem Absterben der körperlichen Hülle oder ein Sinnbild für den unsichtbaren Geist, der die Materie belebt. Sie ist wie die mütterliche Erde eine bildhafte Trägerin des ewigen Lebens.

Der Turmbau zu Babel

Der Bau des Tempelberges in Babylon wird in der Genesis den Nachfolgern Noahs zugeschrieben. Wenn sein Ursprung in der akkadischen Kultur begründet ist, waren die Urheber ein semitischer Volksstamm, der noch keinen alleinherrschenden, männlichen Gott kannte. In der Genesis heißt es zum Turmbau zu Babel: »Alle Menschen hatten die gleiche Sprache.« Das aber ist wie vieles in der Genesis eine Metapher, denn seit der Frühzeit war das Euphrat-Tigris-Gebiet durch seine Lage immer ein Vielvölkerstaat und seine Städte Handelsmetropolen. In der Genesis sagen die Erbauer des Turms zu Babel: »Auf, bauen wir einen Turm mit einer Spitze bis zum Himmel.« Da aber stieg der Herr vom Himmel, denn eine solche Anmaßung wollte er nicht zulassen. Er sagte: »Jetzt wird ihnen nichts mehr unerreichbar sein, was sie sich auch vornehmen, und zerstreute sie von dort aus über die ganze Erde«, und verwirrte die Sprachen der Welt (Genesis 10,1–9).

Der Turmbau zu Babel wird in der biblischen Geschichte nicht als Bau eines Tempelberges geschildert, auf dem jene alten Götter verehrt wurden, deren bildhafte Verkörperung der Naturerscheinungen von allen Menschen auch unterschiedlicher Sprache verstanden wurde. Auf dem Berg in Babylon ereignete sich die mystische Verschmelzung des Abendsterns mit der sterbenden Sonne und ihr Wiedererscheinen aus dem Morgenstern oder aber, wie es im Gilgamesch-Epos heißt, die ewige Wandlung vom Greis zum Jüngling durch die Erfahrung der geistigen Sintflut.

Die Zähmung der Himmelsherrscherinnen

Die orientalische Göttin der Liebe und des Todes, die ihr himmlisches Zeichen im Morgen- und Abendstern hatte, wurde wie viele andere dem griechischen Pantheon unter der Herrschaft von Zeus zugeordnet. Wie aber bei allen großen Göttinnen mit vorhellenistischer Vergangenheit, gab es Probleme, ihre Geburt darzustellen. So existie-

Der Turmbau zu Babel, von Pieter Bruegel d. Ä., um 1564.

ren mehrere Versionen. Für die bildhafte Durchleuchtung des schwarzen Punktes im Baum der Erkenntnis soll zunächst nur die Fassung von Homer erwähnt werden. Ihr zufolge war die Mutter von Aphrodite eine ihr ebenbürtige himmlische Herrscherin. Ebenso wie sie selber wurde auch ihre Mutter als Hervorbringerin alles Lebenden bezeichnet. Einer ihrer Namen war Hera. Sie war zuvor so mächtig gewesen, daß sie für würdig befunden wurde, als Gemahlin von Zeus zu gelten. Vor dieser ihr zugedachten Rolle war sie, ähnlich der ephesischen Artemis, als Fruchtbarkeitsgöttin verehrt worden. Zu ihrem Kult auf Samos gehörte die alljährliche Reinigung ihres Kultbildes im Meerwasser, das Ritual der Heiligen Hochzeit und das Stieropfer. Der geopferte Stier wurde auf einem Altar verbrannt und seine Asche zu einem Aschenaltar aufgehäuft. Die griechischen Mythen dagegen beschreiben die Gattin des Zeus als eine zänkische und eifersüchtige Verfolgerin seiner unzähligen Liebschaften. Einige Attribute deuten noch auf ihren Ursprung. So wurde sie bei den Griechen auch die Kuhäugige genannt, und sie galt als Göttin der Wahrsagekunst. Häufig wurde sie mit einem Granatapfel in der Hand dargestellt. Der Granatapfel galt wegen seiner roten Hülle als gefährliche Todesfrucht, die in ihrem Innern unzählige Kerne birgt, und damit gleichzeitig ein Symbol der Fruchtbarkeit war.

Hera wurde auch mit Dione gleichgesetzt, denn ihre Kulte ähnelten sich. Dione wurde in der Frühzeit im Heiligtum von Dodona verehrt. Der ihr geheiligte Baum war eine Eiche, aus der sie in Gestalt einer Taube Orakel verkündete. Nach ihrer Unterordnung unter Zeus kam auch ihr Heiligtum in seinen Besitz, und er weissagte jetzt selber aus den Wipfeln der Eiche.

Dione wird bei Homer als Mutter von Aphrodite bezeichnet. Auch ihr war die Taube, als Symbol der göttlichen Liebe heilig. In Griechenland wurden Aphrodite noch der Hase und der Spatz als heilige Tiere zugedacht; alles Tiere, die für zahlreichen Nachwuchs bekannt sind.

Nur die Einwohner von Korinth haben Aphrodite, ihrem Ursprung gemäß, auch als Berggöttin verehrt, denn sie pilgerten zu einem auf einem Berggipfel gelegenen Heiligtum.

Den Mythen zufolge aber war sie im übrigen Griechenland ihrer mütterlichen Dunkelseite beraubt und wurde nur als eine ewig liebeshungrige Göttin dargestellt, die sich trotz ihrer Ehe mit dem Schmiedegott Hephaestos unzähligen Liebesabenteuern hingab. Ihr Machtinstrument wird als Zaubergürtel beschrieben, mit dem sie alle Götter und Menschen in Liebe an sich binden konnte.

In Athen wurde sie von Männern, die die Liebe zu Knaben bevorzugten, in zwei verschiedene Wesen gespalten. Die Aphrodite, die von ihnen verehrt wurde, galt als eine Verkörperung der reinen, himmlischen Liebe, die andere dagegen wurde als Göttin der leidenschaftlichen, körperlichen Liebe verächtlich als Hure beschimpft. Diese Auffassung ist bei Platon im »Gastmahl« zu finden. In ihr zeigt sich die gewandelte Einstellung der Antike zu den matriarchalen Ur-Bildern wie auch eine geistige Aufspaltung der Einheit von Geist und Materie, die sich auch durch den Gegensatz von Licht und Finsternis symbolisch darstellen läßt.

Etruskischer Hase. Das heilige Tier der Venus/Aphrodite hat in unseren Osterbräuchen überlebt. Der fruchtbare Hase war ursprünglich ein Sinnbild der Sinnenfreude. Heute ist er nur noch Zuträger von Ostereiern, die aber sind gleichfalls heidnische Sinnbilder für die Auferstehung des Lebens nach der dunklen Jahreszeit. In Griechenland werden bis heute Ostereier ausschließlich rot gefärbt.

Die Berggöttin und ihre Kinder

Nur eine einzige Göttin am griechischen Götterhimmel durfte den Titel Große Mutter oder Mutter der Götter tragen. Es war Rhea, die Tochter von Gaia. Gaia, die Erde, war nach Hesiod die erste Göttin. Sie erschuf sich selbst mit ihren Tälern und Bergen und dazu ihren Gemahl Uranus, den Himmel, damit er ihren Leib ganz umfange. Rhea war die Mutter aller großen Götter am olympischen Himmel. Als ihre sechs Kinder werden die drei Göttinnen Hera, Demeter und Hestia genannt und die drei Götter Zeus, Poseidon und Hades. Auch von Rhea heißt es, daß sie ihren Ursprung in Kleinasien hatte und dort als Bergmutter verehrt wurde. In Phrygien nannte man sie Kybele oder Kybaba, die aber war identisch mit der ephesischen Artemis.

Zeus soll auf Kreta von Rhea, der Berggöttin, in einer hochgelegenen Berghöhle zur Welt gebracht worden sein. Sie hielt ihn vor Kronos, ihrem Gemahl versteckt, denn der verschlang seine Kinder.

Die Prophetie und die Heilung aus der Tiefe

Eine weitere Tochter von Gaia ist für diesen Punkt noch von besonderer Bedeutung: Themis erbte von der Erdmutter das Orakelheiligtum in Delphi und wurde dort als Göttin der Gerechtigkeit und der gesetzmäßigen Ordnung verehrt. Eine griechische Sintflutgeschichte erwähnt sie als orakelsprechende Ratgeberin, die das überlebende Paar Devkaleon und Pyrrha darauf hinweist, daß der Mensch aus der gleichen Substanz zusammengesetzt ist wie die Erde. Von ihrer Mutter heißt es, habe sie alles Wissen geerbt, so daß sie eine große Prophetin war und auch solche Geheimnisse kannte, die selbst dem Göttervater verborgen waren. Im Zentrum von Delphi befand sich ein Omphalos, ein Nabelstein. Er galt als Mittelpunkt der Welt, vor allem aber als Verbindungspunkt zu den Wassern im Innern der Erde, in denen das Ur-Wissen über die Gesetze der Welt ruhen sollte. Eine weibliche Schlange, Pythia genannt, bewachte den Stein. Sie wurde von Priesterinnen befragt, die sich durch Einatmen von Räucherdämpfen aus gebrannten Gerstenkörnern, Hanf und Lorbeer in Trance versetzt haben sollen.

Delphi war nicht nur ein Ort der Weissagung, es war zugleich ein kulturelles Zentrum, in dem alljährlich zu Ehren der neun Musen ein geistiger Wettkampf, die Pythischen Spiele, ausgetragen wurden. Die neun Musen waren Göttinnen für Dichtkunst, Komödie, Tragödie, Flötenspiel, Geschichtsschreibung, Geometrie, Astrologie, Philosophie und Tanz.

Durch den Lichtgott Apollon jedoch wurden die ursprünglichen Besitzverhältnisse gewaltsam verändert. Er tötete die Orakel sprechende Schlange Pythia, weil sie seine Geburt hatte verhindern wollen. Als Buße für die Tötung der Schlange mußte er neun Jahre dem Heiligtum fernbleiben und die Pythischen Spiele weiterführen. Nach dieser Veränderung in Delphi aber soll die weibliche Priesterschaft vertrieben und durch männliche Priester ersetzt worden sein. Einzig das Amt der Schicksalsverkündung blieb bei einer Priesterin. Die neun Musen unterstanden jetzt Apollon. Ihre geistigen Wettkämpfe wurden um sportliche erweitert. Am olympischen Himmel wurde er in hellenistischer Zeit zu einem der größten Götter. Mit dem Sieg über die Pythia war er

Äskulapstab, Zeichen der Heilkunst. Im griechischen Ursprungsland wurde dieses Zeichen mit zwei verschlungenen Schlangen dargestellt. Sie waren ein Symbol für die Einheit der Gegensätze. Durch die Schale wurden die dunklen Wasser aus der Tiefe symbolisiert und durch den Stab die lichten Feuer.

Orakelschlange auf einem Stein, Samos, Griechenland, 4. Jahrhundert v. Chr. Auf dem Stein unterhalb der Schlange ist der Stab des Gottes Hermes zu erkennen. Um ihn winden sich zwei Schlangen.

jetzt der Gott der Weissagung, der Schützer der Heilkunst und der Musik. Seine Attribute waren die Leier und eine Schlange, manchmal wurde er in Frauenkleidern dargestellt. Die apollinische Schlange, Python, war in Delphi ursprünglich das männliche Gegenbild zu Pythia gewesen. Beide gemeinsam waren sie ein Sinnbild für die Verbundenheit der gegensätzlichen Kräfte und damit für das Wissen um die Natur.

Der Schutz der Nacht

So wie die Sonne allmorgendlich mit dem Ende der Nacht wieder erscheint, würde auch das Leben den Tod überdauern, meinten die Ägypter der Frühzeit. Sie gingen davon aus, daß der Tote seine Körperhülle nur zeitweilig verläßt, um im Leib der

Himmelskönigin der Nacht seiner Auferstehung entgegenzugehen, für die er dann seine verlassene Körperhülle wieder benötigt. Der tote Körper wurde deswegen sorgfältig einbalsamiert und seine inneren Organe wurden präpariert, um alles für die Wiederbelebung zu erhalten.

Die inneren Organe wurden gesondert in Steingefäßen, den Kanopen, aufbewahrt und von der Skorpiongöttin Selkis bewacht, da der Tote, den damaligen Vorstellungen gemäß, seinen Körper später wieder benötigte. Skorpione gelten als aggressive Tiere. Sie sind mit einem Giftstachel ausgestattet und gehören wie die Schlangen zu den Lebewesen, die ihre Körperhülle sprengen müssen, um sich wachsend zu erneuern.

Das Herz galt als Sitz der Persönlichkeit und mußte sich für das geführte Leben vor dem Totengericht verantworten, denn es sollte ein der göttlichen Ordnung entsprechendes Leben geführt haben, um einer Wiederbelebung für würdig befunden zu werden. Das Urteil hing von einem Federgewicht auf der Waagschale ab, das Zei-

Die Göttin Maat, das Federgewicht, Ägypten, um 1200 v. Chr.

Das Totengericht, Ägypten, um 1000 v. Chr. Rechts im Totenschrein thront Osiris. Schützend steht Isis hinter ihm mit dem Schriftzeichen für das Wort »Thron« auf ihrem Haupt. Der Schrein selber galt als mütterliche Schutzhülle für den Sonnengott im dunklen Totenreich.

chen der Göttin Maat, das für Gerechtigkeit, Wahrheit und Ordnung im Kosmos steht.

Die bekannteste Herrscherin des nächtlichen Himmels war in Ägypten die Göttin Isis. Ihr Name bedeutet Thron, denn der Thronsitz war das Sinnbild ihres Nachtkörpers. Ihr Gemahl, der getötete Sonnengott Horus, den sie als Osiris für die Reise durch den Körper der Nacht wiederbelebte, befand sich in ihrem mütterlichen Schutz, wenn er auf dem Thron saß, um über die gerechten Urteile der Göttin Maat zu wachen und sie zu verkünden. Nur im mütterlichen Körper konnte der Sonnengott sein Leben erneuern. Darüber wachte auch Thoth in Paviangestalt.

Dem Weg der Sonne zu folgen, war darum das Ziel der Verstorbenen. Der Totenkult hatte die Aufgabe zu erfüllen, den Toten wie in einem Mutterleib zu bergen. Der dem Thron ähnlichste Sitz war ein Würfelhocker, in dessen Form sich Verstorbene darstellen ließen, um den Tod zu überwinden. Aber auch viele andere Umhüllungen, wie der Totenschrein, der Sarg, die Mumienbinden, die Raubkatzenbahre, der Erdhügel oder die Pyramide galten als mütterliche Umhüllungen.

Die Herrscherin auf dem schwarzen Punkt im Baum des Lebens trägt als Schmuckanhänger eine Pyramide als Zeichen ihrer Mutterrolle.

Hetep als Würfelhocker, aus Sakkara, Ägypten, um 1975 v. Chr.

Punkt 4
Blau
Planetenenergie: Jupiter ♃

Aufstieg und Fall der feurigen Herrschaft

Eine Welt des schönen Scheins erblickt das Auge in der Welt der farbigen Erscheinungen. Sie zaubern ein flüchtiges Bild von vergänglichen Formen, die ihre Existenz dem belebenden Prinzip der Ur-Trennung von Licht und Finsternis verdanken. Aus dem ersten Gegensatzpaar der Schöpfung wird die Welt der Sinne geboren, die aber ist von so flüchtiger Dauer wie der Sonnenschein oder das lebendige Wahrnehmen der Umwelt. In den 10-Punkte-Bäumen spiegelt sich der obere, geistige Himmel in der sinnlich erfahrbaren Welt. Die Sinne erfassen die farbigen Ausformungen des Lebens durch Freude und Leid oder durch Bindungen und Lösungen an sie. Sie verführen den begrenzten Blick des Lebenden zu der Illusion, daß nur die wahrnehmbare Existenz Leben beinhaltet und lassen vergessen, daß Leben sich durch den Impuls der Ur-Schöpfung ständig erneuert. Die drei Prinzipien Schöpfung, Auflösung und Erneuerung durchziehen als geistige Kräfte alle stofflichen Erscheinungsformen.

Das Tarotbild »Rad des Schicksals« führt vor Augen, wie sich der farbige Himmel in beiden 10-Punkte-Bäumen als irdischer Gesetzeskörper darstellt. Alle Bewegungen zwischen gegensätzlichen Farbpaaren spiegeln, gleich einem Kantenspektrum an dunklen Flächen, den geistigen Ur-Grund der Welt. Die Summe aller Farben, das Grau-Braun unter dem Rad, bildet den Gegenpol zum Geist, den materiellen Ur-Grund allen Seins.

Mit dem blauen Punkt beginnt der Reigen aller farbigen Schicksale. Blau steht in den Bäumen nach oben in diagonaler Verbindung mit Schwarz. Die Ur-Flut oder das weibliche Prinzip der Erneuerung bringt das hell-leuchtende Leben hervor. Am lichtesten Tag des Jahres zeigt sich die Sonne auf ihrem Höchststand. Die schwarze »Herrscherin« bringt den blauen »Herrscher« hervor, der die Zeit der Sommersonnenwende symbolisiert, in der das Licht nach seiner Vollendung wieder abnimmt. Das Tarotbild »Der Herrscher« zeigt den sichtbaren Gegenpol zur unsichtbaren Macht der »Herrscherin«. Seine Macht ist ohne ihre Existenz nicht möglich.

Alle farbigen Punkte in den Bäumen sind mit der Erscheinungswelt der Planeten verbunden. Sie beschreiben die sinnlich wahrnehmbare Welt als flüchtige Verkörperungen von gegenläufigen Kräften. Der Planet, der den blauen Punkt beleuchtet, ist Jupiter. Die mythologischen Geschichten um sein Wirken am Himmel und auf der Erde erzählen bildhaft, um welche Kraft es beim blauen Punkt geht. Er ist ein Sinnbild für die feurige Kraft der Sonne im Zenit. Ebenso wie sie ist seine Herrschaft auch gezeichnet durch die Wendezeit. Zeus' Herrschaft auf dem Thron der Hoch-Zeit stellt sich damit nur als Macht mit zeitlicher Begrenzung dar. Der Herrscher muß nach Erfüllung seiner Aufgabe seinen Thron einem Nachfolger übergeben. In der Mythologie wird diese Ablösung von der Macht durch das Opfer eines männlichen Tieres symbolisch nachvollzogen. Als

Stiergefäß, spätminoisch, Kreta, um 1500 v. Chr. Der Stier war ein bevorzugtes Opfertier im Kult um die Wiederkehr der Sonne. Nach dem Ritual der Heiligen Hochzeit wurde seine Lebenskraft mit der Erde vereint.

Sinnbild feuriger Sonnenkraft und männlicher Zeugungskraft galt in vielen frühen Kulturen der Stier. Von Zeus heißt es, er habe sich mehrfach in einen Stier verwandelt. Der Stier als göttlicher Stellvertreter oder als verwandelter Gott der Fruchtbarkeit wurde geopfert, damit die Lebenskraft seines Blutes die Erde befruchte. Zeus entlädt seine gebündelte Lichtkraft im Blitz. Mit der Opferung seiner Lebenskraft erzeugte er den befruchtenden Regen und mit ihm die Verjüngung der Natur.

Die beim schwarzen Punkt beschriebene Bedeutung des Throns als weiblicher Schutzkörper in der Finsternis läßt sich auch auf den blauen Punkt übertragen. Der Thron des männlichen Herrschers in der sichtbaren Welt ist ein Sinnbild für die von einer schützenden, höheren Macht verliehene Herrschaft, die ein Sonnenkönig solange besitzt, bis sich seine Kraft entleert hat.

Die Welt der sechs farbigen Lichter im 10-Punkte-System gilt im Gegensatz zum Licht der Ur-Schöpfung als Welt unterhalb der Ur-Flut und damit als Welt der verfinsterten Lichter. Auch die lichthellste Farbe ist dunkler als weiß.

Der heilige Opferstier

Das Gilgamesch-Epos berichtet auch von der besonderen Beziehung, die Ischtar zu dem kraftvollen Idol der Fruchtbarkeit hatte, denn sie sandte ihren Himmelsstier, um Gilgamesch zu bestrafen. Der hatte die Heilige Hochzeit mit ihr verweigert und sie als Hure beschimpft. Gilgamesch aber tötete gemeinsam mit Enkidu diesen Stier. Als ein an Kräften vollkommener Wildstier wird auch Gilgamesch beschrieben. Sein Kampfgefährte und Freund erschien auf Darstellungen zudem immer stiergestaltig. Seine

Gilgamesch und sein Gefährte Enkidu bezwingen Stiere, akkadisch, um 2000 v. Chr. In der Mitte befindet sich ein Berg, aus dem ein Lebensbaum wächst. Die Stiere, frühe Sinnbilder der Fruchtbarkeit und Ersatzopfer für den Heiligen König, besteigen die Berggöttin. Der von der Göttin auserwählte Held Gilgamesch wollte den Tod besiegen. Da er jedoch den Glauben an die Auferstehung des Lebens aus der himmlischen Mutter allen Seins verloren hatte, verweigerte er ihr auch das Ritual der Heiligen Hochzeit.

Wildheit hatte eine Tempelpriesterin der Göttin Ischtar beobachtet und ihn mit ihrem Körper gezähmt, um ihn danach in die Stadt zu locken. Dort sah ihn Gilgamesch.

Als er seine Kräfte mit ihm maß, begann ihre Freundschaft. Dem stiergestaltigen Kampfgefährten schickte Ischtar nach dem Sieg ihren Stier einen schmachvollen Tod auf dem Krankenlager. Diese Todesart besagte, daß er nicht in Einklang mit den natürlichen Abläufen in seiner Natur gelebt hatte. Durch die Abwendung von der Herrscherin über Leben und Tod sah Gilgamesch nur den körperlichen Verfall, denn er hatte die Zuversicht verloren, daß der Tod ein Zustand der Wandlung ist. Er, der Wildstier, lehnte das verlangte göttliche Opferritual ab und damit die Einsicht in seine vom Schicksal bestimmte Rolle, sich zeugend zu verjüngen. Mit seinem Bild vom Körper der Natur konnte er nur in tiefe Verzweiflung verfallen.

Der Anfang und das Ende der Reise durch die Welt der Farben

Als körperlich wahrnehmbarer, männlicher Gegenpol zur geistigen Beherrscherin der Finsternis zeigt sich im abwärtsgerichteten Baum des Lebens auf dem 4. Tarotbild der Großen Arkana »Der Herrscher«. Die diagonale Anordnung verbindet den oberen Himmel mit dem unteren Himmel, an dem er als erstes Licht einer planetarischen Kraft auf dem blauen Punkt erscheint. »Der Herrscher« ist der heilige Sonnenkönig auf der Höhe seiner Macht zur Zeit der Sommersonnenwende. Sein Licht geht seiner Bestimmung entgegen, seine feurige Zeugungskraft zu verlieren.

Die gekreuzten Beine des Herrschers bilden mit den Füßen und dem Kniewinkel das Zeichen des Sonnenrades, der Swastika. »Der Herrscher« gleicht dem aufgeflogenen

»Der Herrscher«, 4. Bild des Marseiller Tarot.

»Das Haus Gottes«, 16. Bild des Marseiller Tarot.

Sonnenvogel, der den dunklen Körper seiner geistigen Ur-Mutter, der Herrscherin, verlassen hat. Die Zeit seiner Herrschaft auf dem Sonnenthron wird durch ihre Liebe bestimmt. Ihre umhüllende Schutzgeste zeigt sich ebenfalls symbolisch in der körperumhüllenden, mondförmigen Armlehne seines Thrones.

Die Darstellung des Adlers unterscheidet sich auf den beiden Bildern des Herrschaftspaares. Bei ihr sind seine Flügel nach oben aufgerichtet, bei ihm dagegen nach unten ausgestreckt. Während sich das Wappen der Herrscherin in Leibeshöhe befindet, ist es beim Herrscher in Höhe der Beine. Im unteren Teil des Thronwappens erzeugen seine Linien zugleich die Illusion von zwei Hügeln. Der Adler sitzt über der Erdspalte, in die seine Schwanzfedern hinabhängen. Sie ähneln den Blitzbündeln, mit denen Wettergötter der Frühzeit abgebildet wurden. Zu ihnen gehörte auch Zeus oder der phönizische Gott Baal. In Blitzen entlädt sich feurige Energie, der befruchtender Regen folgt. Blitze und Regenwolken wurden daher bei vielen alten Kulturvölkern zu Machtsymbolen männlicher Zeugungsenergie.

Am oberen Ende der Thronlehne ist ein dreigliedriges Gebilde zu erkennen. In der Mitte neben dem rechts sichtbaren, geschwungenen Teil erkennt man einen Finger. Dieser Finger verweist auf den mythologischen Ursprung eines Herrschers, dessen Machtinstrument der Blitz ist. Zeigefinger heißt auf griechisch *daktylos.* Die Daktylen oder Kabiren waren phallische Götter aus vorhellenistischer Zeit. Von Zeus berichtet die Mythologie, er habe den Blitz- und Donnerkeil von den Kyklopen erhalten. Sie werden als einäugige Feuerschmiede und Gesellen des Schmiedegottes Hephaistos geschildert. Hephaistos wiederum galt in der Frühzeit als einer der phallischen Götter, die in Form von phallischen Fingern verehrt wurden. Als phallisch-feurige Urkraft lebten sie im Innern der Körperwölbungen der großen Mutter-Göttinnen als Diener und Werkzeuge, um das Feuer des Lebens in ihrer Schmiede anzufachen. Als hilfreiche Diener der Göttin Rhea werden sie auch bei der Geburt von Zeus erwähnt, den die Mutter alles Lebenden in einer Berghöhle zur Welt brachte.

Auf Samothrake sollen zwei Daktylen als phallische Finger-Statuen im Allerheiligsten des Einweihungshauses gestanden haben. In ihrer Gegenwart erlebte der auserwählte

Initiand das Mysterium der Heiligen Hochzeit zwischen einem dritten Daktylos und der Großen Göttin.

Als Mutter der Daktylen und Kabiren wird auch Zeus' Mutter Rhea genannt. Von zwei Daktylen berichtet der Mythos, sie hätten einen dritten ermordet, seinen Phallus abgeschnitten und diesen in einen Mysterienkorb gelegt, um ihn anschließend in einer Prozession bis nach Italien zu tragen. Das abgetrennte Glied galt auch als Glied des Dionysos. Das Mysterium der Heiligen Hochzeit mit anschließender Entthronung und Opferung des Heiligen Königs gehörte zu einem weitverbreiteten Fruchtbarkeitskult der Frühzeit. Die beiden phallischen Zeugen bei dieser Zeremonie verkörperten unterschiedliche Kräfte. So galt der rechts stehende als der Bindende und der links stehende als der Lösende. Sie symbolisieren die gleichen Kräfte, die im Tarotbild »Die Sonne« durch die ungleichen Brüder beschrieben werden. Die Gebilde an der Rückenlehne des »Herrschers« lassen sich auch als ein stehender und ein gebogener Finger beschreiben. Der gebogene Finger wiederum gleicht einer sich entleerenden Wolke, die als eine sich entrollende Wolke auch die Krone des Herrschers ziert.

Der phönizische Gott Baal, Syrien, um 1900 v. Chr.
Baal, der Son des El, war der höchste Gott des phönizischen Pantheons. Er stand mit seinem periodischen Tod und seiner anschließenden Wiederauferstehung im Mittelpunkt der religiösen Verehrung. Der hochgestreckte Daumen der Statuette hat die Form eines erigierten Phallus oder eines feurigen Fingers, wie die Griechen es ausdrückten.

Das Zepter des Herrschers zeigt senkrecht nach oben. Über ihm auf dem grauen Punkt befindet sich »Die Päpstin«, durch die das geistige Prinzip der Auflösung eingeführt wird. Der Herrscher unter ihr zeigt sich als die erste lebendige Ausformung ihrer gestaltlosen Kraft. Im »Herrscher« zeigt sich die Auflösung durch seinen Standort auf dem blauen Punkt, der die Jahreszeit von der Sommersonnenwende bis zum Herbstpunkt symbolisiert.

Im Baum der Erkenntnis stellt sich das gleiche Prinzip dar, nur bildet die Ausformung der Auflösung hier die letzte Station am Ende eines langen Weges durch alle farbigen Erscheinungen der Welt. Im aufwärtsgerichteten Baum der Erkenntnis ist das 16. Tarotbild »Das Haus Gottes« dem blauen Punkt zugeordnet. Es beschreibt alle Einsichten in die wahrnehmbaren Gesetze der Natur, mit denen ein Erkenntnissuchender konfrontiert wird, bevor er in die reine Welt des Geistes jenseits aller Formen eintreten kann.

In der Mitte des Bildes befindet sich ein Turm, dessen Spitze eine Krone ist, die den weißen Schöpfungspunkt symbolisiert. Die Krone der Ur-Schöpfung wird durch den Ur-Knall seitlich vom Turm abgehoben. Der Ur-Knall schiebt sich in Form einer Wolkenfeder mit blitzenden Fingern zwischen den Geist Gottes und seine Schöpfung. Er trennt den Geist Gottes von seinem dunklen Körper, über dem er schwebt. Der Turm steht für den göttlichen Körper oder sein Haus, in dem er lebt, um sich zu zeigen. Der Turm hat drei Fensteröffnungen, die die drei unfarbigen Prinzipien des Geistes darstellen. Das obere Fenster ist zu einem phallischen Symbol verlängert, durch das sich die männliche Seite der Schöpfung von der weiblichen Auflösung und Erneuerung, die durch die kleinen Fenster dargestellt werden, unterscheidet.

Jupiter, Tarotbild des Ferraresischen Meisters, Italien, um 1465. In einer Mandorla, sitzt der Sohn und Heilige König Jupiter und tötet mit seinen Pfeilen seinen potentiellen Thronfolger. Unbemerkt aber von ihm entwächst einer gesonderten Höhlung das neue Leben. Auch gegen seinen Herrschaftsanspruch wird er das Opfer der Natur. Auf der Mandorla sitzt abflugbereit ein Adler, das Sinnbild eines Sonnenbegleiters auf der Himmelsbahn.

Rechts und links vom Turm füllen Punkte den Himmel aus. Auf der linken Seite unterhalb der Krone sind es 14, und auf der rechten Seite unterhalb der Wolkenfeder sind es 19 Punkte. Das 19. Tarotbild zeigt »Die Sonne« auf dem weißen Schöpfungspunkt und auf dem gelben Punkt das 14. Tarotbild »Die Mischung«. Beide stehen sich spiegelbildlich im Baum der Erkenntnis gegenüber. Das Tarotbild »Das Haus Gottes« beschreibt also einen Ausschnitt aus dem Baum der Erkenntnis, in dem das unfarbige Dreieck mit dem ihm gegenüberliegenden Primärfarbendreieck verbunden ist. Das aufrechtstehende Dreieck innerhalb dieses Sechsecks umfaßt die drei Tarotbilder »Die Sonne«, »Das Haus Gottes« und »Der Teufel«. Nur auf diesen Bildern erscheinen jeweils zwei Menschen. Im Baum der Erkenntnis stellen die beiden unteren Menschenpaare die menschliche Einsicht in das Wirken des göttlichen Geistes dar, der sich in den Zwillingen oben als Einheit von Licht und Finsternis oder als Kraft des Bindens und Lösens zeigt. Auf dem roten Punkt sieht man die Bindung dargestellt und auf dem blauen Punkt die Lösung. Dieses durch alle Ebenen des Baumes durchgängige Gesetz wird auf dem Tarotbild »Das Haus Gottes« zudem noch durch jeweils zwei Punkte oberhalb der Krone und oberhalb der Wolkenfeder angezeigt. Beide Paare bezeugen das Wesen der Schöpfung, das sich auch im 14. Tarotbild und auf der Erde widerspiegelt.

Ausschnitt aus dem Baum der Erkenntnis, die Beziehungen der oberen sechs Tarotbilder werden durch ein Sechseck verdeutlicht.

Auf dem gelben Punkt symbolisieren die beiden Gefäße das Gesetz der Polarität. Ihren irdischen Ausdruck aber finden sie durch die beiden Steine auf der Erde vor dem Turm. Es sind auch nicht zufällig nur zwei Füße im Bild zu sehen, denn beide bezeichnen die gelbe Mitte im Baum der Erkenntnis, deren planetarischer Hintergrund die Sonne des Planetensystems ist. Das Sonnenlicht ist geprägt durch den dunklen Gegenpol, der im unteren Himmel als violettes Licht unter dem Gelb erscheint.

Hinter dem Turm ist eine Landschaft mit Hügeln dargestellt. Bis zum Horizont reichen zwei Menschen als wären sie von oben herabgefallen. Sie erkennen im Spiegelbild der irdischen Natur das Wirken des göttlichen Geistes im oberen Himmel. Drei Hände berühren die Erde, auf der die beiden Steine liegen. Zu Erde haben sich die drei farbigen Gegensatzpaare in der Tiefe der Bäume verdichtet, um sich stufenweise wieder zu entfalten. Ihre Entfaltung von unten nach oben durch den Baum der Erkenntnis haben die beiden Menschen auf dem blauen Punkt vor Augen. Im Spiegelbild ihrer Gestalt sehen sie bis hinauf zum dreifaltigen Geist Gottes, der sich mit dem Urknall einen Körper geschaffen hat, in dem er lebt.

Unterhalb des grauen Punktes im Baum der Erkenntnis mit dem Tarotbild »Der Mond« wirkt das geistige Prinzip der Auflösung hier als Loslösung von allen Bindungen an die flüchtigen Erscheinungen dieser Welt.

Imperator, Tarotbild des Ferraresischen Meisters, um 1465. Das Bild zeigt einen Herrscher, der nachdenklich auf eine Kugel schaut. Er mag sie drehen und wenden wie er will, niemals wird sein Blick sie von allen Seiten zugleich erfassen. Zu seinen Füßen sitzt ein Adler. Der mythische Sonnen- und Seelenbegleiter wurde zum Wappentier irdischer Herrschaft. Die Abbildung zeigt ihn dem Herrscher so zugewendet, als wollte er ihm etwas mitteilen. In Verlängerung seiner Körperlinie sowie in Blickrichtung des Herrschers befindet sich die Kugel. Das unsichtbare Schattenreich bleibt den Blicken durch den Vorhang verborgen.

Die Wandlung im Kult um das wiederauferstehende Opfer

Eine ganz besondere und einzigartige Hochkultur hatte sich in der Frühzeit auf Kreta entwickelt. Die Epoche der minoischen Kultur hinterließ den hellenistischen Erben einen matriarchalisch bestimmten Götterhimmel. Der jedoch wurde, ebenso wie auch der orientalische, ihren patriarchalen Vorstellungen untergeordnet.

Europa auf dem Stier Zeus, Italien, Mitte 6. Jahrhundert v. Chr. Delphine galten als heilige Tiere der Mond- und Wassergöttinnen. Sie wurden als Seelenbegleiter durch die Dunkelheit der Wasser angesehen, die die Seele an die Gestade ihrer Wiedererweckung bringen.

Auch auf Kreta gab es einen Stierkult, mit dem der höchste Gott verehrt wurde. Wie in anderen Frühkulturen war er ein Sinnbild für das Erscheinen und Verschwinden der Sonnenkraft. Sein weibliches Gegenbild wurde mit dem Mond und der Nachtzeit identifiziert. Die Mondgöttin war ein Sinnbild der Lebenserneuerung. Das Sterben und die Wiedergeburt der Sonne sahen die Kreter am nächtlichen Himmel, anders als die umliegenden Völker, durch den hell-leuchtenden Morgen- und Abendstern angezeigt. In ihm erkannten sie die lebendige Existenz der Sonnenkraft während der dunklen Zeit. Asterios, Stern, nannten sie ihren Fruchtbarkeitsgott, den man sich stiergestaltig vorstellte. Kreta gilt auch als einer der Geburtsorte von Zeus. Sein Erscheinen als Stier steht in Verbindung mit diesem Ursprung.

Einer der berühmtesten kretischen Mythen berichtet von Europa und Zeus. Der Name Europa bedeutet »die mit dem breiten Gesicht« und meint das Mondgesicht. Europa, die Mondgöttin, hielt sich am Meeresufer auf, pflückte Blumen und band daraus

Kränze. Ein schöner weißer Stier näherte sich ihr und war so zahm, daß sie ihn bekränzte und sich auf seinen Rücken setzte. Der Stier trug sie über das Meer, und die Mondgöttin vereinigte sich mit dem Sonnengott. Dem Mythos zufolge entführte Zeus Europa aus Phönizien nach Kreta. In Phönizien (Syrien) hieß der als Stier verehrte Fruchtbarkeitsgott El und sein Sohn Baal. Der Kult kam somit von Asien nach Kreta. Eine Version schildert als Ort der Heiligen Hochzeit eine Höhle auf Kreta, eine andere die Wipfel einer Platane, weil Zeus sich nach seiner Ankunft in einen Adler verwandelt haben soll, um Europa zu vergewaltigen. Auch in dieser Version klingt etwas an von seinem asiatischen Erbe. El wurde in Syrien u. a. als Eichengott verehrt. Auch Zeus wurde in Dodona als orakelsprechender Eichengott aufgesucht. Mit dem Eichenkult der Frühzeit verband sich ein Opferritual: Die auf einer bestimmten Eiche wachsenden Misteln wurden als deren Geschlechtsorgane angesehen. In einer alljährlich stattfindenden heiligen Zeremonie wurden die Misteln mit einem Sichelmesser abgetrennt. Ihr auf die Erde tropfender zähflüssiger Saft galt als befruchtender Samen des Eichengottes und war gleich dem befruchtenden Opferblut ein Sinnbild der Auferstehung. Das Mistelmysterium war weit verbreitet. Durch die Kelten wurde es bis heute als Symbol der Auferstehung in England überliefert. Dort wird zum Weihnachtsfest ein Mistelzweig über die Tür gehängt. Das sichelförmige Tötungsinstrument galt durch seine Mondform als weibliche Waffe.

Der kretische Stiergott Zeus konnte abwechselnd rot, weiß oder schwarz erscheinen. Diese Farben sind Symbole für die Lebensalter der Sonne. Rot ist sie am Morgen und am Abend, weiß im Zenit zur Mittagszeit und schwarz in der Nacht. Somit war der Sohn und sterbende Geliebte rot, der Heilige König weiß und der Gatte schwarz. Diese Farbangaben berühren nicht die Farblehre im 10-Punkte-System, sie erklären nur, warum die Mythen ausdrücklich einen weißen Stier nennen, wenn sie vom Ritual der Heiligen Hochzeit erzählen.

Die Kinder von Zeus und Europa setzten fort, was sich auch mit ihnen an Sinnbildern verband, allerdings veränderte sich in hellenistischer Zeit der Umgang mit dem Fruchtbarkeitskult. Ein Sohn von Europa hieß Minos. Seine Gemahlin war Pasiphae, die allen Leuchtende, also auch eine Mondgöttin. Von Pasiphae heißt es, sie hätte sich in einen wunderschönen weißen Stier verliebt und ließ den Künstler Daidalos eine Kuh anfertigen. Sie versteckte sich darin und zeugte so mit dem Stier einen Sohn, den Minotauros, der den Namen Asterion, Stern, bekam. Er hatte die Gestalt eines Menschen und den Kopf eines Stieres. Seine Geschichte ist auch die Geschichte von der Vernichtung eines matriarchalen Fruchtbarkeitskultes durch den griechischen Helden Theseus. Unter der Vorherrschaft von Zeus auf dem Olymp galt sein eigener, wie auch der Ursprung vieler aus Asien stammender Götter, als umgestaltungswürdig. Der Minosstier wurde jetzt als gefährliches Ungeheuer angesehen, das in einem Labyrinth gefangengehalten wurde. Das Labyrinth aber war ein Heiligtum aus matriarchaler Frühzeit, das einem Mysterienkult geweiht war.

Sieben junge Männer und sieben Jungfrauen aus Athen sollen dem Minotauros jährlich zum Opfer gebracht worden sein. Im siebten Monat nach Wintersonnenwende wurde bei allen frühen Kulturvölkern das Sonnenopfer zelebriert. Theseus, der Held und Besieger auch noch anderer matriarchaler Kultbilder, konnte den Minotauros nur deswegen bezwingen, weil er von dessen Schwester Ariadne einen Faden erhalten hatte, der ihm half, aus dem Labyrinth herauszufinden. Ariadne aber hatte ihm geholfen, weil sie ihn liebte. Sie wurde jedoch von Theseus nach vollbrachter Tat verlassen. Ariadne, die Verräterin ihres Bruders, sollte noch ein zweites Mal einen Kultgott der Frühzeit verraten. Es war Dionysos, der Gott des Rausches und der Fruchtbarkeit, der auch in Stiergestalt verehrt wurde. Ariadne war von ihm als Gattin auserwählt worden. Sie soll ihm jedoch untreu geworden sein. Für diese Freveltat wurde sie auf Wunsch des Dionysos durch die Pfeile der Göttin Artemis getötet.

Theseus tötet den Minosstier, Vasenbild, Griechenland, um 550 v. Chr. Der Schwanz des Stieres ist zum Symbol einer Lebensschleife geformt.

Kampf und Heilung der unzertrennlichen Sonnen-Zwillinge

In der ägyptischen Mythologie stellen die ungleichen Brüder Horus und Seth den Aufstieg und Fall der Sonne dar. Der falkengestaltige Gott Horus verkörperte die wiedergeborene Morgensonne. Die Gestalt des Seth wandelte sich im Lauf der Zeit. Häufig wurde er schakalähnlich dargestellt, regional verschmolz er auch mit dem Krokodilgott Sobek. Er galt als Widersacher von Horus und trat zur Zeit des höchsten Sonnenstandes in Erscheinung. In seiner Funktion als Wüsten- und Unwettergott verkörperte er die fallende Sonne. Zwischen Horus und Seth entbrannte ein Kampf, bei

Die Überfahrt auf der Sonnenbarke durch das Reich der Nacht, Papyrus, um 1000 v. Chr. Auf dem Thron sitzt die falkengestaltige Verkörperung von Horus. Vor ihr steht Seth, der die sonnenverschlingenden Wasser der Unterwelt abwehrt, die als Schlange Apophis dargestellt sind.

Seitenfläche des Thrones von Sotiris I., Ägypten, um 1930 v. Chr. Die beiden wohlbeleibten Götter Horus und Seth verknoten sich mit einer Röhre, die einem Herzen entwächst. Die beiden ungleichen Brüder verkörpern die beiden gegensätzlichen Kräfte, die in einem Organismus wirken. Horus mit seinem Pflanzenattribut Lotos gebietet über Oberägypten und Seth mit seinem Pflanzenattribut Papyros über Unterägypten. Pharao Sotiris I. sah sich als irdischer Stellvertreter dieser Götter.

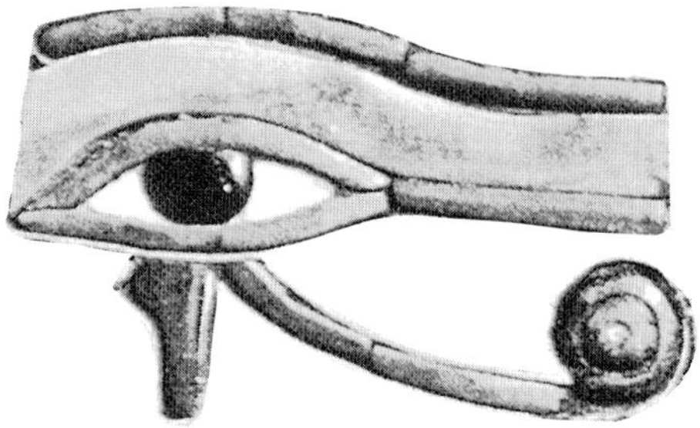

Udjat-Auge, das Lichtauge von Horus, besteht aus drei zusammengesetzten Zeichen: dem menschlichen Auge von Osiris, der Lidfalte von Horus und dem geschwungenen Bogen, der unter einem Raubkatzenauge liegt. Es war das beliebteste Amulett für die ständige Erneuerung des Lichts und des Lebens.

dem Horus sein Lichtauge, das sogenannte Udjat-Auge, verlor und Seth seine Manneskraft, weil ihm die Hoden abgetrennt worden waren.

Die unzertrennlichen Doppelgänger verloren beide ihr Leben und traten gemeinsam auf der Sonnenbarke die Reise durch den nächtlichen Himmel an, der als Leib der Himmelsherrscherin galt. Dort wurden beide geheilt, um der kosmischen Ordnung, der Göttin Maat, gerecht zu werden. Als Heiler trat der paviangestaltige Gott Thoth jetzt sein Amt an. Der Mythos erwähnt ihn jedoch nur als Heiler des Lichtauges. Die Doppelgänger wurden also getrennt, um den Sieg des Lichts über die Dunkelheit zu betonen, der in der Spätzeit zu einem endgültigen Vernichtungskampf gegen die finsteren Kräfte des Bösen führte, denn die sexuelle Kraft der Erneuerung wurde dem Reich des Bösen zugeordnet. Seth und Horus fuhren auf der Sonnenbarke ihrer Wiedergeburt entgegen. Seth war der aktive Beschützer seines Gegenbildes vor den gefährlichen Wassern der Unterwelt, die als gewundene Schlange dargestellt wurden. Das Wasser galt jedoch nicht immer und überall als unheilvoll, denn für den Krokodilgott war das Ur-Wasser das Element seiner Erneuerung, aus dem er sich am Morgen als Sonne geflügelt in die Lüfte erhob. Aber nicht nur dem dunklen Seth widerfuhr eine Wandlung, auch der Lichtgott Horus wurde im Lauf der Zeit im Totenkult zugunsten seiner Wandlungsform Osiris

Der Gott Thoth als Pavian, Grabmalerei in Theben, Ägypten, um 1340 v. Chr. Vor dem mit betont phallischen Attributen dargestellten Gott des Heilens ist zweimal das Zeichen der Lebensschleife abgebildet.

verdrängt. Als Toter wurde Horus zu Osiris und damit zum Erzeuger seiner neuen Horusform als Gatte von Isis. Während Horus seine Heilungsreise durch das mütterliche Himmelsinnere führt, wird er als Osiris zum Herrscher der Unterwelt, durch dessen Zeugungskraft sich das Leben erneuert. Die in der Spätzeit zunehmende Verehrung des männlichen Beherrschers der Unterwelt verdrängte die Vorstellung vom Gleichgewicht der Gegensätze. So wurde Horus von Seth getrennt und galt jetzt nur noch als Bruder von Osiris in der Unterwelt. Osiris aber wurde zum Bruder von Isis erklärt.

Der entmannte Seth wurde später mit dem phönizischen Baal verglichen.

Anbetung der roten aufgehenden Sonne, Grabmalerei, Theben, um 1000 v. Chr. Die Fruchtbarkeit der Sonne wird in Form eines Stierkalbs angebetet.

Der Evangelist Lukas, Buchmalerei, Fulda, 9. Jahrhundert. Lukas bekam in frühchristlicher Zeit das Stierattribut des heidnischen Fruchtbarkeitsgottes, dessen Blut zur Hoch-Zeit vergossen wurde zur Erneuerung des Lebens – zur Vergebung der Sünden heißt es bei den Christen, das aber war auch der Sinn der Mysterienkulte gewesen, Wandlung durch den Tod.

Unerschöpfliche Feuerkraft und Herrschaft auf Zeit

Der griechische Gott Zeus war, wie der ägyptische Sonnengott Horus, ein sterbender und wiederauferstehender Gott der Fruchtbarkeit. Sein feuriges Fruchtbarkeitsattribut war der sich entladende Blitz sowie die sich abregnenden Wolken.

Das menschliche Begehren nach ewiger Macht auf dem Thron machte diesen Gott zu einem Vernichter aller seiner Thronanwärter. Das Gleichgewicht in der äußeren und inneren Natur, das sich durch Absterben und Verjüngen darstellt, wurde zugunsten einer einseitigen Überbetonung und Verehrung der feurigen Lichtseite aus dem Gleichgewicht gebracht. Ihren göttlichen Vorbildern ähnlich, begannen die irdischen Herrscher und religiösen Führer die dunklen Aspekte der Natur zu fürchten und in der Folge zu unterdrücken, zu verachten und zu bekämpfen. Die Illusion von Machtfülle und einer vermeintlichen Beherrschung der Natur brachte den Menschen vor allem die Furcht vor dem Ende durch Tod und Verfall. Die dunkle Seite des Lebens galt fortan als Ende des Lebens. Ihre weiblichen Sinnbilder wurden zu einer schreckenerregenden Vorstellung von einer feurigen Hölle im Innern der Erde umgewertet. Die dunkle Hälfte des Himmels galt nicht mehr als erlösender, schöpferischer und erneuernder Teil der Schöpfung, sondern als Domäne des Teufels und seiner weiblichen Anhängerschaft. Die weibliche Herrschaft über die Finsternis wurde unter die Herrschaft des Lichts gestellt und so kamen die Frauen unter die Herrschaft der Männer. Das Gleichgewicht in der Natur aber stellt sich durch Licht- und Schattenseite dar. »Panta rei – alles fließt«, sagte der griechische Philosoph Heraklit zu den heilenden Kräften des Lösens.

Im kabbalistischen 10-Punkte-System wird durch den blauen Punkt nur eine Seite der dreifaltigen Feuerkraft dargestellt. Ihre beiden anderen Erscheinungsformen sind Inhalt der beiden folgenden Primärfarbenpunkte Rot und Gelb. Im »Haus Gottes« auf dem blauen Punkt symbolisieren die drei Feuerzungen an der Spitze der Wolkenfeder die feurige Seite des Urknalls, die sich im unteren, planetarisch bestimmten Himmel im Primärfarbendreieck auf der Erscheinungsebene widerspiegelt. So steht Blau für die Auflösung der Lebensfeuer, Rot für die Erneuerung der Lebensfeuer und Gelb für ihre Geburt.

»Wie oben, so unten«, sagte der legendäre Hermes Trismegistos. Diese Formel faßt zusammen, was in zwölf Lehrsätzen aus dem ägyptischen Alexandrien der Jahrtausendwende überliefert wurde. Alexandrien war zu der Zeit ein Sammelbecken aller umliegenden Kulturen, die sich auch im hermetischen Text widerspiegeln. Diese Texte basieren auf der Kabbala und wurden zur Grundlage der mittelalterlichen Alchemie, die wiederum in den Bildern des Marseiller Tarot optisch dargestellt sind. »Das Haus Gottes« ermöglicht einen Einblick in die beiden ersten hermetischen Lehrsätze: »In Wahrheit, gewiß und ohne Zweifel: Das Untere ist gleich dem Oberen, und das Obere ist gleich dem Unteren, zu wirken die Wunder eines Dinges.« »So wie alle Dinge aus Einem und durch die Betrachtung des Einen hervorgegangen sind, so werden auch alle Dinge aus diesem Einen durch Abwandlung geboren.« Die Alchemie war eine philosophische Praxis, die den Schöpfungsvorgang der biblischen Genesis nachvollziehen wollte. Die Suche nach dem Gold in der unreinen Materie war die Suche nach dem ewigen Leben im Paradiesgarten. Denn dort gab es am Baum des Lebens noch eine Frucht, die das erste Menschenpaar noch nicht genossen hatte, denn sie mußten zuvor vor das Angesicht der Erde getreten sein. Mit dem Tarotbild »Das Haus Gottes« im aufwärtsgerichteten Baum der Erkenntnis ist diese Aufgabe erfüllt.

Der Mond, Tarotbild von Giuseppe Maria Mitelli (1634–1718), Italien, aus der Folge der »Tarocchini«. Dargestellt ist Artemis. Sie personifiziert die verantwortlich handelnde Dunkelseite der Natur, indem sie verbrauchtes Leben tötet. Der Hund an ihrer Seite ist durch sein nächtliches Heulen ein Sinnbild der Verehrung und Gefolgschaft der in der Finsternis wirkenden Mondgöttin. Sie verschließt ihm die Ohren, damit er nur auf das innere Rauschen der unsterblichen Lebenskraft hört.

Punkt 5
Rot
Planetenenergie: Mars ♂

Die gewaltige Kraft des phallischen Feuers

Die farbige Erscheinungswelt, die ihren Ursprung aus dem Hauptwiderspruch von Schwarz und Weiß herleitet, stellt sich mit dem blauen und roten Punkt in den Bäumen auf einer waagerechten Ebene dar. Rot erscheint im Kantenspektrum auf der gegenüberliegenden Seite von Blau an den Rändern dunkler Flächen. Die beiden dunklen Punkte mit ihren weiblich geprägten Inhalten des oberen Himmels stehen den beiden männlich geprägten Punkten Blau und Rot im unteren Himmel gegenüber. Die Tarotbilder im Baum des Lebens enthüllen diese Konstellation durch zwei sich diagonal gegenüberstehende Paare. Ihre den Himmel übergreifende Anordnung wiederholt sich farblich durch die ebenfalls diagonal angeordneten Komplementärfarben Grün und Orange. Mit dem blauen und roten Punkt stellen sich somit Ebenen überschreitende Bewegungen in zwei Richtungen dar. Die eine Richtung ergänzt nach oben und die andere nach unten um den dazugehörigen Gegenpol.

Während sich durch den blauen, männlich geprägten Punkt die Hoch-Zeit des Jahres und mit ihr die Vergänglichkeit der feurigen Lebensfülle darstellt, begegnet man mit dem roten Punkt phallischen Wesen, die die aufbrechenden Frühlingstriebe der erwachenden Natur personifizieren. Rot symbolisiert die aufsteigende, feurige Energie der Natur, wie sie sich vom Frühlingspunkt im März bis zur Sommersonnenwende zeigt. Rot und Blau stehen somit für die lichte Hälfte des Jahres, während seine dunkle Hälfte durch die Komplementärfarben Grün und Orange dargestellt wird.

Den roten Punkt regiert der Planet Mars. Bei den Römern wurde Mars als Kriegsgott verehrt. In Griechenland hieß sein Ebenbild Ares. Innerhalb des hellenistischen Pantheons wurde Ares wenig geliebt, denn er galt als ein zerstörerischer Krieger. Selbst seine Mutter Hera soll ihn wegen dieser Eigenschaften von sich gewiesen haben. Sein Glück fand er nur bei einer einzigen Göttin. Es war Aphrodite, die ihn leidenschaftlich liebte. Und so war es ihm wenigstens zeitweilig vergönnt, sich mit ihr zu vereinen, denn Aphrodite war der Schmiedegott Hephaestos als Gemahl zugewiesen worden. Hephaestos aber hatte sich bereits beim blauen Punkt als einer der feurig-phallischen Finger entpuppt, von denen Zeus sein Machtinstrument, den Donner- und Blitzkeil, geschmiedet bekommen hatte. Für die Farblehre in den 10-Punkte-Bäumen sind diese mythologischen Hintergründe äußerst aufschlußreich, denn als Himmelsherrscherin verkörperte Aphrodite ursprünglich die Macht über Leben und Sterben in der Natur. Ihr gegenüber waren sowohl Hephaestos als auch Ares rechtmäßige Liebhaber, denn beide standen für die gleiche feurige Lebenskraft. Im unteren, planetarisch bestimmten Himmel steht Venus ihrem Liebhaber Mars als empfangende Kraft gegenüber. Als Erscheinung jedoch im oberen Himmel, wie sie durch die »Herrscherin« oder den »Stern« zum Ausdruck kam, verkörpert sie das Gegenteil. Dort wirkt sie als unsichtbare Ur-Kraft der Erneuerung auf den unter ihr angeordneten Mars ein und macht ihn zum sichtbaren Erneuerer des feurigen Lebens. Alle oben angelegten Ur-Kräfte wirken sich auf den senkrechten Säulen im 10-Punkte-System nach unten als wahrnehmbare Kräfte in der Erscheinungswelt aus. Mars ist somit von oben her bestimmt für seine Rolle als Hervorbringer neuen Lebens.

Es heißt, daß Aphrodite die vermeintliche Abwesenheit ihres Gatten Hephaestos für eine heimliche Begegnung mit Ares benutzte. Der eifersüchtige Hephaestos aber hatte eine Reise nur vorgetäuscht. Er wollte das Liebesabenteuer der beiden durch eine List vor das Gericht der Götterversammlung bringen. Heimlich befestigte er ein Netz über dem Lager, das auf die Liebenden herabfiel, als sie sich niederlegten. Dieses Netz hatte er selber auf seinem Amboß so fein geschmiedet, daß es zart wie Spinnenweben und unsichtbar war. Es erwies sich als unzerreißbare, nicht zu lösende Fessel.

Venus und Mars, von Sandro Botticelli, Italien, um 1483.
Bockgestaltige Satyrn spielen mit der Angriffswaffe des schlafenden Mars.

Die Fesseln der Liebesfreuden wie der Liebesleiden lassen sich erst lösen, wenn das Verlangen seine Erfüllung gefunden hat. Was in der griechischen Mythologie als menschlich nachempfundener Racheakt dargestellt wird, schildert ein Naturphänomen, das sich im Frühling besonders zwischen Paaren aller Arten als unsichtbare Fessel zeigt, um den Fortbestand des Lebens zu sichern. Die olympischen Götter gebärdeten sich also sehr menschlich. In der Geschlechterfolge erschienen häufig nur Vervielfältigungen von göttlichen Verkörperungen für die gleiche Naturerscheinung. Die im Lauf der Zeit sich wandelnde Einstellung zur Natur brachte neue Götter hervor. Unterschiedliche Namen bezeichnen häufig die gleiche himmlische Kraft unter veränderten Vorzeichen. Die Herkunft des Kriegsgottes Mars enthüllt in besonderer Weise einen gewandelten Zeitgeist und läßt durch die mythologischen Bilder seine Vergangenheit durchschimmern.

Der römische Kriegsgott Mars hieß bei den Etruskern in der vorrömischen Kulturepoche Maris. In seinem Namen klingt eine Beziehung zu den Wassern des Meeres an. Er wurde als Vegetationsgott verehrt. Der Monat März wurde nach ihm benannt, was seiner besonderen Wirksamkeit als Frühlingsgott entsprach. Ihm unterlag in besonderer Weise das Wohl der Viehherden. Es heißt von ihm, daß er Unheil erzeugen, aber auch abwehren konnte. Der Specht und der Wolf werden als die ihm heiligen Tiere genannt. Dem Wolf waren wir bereits bei dem weiblich geprägten Gegenpol im Tarotbild »Der Mond« begegnet. Die Wölfe wurden als wilde Verehrer von Mondkulten identifiziert, die sich lebensgefährlichen Initiationsriten unterzogen, um die ungezügelte Natur in sich wahrzunehmen und zum Kern ihres Wesens vorzudringen. Sie sprengten die Panzer der alltäglichen Ordnung, um zu wachsen und eine höhere Ordnung zu erkennen. Der rote, männliche Gegenpol zum empfangenden, dunklen »Mond« wird diesen Aspekt verdeutlichen. Die Mythen um den Kriegsgott Mars enthalten Spuren seines ursprünglichen Wesens. Sie führen zu einer Vielzahl von göttlichen Gestalten, von denen er sich nur scheinbar innerlich oder äußerlich unterscheidet.

Mars wird als Vater der römischen Zwillinge Romulus und Remus genannt, die als Stadtgründer von Rom galten. Er hatte sie mit der jungfräulichen Priesterin Rhea Silvia gezeugt. Ihre Namensverwandtschaft mit Rhea, der Mutter von Zeus, weist sie entweder als die Große Göttin selber aus, zumindest aber als eine ihr geweihte Priesterin. Die Zwillinge wurden nach ihrer Geburt ausgesetzt, weil ein Onkel von Rhea Silvia ihren Herrschaftsanspruch fürchtete. Am Ufer des Tiber fand eine Wölfin sie in einem Korb und säugte sie. Als Wölfin aber wurde auch die dreifaltige griechische Mondgöttin Hekate als Herrscherin der Unterwelt bezeichnet, deren Jahreszeit der Winter war. Hekates Schutz wurde bei Geburten erfleht. Rechnet man vom Monat März, dem Mars/Maris-Monat, mit einer neunmonatigen Schwangerschaft, so wurden Romulus und Remus zur Zeit der Wintersonnenwende geboren und verkörpern ungleiche Sonnenbrüder. Durch ihre gleichzeitige Geburt symbolisieren sie das Wesen der Sonne, die geboren wird, stirbt und wieder aufersteht und somit sowohl vergänglich als auch unvergänglich ist. Von Romulus heißt es, daß er in einem Streit seinen Bruder erschlagen habe. Sehr ähnlich klingt die Geschichte der ägyptischen Brüder Horus und Seth.

Von Rhea Silvia heißt es, ihr Onkel habe sie im Tiber ertränkt. In der Tiefe sei sie die Gemahlin des Flußgottes geworden. Im Wasser erneuerten die großen Göttinnen der Frühzeit alljährlich ihre Jungfräulichkeit, um den zu neuer Kraft erwachten Frühlingsgott zu empfangen. In diesem Fall hieß er einerseits Maris (*mar,* »Meer«), andererseits aber auch Silvanus, (*silva*, »Wald«), denn der Hirtengott des Waldes wurde Mars gleichgesetzt. In der griechischen bekannten Variante nannte man den Frühlings- und Hirtengott Pan.

Im arkadischen Fruchtbarkeitskult ähnelte seine Menschengestalt mit Bocksbeinen und Hörnern einem Ziegenbock. Er wurde als unermüdlicher Verfolger von Nymphen geschildert, der sich rühmte, sogar die Mondgöttin Selene mit einem schönen weißen Wollflies in den Wald gelockt und geliebt zu haben. Zu Ehren dieser Mondgöttin wurde am Vorabend zur Maifeier eine Waldhochzeit gefeiert. Eine junge Maikönigin ritt dazu auf dem Rücken ihres Auserwählten in die Wälder. Pan, »alles«, wurde als Name für einen All-Gott gedeutet. Sein erigierter Phallus wurde beim Kriegsgott zu einer zerstörerischen Angriffswaffe umgewandelt.

Marte, Mars, Tarotbild des Ferraresischen Meisters, Italien, um 1465. Der ehemals wilde und liebeshungrige Frühlingsgott trägt eine Rüstung. Zum Kriegsgott gewandelt, hält er ein Schwert, ein Symbol für den geschärften Verstand. Seine hundeköpfigen Schulterstücke deuten auf das ihm heilige Tier, den Wolf. Zu Füßen des Mars liegt der gezähmte Wolf als rundliches Hündchen. Die bedrohlich erscheinende Wildheit der Natur wurde eingesperrt und gezähmt, und damit entsteht die Vorstellung von einer lebenserneuernden, göttlichen Kraft, die gewaltsam aus der Erstarrung der dunklen Zeit erlöst.

Papa, Tarotbild des Ferraresischen Meisters, Italien, um 1465. Der Papst hält in seiner rechten Hand zwei zusammengebundene Schlüssel. In Schlüsselhöhe ziert eine Mandorla sein Gewand. Diese Mandorla ist sehr naturalistisch innen als Mandel dargestellt. Der weiße Kern der Mandel ist ein altes Symbol für einen kostbaren Inhalt, der durch eine harte Schale schützend umhüllt wird. Die Mandelform galt als weibliche Öffnung. Die Mandorla auf diesem Bild steht für das Himmelstor zwischen dem oberen und dem unteren Himmel. Die links dargestellten Tiere sind mit geöffnetem Maul und die rechts dargestellten mit geschlossenem Maul gezeichnet. Sie symbolisieren das Öffnen und Schließen oder das Binden und Lösen zwischen Himmel und Erde oder Geist und Materie.

»Der Papst«, 5. Bild des Marseiller Tarot.

»Der Teufel«, 15. Bild des Marseiller Tarot.

Die Bindung an die göttliche Kraft oder die Fesseln der Liebe

Als körperlich wahrnehmbares, männliches Gegenbild zur geistigen Repräsentantin des Glaubens im oberen Himmelsdreieck erscheint in der Diagonale zu ihr als der irdische Repräsentant »Der Papst« auf dem roten Punkt im abwärtsgerichteten Baum des Lebens. Seine geistliche Macht verbindet den unteren Himmel der Lebenden mit dem oberen Himmel des göttlichen Geistes. Sein Standort auf dem roten Punkt ist geprägt durch die aufsteigende, feurige Lebenskraft. Diese Kraft bestimmt auch das höchste Lehramt in Glaubensfragen.

Da das Marseiller Tarot seinen Ursprung im Mittelalter hat, bestimmt das Weltbild dieser Zeit auch die religionsübergreifenden Bildinhalte. Der Papst war damals wie heute das Oberhaupt der katholischen Kirche. Seine Aussagen in Glaubensfragen sind Dogma. Als Inhaber des höchsten Lehramtes steht seine Person für die Unfehlbarkeit in Glaubens- und Sittenfragen. Seine geistliche Macht geht zurück auf den Apostel Petrus, der von Jesus den Auftrag erhalten hatte, nicht länger Fische, sondern Menschen für den Glauben zu fischen. Als Jesus Simon Petrus fragte, für wen er ihn halte, erhielt er die Antwort: »Du bist der Messias, der Sohn des lebendigen Gottes!« Jesus entgegnete ihm: »Du bist Petrus, und auf diesen Felsen werde ich meine Kirche bauen, und die Mächte der Unterwelt werden sie nicht überwältigen. Ich werde dir die Schlüssel des Himmelreichs geben; was du auf Erden binden wirst, das wird auch im Himmel gebunden sein, und was du auf Erden lösen wirst, das wird auch im Himmel gelöst sein.« (Matthäus 16,19). Zeichen der päpstlichen Rolle sind zwei miteinander verbundene Schlüssel und ein Hirtenstab. Der Hirtenstab weist ihn als guten Hirten aus, der um seine Herde besorgt ist. Kritische Außenseiter werden schwarzen Schafen gleich aus der Herde ausgesondert. Der Heilige Vater definiert auch die wahre und die falsche Liebe der Menschen zu Gott.

Es wird vermutet, daß das Wort »Religion« sich vom lateinischen *religare* – binden herleitet.

Auf dem Tarotbild »Der Papst« befindet sich hinter dem geistigen Oberhaupt eine Horizontale, die das Bild in zwei Hälften teilt. Oben sieht man einen Lehrenden und unten zwei zu ihm aufblickende Mönche. Hinter dem Papst befinden sich zwei Säulen mit Kronen an ihrer Spitze. Die Krone des Papstes, die Tiara, reicht bis in die Höhe der beiden Säulenkronen. Wie bereits auf dem Tarotbild »Das Haus Gottes« erscheint auch hier das Symbol der Krone als Ausdruck für den lichten Geist Gottes. Die Säulen darunter symbolisieren den Körper Gottes oder die farbige Welt im göttlichen Gesetzeskörper. Zwischen Krone und Säulenschaft verläuft ein Querbalken. Er bezeichnet die Grenze zwischen dem lichten Geist und seinem dunklen Körper, denn alle farbigen Lichter gelten gegen das weiße Licht als verdunkelte Lichter. Der Querbalken beschreibt die waagerecht liegenden beiden dunklen Punkte im höchsten unfarbigen Dreieck. In ihrer bildhaften Übersetzung stehen sie für die Ur-Flut der Genesis, über der der Geist Gottes am ersten Schöpfungstag schwebte. Zwei Säulen bestimmen die Blickrichtung der jeweils vor ihnen dargestellten Mönche und damit ihre unterschiedliche Sicht auf den Gesetzeskörper.

In seiner linken Hand, die von einem Handschuh verhüllt ist, trägt der Papst den Hirtenstab, der ihn zum geistigen Führer über seine Gefolgschaft macht. Die sichtbar gemachte Begründung für diese Rolle ist am oberen Ende des Stabes als baumgestaltiger Gesetzeskörper der Kabbala zu erkennen. Der Gesetzeskörper hat die gleiche Höhe wie die Tiara. Die dem Papst verliehene Tiara steht somit für die ihm übertragene Aufgabe, die Menschen mit Hilfe der Lehre vom Baum des Lebens an den Glauben zu binden.

Der Papst zeigt mit zwei Fingern seiner rechten Hand schräg nach oben. Dort befindet sich auf dem Handschuh seiner linken Hand ein kleines Kreuz. Verlängert man die Richtung dieser Diagonale weiter, weist sie auf den Urgrund seiner Existenz, auf die »Päpstin«. Sein Gegenpol im oberen Himmel ist der graue Punkt oder das geistige Prinzip der Auflösung oder, wie die Tarotbilder es übersetzen, eine weibliche, geistige Kraft. Da alle Gegensatzpaare sich wechselseitig bedingen und hervorrufen, stellt sich somit mit dem »Papst« auf dem roten Punkt eine von oben auferlegte Aufgabe dar, die ihren Hintergrund in der dunklen, auflösenden Ur-Flut hat. Auf ihrer geistigen Existenz basieren alle sichtbaren Lebenslichter, wie es der Blick durch ein Prisma auch optisch vor Augen zu führen vermag.

Die »Päpstin« weist ihrerseits in die gleiche diagonale Richtung hinunter zum Rot des »Papstes«. Eine hervorgehobene, schräge Linie verbindet ihr Herz mit einem Buch. Das Buch enthält gleich ihrem dunklen Körper das aufgeschlagene Gesetz von der unzertrennlichen Einheit gegensätzlicher Erscheinungen. Diese Diagonale symbolisiert die Einheit zwischen einer auflösenden geistigen Kraft und ihre Bindung an das sich erneuernde Leben. Das aufgeschlagene Buch ist daher eine Quelle des Glaubens an die Gerechtigkeit Gottes, die ihren Ausdruck in der Metapher von der allesvernichtenden Sintflut findet. Der Papst weist mit seiner Hand auf diesen Glaubensgrund. Das kleine Kreuz auf seinem Handschuh ist ein Symbol für den verborgenen Grenzpunkt im Gesetzeskörper, der zwischen »Papst« und »Päpstin« liegt. Mit diesem unsichtbaren Punkt verbindet sich die Vorstellung von einem erlösenden Messias, der die obere Welt des göttlichen Geistes mit der unteren Welt seiner Einwohnung in der Materie versöhnt.

Als Gegenbild zum geistigen Ur-Grund seiner Existenz verkörpert der »Papst« auf dem roten Punkt seine Lehre in der lichten Welt der Lebenden. Seine Lebensaufgabe ist das

Binden an einen Glauben, der das ewige Leben verspricht, das im Baum des Lebens als verborgene Frucht enthalten ist. Das Kreuz auf dem Handschuh ist der Hinweis auf das Himmelstor, zu dem der Papst durch seinen Glauben den Schlüssel in Händen trägt. Einen zweiten Schlüssel braucht er noch, um die Herzen der Menschen für die Einsicht zu öffnen, daß alles Leben durch eine lichte und eine dunkle Welt zu gehen hat, um das Gesetz der Ganzheit zu erfüllen. Die lichte Welt ist in der dunklen enthalten und umgekehrt.

Die aufsteigenden Kräfte des roten Punktes binden in zwei verschiedene Richtungen. Die eine verbindet durch die Diagonale nach oben, die andere jedoch in die Diagonale nach unten mit der weiblich geprägten, grünen Komplementärfarbe im tiefsten Dreieck. Im Baum des Lebens steht dort das Tarotbild »Der Wagen« für den Eingang in die dunkle Zeit des Lebens. Die Bedeutung dieser Einheit von lichter und dunkler Lebenszeit wird durch die beiden Mönche dargestellt.

Die Linien auf der Kleidung des dunklen Mönchs bilden eine Bergform, deren Spitze von einem Hut verdeckt ist. Diese Form ist eine Wiederholung der Thronform, wie sie auf dem Tarotbild »Die Herrscherin« zu sehen ist. Die »Herrscherin« auf dem schwarzen Punkt bestimmt durch das Prinzip Erneuerung alle senkrecht unter ihr angeordneten Punkte. Beim roten Punkt wirkt sich dieses Prinzip als aufsteigende, feurige Kraft aus, die in der lichten Zeit alles Leben erneuert. Das hat der linke Mönch vor Augen, wenn er auf die linke Säule sieht. Dabei aber streckt er seine Hand aus und weist schräg nach unten auf den grünen Gegenpunkt. Dessen absteigende Kraft in das auflösende Wasser hat wiederum der rechte Mönch vor Augen, wenn er auf den grauen Punkt und die »Päpstin« sieht. Denn ihr Prinzip Auflösung prägt die rechte Säule im Baum des Lebens. Das Wasser ist wie auch das Feuer als Spiegel des höchsten Dreiecks dargestellt. Beim grünen Punkt beginnt die dunkle Zeit des Lebens, die als Jahreszeit vom Herbst bis zur Wintersonnenwende reicht. Die Kleidung des rechten Mönchs enthält die gleichen bogenförmigen Linien, die ihren Ursprung im Wolkenschleier der »Päpstin« haben. Der Blick des Mönchs ist daher auf den geistigen Gegenpol zum »Papst« gerichtet und verbindet ihn in besonderer Weise mit diesem, wie durch den Stab angezeigt wird, der auf seinen Kopf zuläuft. Die auflösenden Wasser des oberen Himmels finden in den auflösenden Wassern des tiefsten Dreiecks ihren sichtbaren Ausdruck. Der rechte Mönch, der diese Lebenskraft vor Augen hat, weist mit seiner Hand nun wiederum schräg nach oben auf den feurigen Gegenpol. Beide Mönche haben somit unterschiedliche Welten vor Augen und zeigen in die jeweils andersgeartete Gegenrichtung. Nur durch diese Sichtweise wird der Blick frei für eine umfassende Einsicht in die Gesetze des Lebens, die sich im 10-Punkte-System widerspiegeln. Die Tonsur soll ihren Schädel für die Erleuchtung öffnen.

Im aufwärts sich entfaltenden Baum der Erkenntnis verbindet sich mit dem roten Punkt das 15. Tarotbild »Der Teufel«. Es ist das vorletzte Bild innerhalb der farbigen Erscheinungswelt und steht auf einer Ebene mit dem blauen Punkt und dem »Haus Gottes«. Anders als beim »Papst« werden hier die Gesetze gelehrt, durch die sich der göttliche Körper offenbart. Aus der verdichteten Summe der Materie auf dem 10., braunen Erd-Punkt hat sich die Erkenntnis über den Sinn der göttlichen Einwohnung im Körper der Natur entfaltet.

Ein lehrendes Wesen steht auch hier im Mittelpunkt auf einem Podest, an dem vorne ein Ring befestigt ist. An ihn ist das mit Tier- und Pflanzenattributen versehene Menschenpaar gebunden. Der Ring ist eine verkleinerte Wiederholung des Rades, in dem auf dem 10. Erd-Punkt bildhaft alle farbigen Erscheinungen des Lebens zu einer ungegliederten, stofflichen Summe zusammengefaßt sind. An diese materielle Grundlage aller Erkenntnisse über den Körper der Natur ist dieses Paar gebunden. Sie sind sich ihrer pflanzlichen und tierischen Natur bewußt geworden, die sie nur als Lebende in einem Körper und durch ihren Körper erfahren konnten. Auf dem roten Punkt im Baum der Erkenntnis geht es um die bewußte Wahrnehmung der erotischen Triebnatur im Menschen, die ihn dazu bestimmt hat, in der Lebenszeit vom Frühlingspunkt bis zur Sommersonnenwende seine aufsteigenden Feuerkräfte zur Erneuerung des Lebens zu nutzen.

Hexen und Teufel, Wandmalerei aus dem Rilakloster in Bulgarien, 19. Jahrhundert.

Die lehrende Gestalt auf dem Tarotbild »Der Teufel« ist entsprechend der mittelalterlichen Vorstellungs- und Bildwelt als furchterregende Gestalt dargestellt. Der Teufel ist eine christliche Erfindung, die als dunkles Gegenbild zum lichten Gott gilt. Auf dem Tarotbild ist der Teufel mit Vogelkrallen und Fledermausflügeln dargestellt. Das Geschlecht dieses Wesens ist unbestimmt, denn einerseits ist es mit männlichen Geschlechtsorganen ausgestattet, andererseits jedoch auch mit weiblichen Brüsten. Künstliche Geschlechtsteile und schreckenerregende Masken wurden in der Frühzeit bei Kulthandlungen auch angelegt, um ungebetene und nicht eingeweihte Zuschauer abzuschrecken. Eine solche Maske war beispielsweise das schlangenumwobene Medusenhaupt, das den Kultort der Mondgöttin vor Eindringlingen schützen sollte. Auch von Priestern wird berichtet, daß sie mit künstlichen Brüsten und in Frauenkleidern auftraten.

Mit ähnlichen Attributen wie sie beim »Teufel« zu sehen sind, wurden die griechischen Erinnyen (lat. Furien) dargestellt. Die Erinnyen galten als Rachegöttinnen, die in der Unterwelt, dem Tartarus, lebten. Der ihnen zugedachte Ort war der Lebensbereich der nachts umherjagenden Fledermäuse. Die Gestalt der Erinnyen wird unterschiedlich geschildert, so werden neben ihren Fledermausattributen auch blutunterlaufene Augen und von Schlangen umwobene Körper genannt. Aber auch Fackeln tragend oder als Hündinnen sollen sie ihre Opfer verfolgt haben. Die furchterregenden Rächerinnen waren mächtige Schützerinnen der sittlichen Ordnung. Ursprünglich verfolgten sie nur Muttermörder. Sie trieben die Täter in den Wahnsinn. Dieser Mythos ist jedoch in mehreren Fassungen überliefert, in denen sich der Wandel der Einstellungen spiegelt. So konnte später ihr Urteil durch den olympischen Götterratschlag abgewendet werden, und sie wurden auch als Vatermörderrächerinnen bezeichnet. Nachdem Orest seine Mutter Klytemnästra ermordet hatte, sollen sie ihn, in schwarze Gewänder gekleidet, solange verfolgt haben, bis er sich in seiner Bedrängnis einen Finger abbiß. Das versöhnte die rasenden Rächerinnen, und sie segneten seine Heilung – jetzt in weiße Gewänder gehüllt. Die Heilung des abgetrennten Gliedes ist die gleiche Symbolsprache wie die heiligen Opfer von Zeugungsorganen, der sogenannten phallischen Finger. Die stellvertretend geopferten, männlichen Tiere sollten die Heilung und Erneuerung der Natur beschwören. Die geflügelten Erinnyen rächten die mütterliche Erde, wenn sie nicht beachtet und geehrt wurde.

Der Teufel auf dem Tarotbild verkörpert einen mächtigen Schützer der Naturgesetze, die auch durch die Erinnyen geschützt wurden. In seiner linken Kralle hält er eine scharfe Schwertklinge über dem Haupt des männlichen Wesens, das auf dem roten Punkt seine feurige Zeugungskraft in die ungeformte Materie ergießen muß, damit sie durch seine Kraft neu geformt werden kann. Die Schwertklinge ist auch ein Symbol für den geschärften Geist. Mit dieser geistigen Waffe werden die Zusammenhänge zwischen Triebnatur und göttlichem Gesetz verdeutlicht. Der göttliche Auftrag an den am sechsten Schöpfungstag erschaffenen Menschen lautet, er solle sich die Erde und alles, was auf ihr lebt, untertan machen. Mit diesem Auftrag ist die Erkenntnis über das Wesen der Natur und ihre Beachtung im menschlichen Körper gemeint, der als Ebenbild Gottes erschaffen wurde. Der Körper Gottes oder seine Erscheinung als Teufel wird symbolisch durch das verdunkelte Licht in der Baumstruktur ausgedrückt.

Frühlings-Sprößlinge und Erdgöttinnen

Demeter sandte durch ihren Sproß Triptolemos den Menschen das Getreide. Demeter galt als Erd- und Getreidegöttin, der die Eleusischen Mysterien gewidmet waren. Von Triptolemos heißt es, er sei von seiner Mutter unsterblich gemacht worden. Die Abbildung zeigt ihn auf dem Zauberwagen der Getreidegöttin mit einem Ährenbündel in der Hand. Der Wagen wird von geflügelten Schlangen gezogen. In der dreifachen Symbolik von Rad, Schlange und Flügel offenbart sich die Dreifaltigkeit einer Göttin, deren Name sich je nach Jahreszeit veränderte. Sie galt sowohl als Hervorbringerin der erneuerten phallischen Zeugungsenergie, als auch ihrer eigenen erneuerten Jugend und Jungfräulichkeit. Die Mysterien in Eleusis galten dem Kult der ewigen Verjüngung des Lebens durch Opfer und Wandlung. Die Opfer Widder, Ziegenbock oder Stierkalb, in denen sich der Fruchtbarkeitsgott verkörperte, wurden in sieben Teile zerlegt, danach in einem dreifüßigen Kessel gekocht und anschließend zu Asche verbrannt, aus der nach der Lehre der Orphiker die Menschen gemacht sind. Nur der Phallus blieb von dieser Prozedur ausgeschlossen. Er soll in einer Nachbildung aus Feigenholz in einer orgiasti-

Triptolemos bringt der Menschheit das Getreide, Vasenbild, Italien, um 485 v. Chr.

Ein Silen, eine Mänade und Dionysos, griechisches Vasenbild, um 450 v. Chr.

schen Prozession, unter Getreide in einem Korb verborgen, umhergetragen worden sein. Der Zauberwagen der dreifaltigen Göttin symbolisiert durch die Flügel den Aspekt der Auferstehung, die Schlange den Aspekt Wandlung und das Rad den Aspekt des Opfers.

Dreifaltig war nicht nur die Göttin, dreifaltig stellen sich auch ihre Lebensorte dar. Als jungfräuliche Tochter war sie Kore. Diese wurde von Hades, dem Beherrscher des Totenreichs, in die Unterwelt entführt und dort zu seiner Gattin Persephone. In ihrer Mutterrolle hieß sie Demeter. Sie suchte verzweifelt nach ihrer verschwundenen Tochter. Die lichte Welt der Lebenden blieb während ihrer Suche solange unfruchtbar, bis Zeus ihre Trauer besänftigte und ihr versprach, Persephone unter der Bedingung zurückzuführen, daß sie in der Unterwelt nichts gegessen hätte. Persephone hatte aber einige Kerne des Granatapfels gegessen und wurde deswegen von Zeus dazu bestimmt, daß sie ein Drittel des Jahres an der Seite ihres Gemahls in der Unterwelt herrschen solle und zwei Drittel auf der Erde wandeln dürfe. Der Granatapfel galt in vorhellenistischer Zeit als rote Todesfrucht, die in ihrem Innern die Lebenskeime der Auferstehung trägt.

Neun Tage suchte Demeter nach ihrer verlorenen Tochter oder aber nach der geheimnisvollen Kraft, aus der sie selber sich erneuerte. Man kann diese neun Tage auch sinnbildlich bei der Betrachtung der beiden 10-Punkte-Bäume entdecken und die Suche als Weg hinab zur Erde deuten, aus dem die Erd- und Getreidegöttin und mit ihr die Natur neu erwächst. Denn der 10. Punkt symbolisiert den Ur-Stoff Hyle, aus dem sich alle Formen der Natur entfalten. Die Orphiker verbanden mit Hyle die Vorstellung von der Wiedergeburt des Menschen und standen mit dieser Auffassung gegen die im klassischen Griechenland vertretene Vorstellung von einem Endzustand im Totenreich.

Dionysos (lat. Bacchus) galt als der jährlich wiederauferstehende Sohn von Persephone. Er entsprach ihrer eigenen Verjüngung im Frühling, wenn sie die Unterwelt wieder verlassen durfte. Seiner Herkunft entsprechend wurde Dionysos auch als Getreidegott bezeichnet, vorwiegend wurde er jedoch als Fruchtbarkeitsgott der orgiastischen Ekstase und des berauschenden Weines verehrt. Seine Herkunft wird in Asien vermutet. In seinem Gefolge befand sich eine ganze Schar ihm verwandter Götter, die aus verschiedenen Ursprungsgebieten kamen und sich nur wenig von ihm unterschieden. Zu ihnen gehörten Pan, die Satyrn und die Silenen. Sie alle galten als lüsterne, liebestolle, erregte oder berauschte Frühlingsgötter. Ihre erotische Triebnatur wurde durch verschiedene Tierattribute zum Ausdruck gebracht. Dionysos wurde sowohl als Stier wie auch als Ziegenbock oder Widder dargestellt. In seiner Rolle als Gatte von Ariadne, der Schwester des Minotauros, trat er in Stiergestalt auf.

Asterios hieß der heilige Stier auf Kreta. Als Asterios wurde Dionysos im Kindesalter bei den heiligen Mysterien in Eleusis angerufen. Mit Efeu und Lorbeer bekränzt, ging er von Nymphen begleitet in die Wälder. Einer seiner Namen war Zagreus, der Jäger, der seine Anhängerinnen, die Mänaden, zu orgiastischer Raserei verführte. Dionysos, der wütende Jäger, wurde zum Gejagten und von den Rasenden entmannt, doch der beglückende Gott erstand immer wieder neu aus seiner Asche.

Maske des Flußgottes Acheloos, etruskisch, Italien, 6.–5. Jahrhundert v. Chr., Maris/Mars verschmolz mit einem stiergestaltigen Wassergott.

Auch Priapos stammt aus Asien. Einerseits galt er als Sohn von Dionysos und Aphrodite, andererseits aber auch als Vater von Dionysos. Er war die personifizierte, feurige Zeugungskraft. Von seiner Erscheinung her glich er den Daktylen oder feurigen Fingern der Frühzeit. Es ist unumgänglich auch die verwandtschaftliche Verbindung von Zeus zu diesen Göttern zu sehen. So wird Zeus als Vater von Priapos, dem phallischen Gott, genannt. Der aber war älter als Zeus. In seinem kleinasiatischen Herkunftsgebiet galt Priapos auch als kriegerischer Gott. Das Kind Ares/Mars soll von ihm erzogen worden sein. Zu dessen Ausbildung gehörte zuerst der Tanz und danach erst das Kriegshandwerk. Einen ebenbürtigen phallischen Erzieher hatte das Kind Dionysos mit dem Silen an seiner Seite.

Aus dem Meer war Dionysos als Stier vor Ariadne erschienen. Seine besondere Verbindung zum Meer schildert auch die Geschichte einer Schiffsfahrt, während der er von der Mannschaft bedroht wurde. Doch als sie sahen, daß auf dem Schiff plötzlich Weinstöcke wuchsen und die Segel und Masten schwer von Trauben waren, verfielen sie in Wahnsinn, sprangen ins Meer und wurden zu Delphinen. Delphine galten als Seelenbegleiter, und eine Schiffsreise in einer Arche wurde als Überfahrt zu einem geläuterten Leben angesehen. Noah in der Arche oder Jona im Fisch waren die biblischen Varianten solcher Überfahrten.

Die Ähnlichkeit zwischen Dionysos und Noah ist unübersehbar, denn auch Noah liebte den Wein und den Rausch. Als der Überlebende der Sintflut berauscht und seiner Sinne nicht mehr mächtig war, entmannte ihn einer seiner Söhne.

Die stupsnasigen, mit Pferdeohren, Mähne und Schweif dargestellten Silenen gehörten wahrscheinlich zum Pferdekult der Demeter, denn sie wurde bei Kulthandlungen auch in der Gestalt eines Pferdes verehrt. Die Silenen galten als die phallischen Begleiter

Zwei Ziegenböcke recken sich an einer Mutter-Göttin empor, die auf einem Berg thront. Relief aus Syrien, um 1250 v. Chr.

Verkündigung an die Hirten, Teil aus Deckengemälde, in S. Isidoro in Léon, Frankreich, um 1170. Zwei Ziegenböcke recken sich an einem Lebensbaum empor. Die christliche Verteufelung der Sinne machte sie zu Sinnbildern des Bösen.

der Getreidegöttin. Ihre Tierattribute, Pferdeschweif und Pferdeohren, werden auch als kultische Kostüme von Priestern gedeutet, die in tänzerischer Ekstase und vom Wein berauscht die wilde Natur des Dionysos verehrten. Das gleiche wird auch von den tierhaften Attributen der bocksgestaltigen, wilden Satyrn vermutet, die in ihrem Erscheinungsbild wiederum Pan gleichen. Seine Wildheit wurde auch als beängstigend geschildert, denn in der Stille der Mittagsglut, wenn er sich dem Schlaf hingab, konnte er bei einer Störung so wild und entsetzlich brüllen, daß sich Schrecken ausbreitete und die Störenfriede in Panik flohen. Auf diese Weise soll er auch den Verlauf von Kriegen beeinflußt haben.

Sollte diese ungezügelte, wilde und leidenschaftliche Zeugungsenergie, die sich gewalttätig gebärdet, wenn sie an ihrer erfüllenden Hingabe gehindert wird, Mars zu einem Gott des zerstörerischen Krieges zwischen Völkern gemacht haben?

Das zum roten Punkt gehörende Tarotbild »Der Papst« scheint mit seinen christlichen Attributen dem Wesen dieser Inhalte zu widersprechen. Betrachtet man ihn jedoch als den guten Hirten, rückt er seinen heidnischen Vorbildern schon etwas näher, obgleich ihn mit ihrer sinnlichen Seite nichts verbindet. Dafür jedoch gebärdeten sich vor allem die mittelalterlichen Päpste als martialische, d. h. von Mars geprägte Verfolger schwarzer Schafe. Die Unterdrückung der Sinnenfreude durch die christliche Kirche fand ihren Ausdruck in den Schreckensbildern von Hölle und Teufel. Alle Sinnbilder für die alten, feurigen Frühlingskräfte wurden als Kräfte des Bösen verdammt. Ihren praktischen Höhepunkt fand die Verachtung der natürlichen Erscheinungen in den Hexenverfolgungen, durch die die weibliche Sinnlichkeit ausgerottet werden sollte, denn die galt als bedrohlich. Hexen waren greifbare Wesen, Teufel aber nicht.

Der sprießende Frühling und die Sinnbilder der Auferstehung

Die höhersteigende Sonne im Frühling, die in der Natur zum Aufbrechen der schlummernden Lebenskeime führt, wurde zu allen Zeiten mit einem Auferstehungsfest begrüßt. In vielen Gegenden war es Brauch, einen greisen Stellvertreter des Winters in einem Frühlingsfeuer zu verbrennen, um das neue Leben durch ein reinigendes Feuer aus der alten Hülle zu befreien. In manchen Gegenden wird bis heute zu Ostern eine Strohpuppe verbrannt. Beim Dionysos-Kult verbrannte man Tieropfer, damit sich aus der fruchtbaren Asche erneuertes Leben erheben möge. Meist waren es junge Lammböcke oder Ziegenböcke, die als Sinnbilder der erwachenden Sinnenfreude dem Feuer übergeben wurden, denn auch das brennende Feuer war ein Sinnbild der phallischen Energie, die brennt, um das Leben neu zu entfachen.

Bei vielen Christen ist es üblich, zu Ostern ein Osterlamm zu verspeisen, ohne daß sie sich der alten Vorbilder für diesen Brauch bewußt sind. Das Opferlamm der Frühzeit wurde durch das Opfer des Menschen Jesu ersetzt. Als Auferstandener wurde Jesus, ebenso wie seine heidnischen Vorbilder, zum Sinnbild des ewigen Lebens.

Vom biblischen Noah heißt es, er habe Gott ein Brandopfer dargebracht, nachdem er die dunkle Arche verlassen hatte und seine Füße die Erde wieder berühren konnten. Das im Rauch gereinigte Tier sollte zum Himmel aufsteigen, um Gott zu danken und seinen Segen zu erwirken. Aufsteigende Ascheteilchen fallen mit dem Regen als befruchtende

Substanzen auf die Erde zurück. In der Tradition dieser naturverbundenen Rituale stand auch Jesus. Nach seinem Opfertod wurde er als schwereloser, schwebender Sohn Gottes dargestellt, dessen Lebensaufgabe es gewesen war, die alten, erstarrten Ansichten der Menschen zu erneuern.

Viele Sinnbilder aus der Frühzeit wurden vom Christentum mit veränderten Vorzeichen versehen und als gute oder böse Kräfte neu bewertet. Da das vermeintliche Böse nicht ausrottbar war, konnte es jedoch für die Kirche auf wunderbare Weise genutzt werden, um die Gläubigen durch Angst vor dem Bösen an das zu binden, was für gut befunden wurde. Mit der Verteufelung der Sinnenfreude wurden alle gehörnten Sinnbilder der Auferstehung zu gefürchteten Dämonen. Angst als Mittel der Bindung verfängt nur bei Unwissenden. Im Körper der Natur jedoch gibt es nichts Böses, sondern nur lichte und dunkle Kräfte, die aneinander gebunden sind, wie die beiden Schlüssel zum Himmelstor.

Hexen rüsten zum Sabbath, von Hans Baldung Grien, 1510. Die Maikönigin der Antike wurde im Mittelalter zur Hexe, die auf dem gehörnten Sinnbild der Sinnenfreude reitet. Der aufsteigende Rauch erinnert an die alten Brandopfer, aus deren Asche das Leben sich gereinigt und erneuert erheben sollte.

Punkt 6
Gelb
Planetenenergie: Sonne ☉

Spiegel der Schöpfung

Das höchste unfarbige Schöpfungsdreieck der beiden 10-Punkte-Bäume erscheint im darunter angeordneten Farbdreieck in spiegelbildlicher Umkehrung als wahrnehmbarer Farbkörper. In der lichthellsten Farbe Gelb spiegelt sich das Weiß des ersten Punktes. Gelb erscheint im Kantenspektrum nach dem Rot und bildet den äußersten Farbrand, der sich zum Weiß hin auflöst. Der gezackte Blitzweg durch den Baum des Lebens folgt dem Ablauf dieser farbigen Erscheinung an den Rändern von Schwarz.

Die Zuordnung der Tarotbilder im Baum des Lebens zu den bisher angesprochenen Punkten hat gezeigt, daß sich auf den beiden äußeren Säulen ein weibliches und ein männliches Paar in der Diagonale gegenüberstehen. So beginnt jede Säule oben mit dem weiblichen Prinzip, das darunter als männliche Kraft in Erscheinung tritt. Anders verhält es sich mit den Bildern auf der mittleren Säule. Das schöpferische Prinzip zeigt sich hier, ebenso wie der Ausgangspunkt, als ein alles enthaltender Lebensbeginn. Ebenso wie im Ur-Licht ist auch im Lebenslicht die dunkle Gegenseite, das Lebensende, im Keim enthalten. Gelb steht für den Anfang, der dem Ende folgt. Im unteren Himmel bilden Gelb und Violett auf der mittleren Säule das kreisende Jahr ab, das mit der Wintersonnenwende endet und zugleich neu beginnt.

Tanzende Menschen in Vogelkostümen, Schweden, um 8000 v. Chr. Vögel und geflügelte Mischwesen galten seit der Frühzeit der Menschheitsgeschichte als Verkörperungen der Seele. Sie wurden deswegen auch als Boten des Jenseits angesehen.

Die Stellung des gelben Punktes ist jedoch noch in anderer Hinsicht von Bedeutung. Gelb nimmt in beiden Bäumen die Mitte ein. Es steht somit zwischen Geist und Materie als verbindende Kraft oder als aktiver Mittler zwischen dem Schöpfergott und seiner Schöpfung. Im unteren Himmel wird durch die Farbe Gelb die Ganzheit zwischen den diagonal angeordneten Farbpaaren hergestellt, denn Blau ist zu Grün geworden und Rot durch das Gelb zu Orange. Erst diese Ergänzung stellt die Ganzheit aller lebendigen Erscheinungen dar. Zu seinem farbigen Gegenpol, dem Violett, verhält sich das Gelb wie das Leben zum Tod.

Die Farbqualität von Gelb und seine Position lassen bereits ahnen, daß sich der 6. Punkt mit Inhalten wie beispielsweise der Geburt der Sonne oder des Lebens, mit der Erlösung aus der Finsternis, mit Seelenreisen und Seelenbegleitern befaßt. Der gelbe Punkt ist im 10-Punkte-System der Drehpunkt, um den alles Leben kreist oder von dem das Leben kreisend bewegt wird, denn dieser Punkt steht für das zentrale Element Feuer. Unterhalb des weißen Schöpfungsprinzips zeigt sich dieses Feuer als die schöpferische Lebenskraft des Neubeginns. In ihm offenbart sich die Kraft der unsterblichen Seele.

Spiegelbild der Schöpfung und sichtbare Seelenkraft

Die Sonne als zentrales Himmelslicht bestimmt mit ihrer feurigen Kraft den 6. gelben Punkt. Ihr Licht bringt die Lebenskraft zurück. In vielen frühen Kulturen wurde die Sonne als männliche Kraft angesehen. Es gab sie jedoch auch als weibliche Kraft, wie beispielsweise im deutschen Sprachraum.

Mit der Christianisierung von Nordeuropa aber wurde das nordische durch das mittelmeerische und vorderasiatische Kulturgut sehr stark verdrängt, so daß die Mythen der fernen Hochkulturen durch das Christentum in unsere Kultur einflossen und unsere Einstellungen bis heute prägen. Zu diesem Erbe gehört auch das kabbalistische Weltbild, das sich durch die 22 Bilder der Großen Arkana unseren Blicken erschließt. In den beiden Bäumen der Genesis erscheint die Sonne als männlich geprägtes und der Mond als weiblich geprägtes Licht.

Im abwärtsgerichteten Baum des Lebens steht die Sonne dem Schöpfungsprinzip des weißen Punktes als Spiegelbild gegenüber. Der unfarbige Ur-Knall im oberen Himmel wird im unteren Himmel zur sichtbaren Geburt der feurigen Lebenskraft. Oben war es das Tarotbild »Der Magier«, das die Ur-Schöpfung beschrieb, im Spiegelbild unten ist es das Bild »Die Liebenden«, das im unteren Himmel die wahrnehmbare Bedeutung der Geburt dieser schöpferischen Kraft darstellt.

Auf dem Tarotbild »Die Liebenden« schwebt Eros vor der Sonne. Der Gott der Liebe und die Sonne bilden eine optische Einheit. Darunter steht in der Mitte ein junger Mann, der von zwei Frauen umgeben ist. Diese drei Menschen sind ein irdisches Spiegelbild des oberen Himmels. Auch im höchsten, unfarbigen Dreieck steht der »Magier« in der Mitte über der »Päpstin« und der »Herrscherin«. Oben verkörpern sie die drei geistigen Prinzipien von Schöpfung, Auflösung und Erneuerung. Auf dem Bild »Die Liebenden« steht links neben dem jungen Mann eine Frau, die eine mittelalterliche Haube trägt, ein Kleidungsstück, das sie als verheiratete Frau zu erkennen gibt. Ihr Gesicht wirkt älter. Ihre Hände berühren den jungen Mann so, als würde sie ihn mit einer Schutzgeste von ihrem Körper trennen. Sie ist die mütterliche Frau, die das dunkle Prinzip der Erneuerung der »Herrscherin« als irdische Erscheinung unten widerspiegelt. Die rechts stehende Frau ist mit ihren offenen Haaren die Braut, die das empfangende Prinzip der Auflösung der dunklen »Päpstin« unten sichtbar macht. Mit ihrer einen Hand berührt sie das Herz ihres Bräutigams, mit der anderen Hand weist sie auf ihr Geschlecht. Die Blickrichtung und die Körperhaltung des jungen Mannes entsprechen genau dem Magier. Ihre Rollen ähneln sich, sie agieren nur in unterschiedlichen Bereichen, oben ist es der geistige und unten der körperliche. Der junge Mann blickt nach links auf die Frau,

»Die Liebenden«, 6. Bild des Marseiller Tarot.

»Mäßigkeit«, 14. Bild des Marseiller Tarot.

die ihn geboren hat, diese sieht zur jungen Frau hinüber, durch die sich ihr Leben und das ihres Sohnes fortsetzen wird. Die Füße des Bräutigams sind nackt, mit ihnen berührt er die schützenden Gewänder beider Frauen. Auf der Seite der Mutter bilden Zehenspitze und Gewand voneinander getrennte Formen, während auf der Seite der Braut sein Fuß in die Umhüllung hineinreicht und er so mit ihr verbunden ist. Seine Füße sagen aus, daß ein Mensch mit seiner Geburt schon seinem Tod entgegengeht. Die Braut wird seine Lebenskraft empfangen. Die linke Hand des Bräutigams befindet sich hinter dem Rücken der Braut. In dieser Hand trägt der Magier den Zauberstab, der mit seinen betonten Enden auf das Gesetz der polaren Kräfte hinweist. Auf dem Tarotbild »Die Liebenden« sehen wir dieses Gesetz als Liebespaar dargestellt. Insgesamt sind auf dem Bild fünf Hände abgebildet. Sie bezeichnen das diagonale Farbkreuz im Baum des Lebens und betonen den gelben Mittelpunkt durch die Hand des jungen Mannes als eine männlich geprägte, feurige Kraft. Dieses Zentrum verbindet die diagonal angeordneten Komplementärfarben, die durch die beiden weiblichen Prinzipien von Auflösung und Erneuerung gefärbt sind. Die Hände der älteren Frau repräsentieren das Binden und die der jungen Frau das Lösen der Lebenskraft.

Amors Liebespfeil zielt auf das Pärchen, um die Liebe zwischen ihnen zu entfachen. Erotische Liebe entsteht aus der Wahrnehmung des Fehlenden und dem Verlangen nach Ergänzung. Im Alten Testament wird dieser Moment mit dem Wort »erkennen« treffend beschrieben. Als Adam Eva erkannte, hatte er sich mit ihr vereint. Eros' Pfeile setzen Kräfte in Bewegung, die den Menschen Gefühle des Glücks und der Schmerzen durch das Erkennen der Einheit und das Getrenntsein von ihr bringen. Auf dem Tarotbild ist mit dem Schmerz, den Eros verursacht, die schmerzliche Gegenwart des Todes im Leben gemeint.

Die kindliche Darstellung des Liebesgottes entspricht einer erst seit der klassischen Antike vorherrschenden Anschauung seiner Herkunft und damit seines Wesens, denn er wurde zum Sohn von Mars und Venus erklärt. Im farbigen 10-Punkte-System hat er seinen Platz damit in der gelben Mitte zwischen Rot und Grün. Als Sohn der

Eros als geflügelter Gott der Liebe auf einem etruskischen Spiegel, Italien.

beiden ist er gleichzeitig die verbindende Liebeskraft zwischen diesem Gegensatzpaar.

Sein wirkliches Wesen beleuchten jedoch andere Mythen. Die Anhänger des griechischen Sängers Orpheus beschreiben den Anfang aller Schöpfung folgendermaßen: Ursprünglich gab es nichts außer der Nacht. Sie war ein schwarzer Vogel mit schwarzen Flügeln, der vom Wind befruchtet wurde. Der Wind wurde als eine sich bewegende Kraft schlangengestaltig dargestellt. Der schwarze Vogel legte ein silbernes Ei an den Himmel, das den Mond symbolisiert. Aus ihm trat der Sohn Eros hervor und brachte mit sich alles ans Licht, was bis dahin im silbernen Ei verborgen gewesen war, die ganze Welt unten und den Himmel oben, der als Ort des Chaos bezeichnet wurde. Eros wurde mit goldenen Flügeln dargestellt und verkörpert mit allen genannten Attributen das Licht der Sonne. Das silberne Ei, in dem die Welt vor ihrem Erscheinen verborgen lag, kann auch als der Punkt identifiziert werden, der über dem gelben Sonnenpunkt im 10-Punkte-System angedeutet ist. Der verborgene Grenzpunkt zwischen dem oberen und dem unteren Himmel wird durch den Mond symbolisiert. Unterhalb dieses silbernen Eies schwebt der goldene Eros, durch den die Welt der Farben ebenso ans Licht gebracht wird wie die Einsicht in den oberen Himmel.

Nach einer anderen Schöpfungsversion, die Hesiod in seiner Theogonie aufgeschrieben hat, wurde Eros zu Beginn aller Zeiten zusammen mit den Ur-Eltern Gaia (Erde) und Uranos (Himmel) aus der Leere und dem Chaos geboren, um ihre Vereinigung zu ermöglichen, wie auch die aller folgenden gegensätzlichen Paare. In dieser Vorstellung ist er die personifizierte Liebeskraft, die alles Lebendige zusammenführt, um die Fortpflanzung des Lebens zu garantieren. Auch in dieser Rolle ist er in den 10-Punkte-Bäumen erkennbar, denn er befindet sich genau in der Mitte zwischen dem 10., braunen Erdpunkt und dem 1., weißen Himmelspunkt. Eine ähnliche Geschichte sieht den Ur-Anfang in Gaia, der Erde, die sowohl die Sonne als Sohn als auch den Himmel Uranus als Gatten aus sich gebar. Auf dieser Vorstellung basieren viele der alten Mythen von einer Sonne als einem Sohn am Morgen, der am Abend zum Gatten wird.

Da Eros ursprünglich als ein Wesen der Ur-Schöpfung galt, war er auch einer der Titanen. So hießen die riesenhaften Geschöpfe der Urzeit, die aus Gaia und Uranus hervorgegangen waren. Bei der Aufzählung ihrer Namen wird Eros jedoch nicht genannt. Als göttliche Verkörperung der gleichen feurigen Ur-Kraft erscheint dort Helios. Sein Name bedeutet Sonne. Helios war mit dem ursprünglichen Eros identisch, bevor dieser nur noch als kindlicher Sohn von Aphrodite angesehen wurde. Aber wie in allen griechischen Mythen findet sich auch in dieser Version etwas von seinem wahren Wesen wieder. Nur hat er darin etwas von seiner Wandlungsfähigkeit eingebüßt, vermutlich weil Wandlung immer etwas mit dem Gegenpol, in seinem Fall mit dem Tod, zu tun hat.

Sol, Sonne, Tarotbild des Ferraresischen Meisters, Italien, um 1465. Schon bald nach Beginn seiner Himmelfahrt auf dem väterlichen Sonnenwagen stürzt der Sonnensohn Phaeton in die Tiefe. Das Wasser, in dem Leben sich erneuert, nimmt den brennenden Körper auf. Der Sonnenwagen wird von einem Genius weitergelenkt, der in seiner Hand das Sonnenzeichen trägt. Der Sohn symbolisiert die unsterbliche Lebenskraft der Sonne, die sich in ihren verschiedenen Erscheinungsformen in unterschiedlichen Verkörperungen zeigt. Der feurige Phaeton braucht als notwendigen Gegenpol zu seiner eigenen Erscheinung das dunkle Element Wasser, um Bewegung und damit Leben zu erzeugen. Der Wagen trägt hinten ein Gefäß mit Wasser, in dem sich diese lebendige Bewegung darstellt. Im Zeichen des Skorpions, dem astrologischen Fixzeichen für das Element Wasser, soll sich dieser Himmelssturz ereignet haben.

Von Helios heißt es, daß er bei der Neuverteilung der Länder und der Machtbereiche unter Zeus' Herrschaft gerade mit seiner Fahrt über den Himmel beschäftigt war und deswegen übergangen wurde. Helios galt als Wagenlenker. Mit vier feurigen Rossen überquerte er am Tag den Himmel von Osten nach Westen. Und bei Nacht kehrte er in einer goldenen Schale schlafend auf dem Meer nach Osten zurück. Seine Nachtreise ähnelt vergleichbaren Mythen, in denen eine Flußüberquerung, eine Arche, ein riesiger Fisch oder ein Delphin als Sinnbilder einer Seelenreise zu neuen Ufern genannt werden. Die Augen von Helios werden von erschreckend blendendem Glanz beschrieben, mit denen er alles ausleuchten konnte und somit zum Zeugen aller Geschehnisse wurde. Helios wurden viele Kinder zugeschrieben, aber nur mit einem Sohn erlebte er eine gemeinsame Geschichte.

Phaeton hieß dieser Sohn, den Helios mit der Okeanide Klymene gezeugt hatte. Dem Mythos zufolge wuchs der Sonnensohn Phaeton nicht bei seinem Vater auf. Als er zum Jüngling herangereift war, wollte er sich Gewißheit verschaffen, ob Helios auch wirklich sein Vater sei, und er bat ihn, den strahlenden Sonnenwagen über den Himmel lenken zu dürfen. Doch kaum hatte er den Wagen bestiegen, gingen die Pferde mit ihm durch. Dabei rissen sie zuerst ein riesiges Loch in den Himmel, das als leuchtende Milchstraße immer noch sichtbar ist, und tauchten dann so tief hinab, daß sie die Erde verbrannten. Phaetons brennender Körper fiel aus dem Wagen und stürzte in den Fluß Eridanos. Zeus war herbeigeeilt, um den Frevler zu strafen, doch sein Donnerkeil soll ihn erst erreicht haben, als er bereits in das Wasser eingetaucht war.

Phaeton war auch der Name für den Morgen- und Abendstern, der als Stern der Liebesgöttin Aphrodite galt. Eine andere Verknüpfung mit diesem Stern läßt sich zum Lichtbringer Luzifer herstellen, der im Alten Testament als Sohn der Morgenröte erwähnt wird. Auch er stürzte vom Himmel, weil er sich angemaßt hatte, wie Gott zu sein. Der hebräische Luzifer diente der christlichen Kirche ebenso wie alle dionysischen Wesen als inhaltliche und bildnerische Vorlage für die Ausformung ihrer Teufelsbilder. Auch Phaeton verkörperte eine vergleichbare Kraft. Betrachtet man seine Geschichte ohne alles schmückende Beiwerk, so zeigt sich folgender Verlauf. Der Venusstern, der im Morgenrot am Himmel leuchtet, wenn alle anderen Sterne bereits erblaßt sind, muß letztlich auch verschwinden, wenn die höhersteigende Sonne mit ihrem hellen Licht alles überstrahlt. Der helle Stern wurde daher als die kleine, kindliche Sonne angesehen, in deren Licht sich der jugendliche Sonnensohn zeigte. Die Kindgestalt der Sonne mußte sterben, damit sie in gewandelter Erscheinung als Sonnengott den Himmel erleuchten konnte. Bei seinem Untergang veränderte der Gott erneut seine Erscheinungsform und wurde jetzt als kleine Sonne oder Abendstern zum Diener der Liebesgöttin Aphrodite.

Der ursprünglich riesengestaltige und mit goldenen Flügeln versehene Titan Eros war ein noch ungeteilter Gott des feurigen Lebenslichts, der seiner Rolle gemäß in ständiger Bewegung seine äußere Gestalt wandelte, indem seine jeweiligen Hüllen starben. Auf diese Weise erschien der Sonnengott abwechselnd als Sohn, als Gatte oder als Diener im Reich der Finsternis. Mit dem Tod von Phaeton wurde ein Wachstumsprozeß geschildert, bei dem die alte Form aufgegeben werden muß, damit die feurige Lebenskraft nicht stirbt. Ein Grund zum Trauern nur für die, die erstarrt in einer alten Hülle verharren. Eros durfte sich später nicht mehr verwandeln, sondern wurde in hellenistischer Zeit auf seine Rolle als Aphrodites Sohn festgelegt.

Auf dem Tarotbild »Die Liebenden« ist Eros als kleine Sonne abgebildet. Auf der irdischen Ebene unter ihm stellt er den jugendlichen Sohn dar, der von seiner Mutter Abschied nimmt, um sich zum Bräutigam und Gatten zu wandeln. Er verläßt einen Lebensabschnitt, seine Kindheit muß sterben.

Eine andere Bezeichnung von Eros führt zu einer weiteren Spur seines wahren Wesens. Man nannte ihn auch Genius. Der Name ist das griechische Wort für Geschlecht im Sinne von Herkunft oder Ursprung. Als Genius war er ein Schutzgeist und wurde als geflügelter Schutzengel vorgestellt. Besonders bei den Römern wurde der Genius Eros als göttliche Verkörperung der Lebenskraft verehrt. Ursprünglich galt er als ständiger Begleiter nur der Männer, da er auch als göttliche Verkörperung der männlichen Zeugungskraft angesehen wurde. Der Genius wurde an Geburtstagen besonders geehrt, denn vom Tage der Geburt (Genesis) an begleitete er seinen Schützling. Der Genius ist somit für den Menschen sein unsterblicher, unsichtbarer Wesenskern, der die feurige Kraft seines Lebens darstellt, nachdem er sich bei dessen Erschaffung mit dem neuen Körper verbunden hat, um ihn solange zu begleiten, bis der Körper wieder verfällt. Auf seinen Flügeln erhebt sich der Genius dann unsichtbar aus ihm und bleibt unverändert ein belebendes Lebenslicht.

Der Genius Eros auf dem Tarotbild »Die Liebenden« zielt auf das Liebespaar. Sein Pfeil enthält die feurige Seelenkraft, die sich mit einem neu gezeugten Körper verbinden will, um diesen zu beleben. Eros als personifizierte kleine Sonne stellt somit die Erzeugung der Sonne zur Zeit der Wintersonnenwende symbolisch dar. Aus dem Körper der dunklen Zeit wird sie erst später heraustreten.

Die hebräische Mythologie verbindet mit der geflügelten Verkörperung des feurigen Lichts den Erzengel Michael, denn die hebräische Bezeichnung für Genius ist Erzengel.

Auch die Erzengel wurden als geflügelte göttliche Schutzgeister und Schicksalsverkünder vorgestellt. Der Erzengel Michael wurde von der frühen christlichen Kirche als Vernichter aller dunklen Kräfte zu einer ihrer großen Symbolgestalten erklärt, denn er bekämpfte das Böse in Form einer geflügelten Schlange, die auch als Drache bezeichnet wurde. Die geflügelte Schlange war ein frühes Sinnbild für die Vereinigung von Genius und Körper.

Von den Römern ist überliefert, daß sie neben den männlichen Genien auch weibliche Schutzgeister verehrten, die die besondere Lebenskraft der Frauen darstellten. Sie identifizierten diese Kraft mit der Göttin Juno. Sie war die Trägerin des Granatapfels, der zugleich Totenspeise und Fruchtbarkeitssymbol war. Der weibliche Schutzgeist wurde als Tugend bezeichnet. Ebenso wie es unterschiedliche männliche Genien gab, durch die sich besondere Kräfte ausdrückten, so gab es in gleicher Weise weibliche Tugenden, von denen einige auf den 22 Großen Arkana des Marseiller Tarot dargestellt sind. Im Baum der Erkenntnis sieht man die weibliche Seite der feurigen Lebenskraft durch die Tugend »Mäßigkeit« auf dem gelben Punkt angeordnet.

Von Hera heißt es, sie habe eine geflügelte Botin gehabt, die Iris hieß. Wie Eros stellte man sich auch Iris mit goldenen Flügeln vor. Iris bedeutet Regenbogen. Eros soll zu Beginn der Schöpfung, nachdem er aus dem silbernen Ei am dunklen Himmel ausgeschlüpft war, die Welt unter sich und den Himmel über sich sichtbar gemacht

Iliaco, Genius der Sonne, Tarotbild des Ferraresischen Meisters, Italien, um 1465. Die Darstellung zeigt einen, im Verhältnis zu den winzigen Bäumen, riesenhaften Jüngling, der eine Sonne mit Menschenantlitz in der Hand trägt. Er blickt auf das Erscheinungsbild der neugeborenen Sonne, deren unveränderliche, feurige Lebenskraft er selber verkörpert. Mit dem Genius der Sonne verband sich die Vorstellung von einer göttlichen Kraft, die hinter einer sterbenden und wiederauferstehenden Sonne steht und mit ihr verbunden ist, solange sie am Himmel als lebenbewegende Kraft wirkt. Die Körperhaltung des Genius wie auch die bewegten Bänder drücken seine bewegende Schöpfungskraft aus, die größer ist als das, was für die Augen am Himmel als vergängliche Lichterscheinung sichtbar ist. Die mondförmige Sichel hinter dem Kopf der kleinen Sonne deutet auf die dunkelste, vom Mondlicht beherrschte Zeit, in der sich der Genius erneut mit der wiedergeborenen Sonne verbindet, um in ihr als feuriger Geist der Ur-Schöpfung zu wirken.

Assurnasirpal II. mit seinem Genius, altpersisch, 9. Jahrhundert v. Chr. Auch im alten Orient kannte man den Genius als Lebens- und Schutzgeist. Der Genius dieses Königs gleicht ihm in vielen Details. Als Zeichen seiner göttlichen Kraft trägt er Flügel. Hinter dem Lebenden herschreitend verkörpert der Genius die für den Lebenden unsichtbare Lebenskraft. Der König visiert ein Lebensziel an, der Genius hinter ihm verleiht ihm die geistige Kraft, dieses zu verfolgen. Der Pinienzapfen war ein Symbol für die unsterbliche Lebenskraft. In der anderen Hand trägt der Genius ein Gefäß mit Wasser, ein Symbol für die Zeit der lichtlosen Tiefe. Der Hörnerschmuck weist den Genius als befruchtendes göttliches Wesen aus.

haben. Die Welt unterhalb des Mondes ist im kabbalistischen 10-Punkte-System von jener Farbigkeit, die sich im Regenbogen zeigt. Die weibliche Tugend Iris läßt somit im Zeichen des Regenbogens bewußt erkennen, auf welche Weise sich Licht mit Körpern verbindet, denn farbiges Licht erscheint nur dort, wo Licht und Körper eine Einheit bilden. Ohne stoffliche Schwebeteilchen wäre Licht nicht sichtbar. Was durch Eros im Baum des Lebens erschaffen wurde, wird durch Iris im aufwärtsgerichteten Baum der Erkenntnis bewußt gemacht. Die geflügelte Götterbotin auf dem gelben Punkt ist auf dem 14. Tarotbild zu sehen. Hier beschreibt sie die lichthellste Farbe, nachdem diese sich aus dem tiefsten, braunen Erdpunkt wieder nach oben ausgegliedert hat. Sie zeigt, was unten in der verdichteten Materie als verborgene feurige Lebenskraft eingeschlossen war, um Leben zu erzeugen, das sich seines göttlichen Ursprungs bewußt ist, denn der farbige Körper Gottes ist sowohl der Körper der Natur als auch der Körper des Menschen.

In der Mythologie wird Iris auch die Mutter von Eros genannt. Sie habe ihn vom Westwind empfangen. Im Westen aber ist der Ort, wo die Sonne hinter dem irdischen Horizont verschwindet oder wo Eros sich mit seiner Mutter Iris vereint.

Das 14. Tarotbild »Mäßigkeit« zeigt einen weiblichen Engel mit zwei Gefäßen in den Händen. Zwischen ihnen gießt er einen wellenförmig dargestellten Inhalt von rechts oben schräg nach unten links. Der Pfeil des Eros zielt in umgekehrter Richtung, von links oben nach rechts unten. Betrachtet man den gelben Punkt als Dreh- und Wendepunkt, der alle Gegensätze miteinander verbindet, so steht er im farbigen Bereich der Bäume ebenso zwischen Rot und Grün wie auch zwischen Blau und Orange. Der Pfeil von Eros verbindet den gelben mit dem grünen Punkt oder aber das neue Leben im Körper mit seiner Bestimmung, sich aus diesem Körper wieder lösen zu müssen. Das Liebespaar wird durch die Prinzipien bestimmt, die sich im höchsten Dreieck über ihnen spiegelbildlich zeigen. Die Erscheinung des Erschaffenen ist vergänglich. Daß seine innere

Temperancia, Mäßigkeit, Tarotbild des Ferraresischen Meisters, Italien, um 1465. Diese weibliche Tugend zeigt sich mit der gleichen Gestik wie auf dem Bild des Marseiller Tarot. Hier nur hat die Lebenskraft das untere Gefäß bereits gefüllt. Der Blick dieser Tugend verweist darüber hinaus auf einen Spiegel, der auf dem Boden liegt. Ein Tier sieht auf ihn hinunter und erblickt sein Abbild vor dem Hintergrund des Himmels. Dieser Spiegel ist eine bildhafte Darstellung des gelben Punktes im aufwärtsgerichteten Baum der Erkenntnis. Das Tier symbolisiert den erkennenden Menschen, der seine tierhafte Existenz vor dem Hintergrund eines höheren Prinzips als eine von oben bestimmte Erscheinungsform des Lebens wahrnimmt. Mit diesem Gewahrwerden beginnt die Erlösung. Die Mäßigkeit bestimmt das Maß von dem, was sichtbar wird.

Lebenskraft jedoch unvergänglich ist, zeigt sich erst durch die Tugend der »Mäßigkeit«. Sie vermischt das unsterbliche Feuer der Seele in umgekehrter Richtung, denn ihre wellenförmige Kraftlinie ergießt sich nach links unten zum orangefarbenen Punkt. Dort aber befindet sich der Ausgang aus dem Reich der Finsternis oder aber die heilende Erneuerung des Bundes zwischen lebendiger Seele und Körper. In gleicher Richtung wie der wellenförmige Inhalt zwischen den beiden Gefäßen sind zwei Gewächse so dargestellt, daß das rechte die Horizontlinie überragt und damit auf das Prinzip der Auflösung im oberen Himmel verweist, während das linke auf den irdischen Gegenpol auf der Säulenseite der Erneuerung deutet. Das Fließen der Lebenskraft durch die Körper hat seinen Ur-Grund in einem übergeordneten geistigen Prinzip.

Im Baum des Lebens zeigt der Zeitzeiger in Richtung Tod, und im Baum der Erkenntnis zeigt er auf das Leben. Iris oder der Regenbogen ist das sichtbare Bindeglied zwischen Himmel und Erde. Als Tugend der maßvollen Mischung erfüllt sie den Erkenntnissuchenden so lange, bis die Bewegung sich wieder umkehren muß, weil das lebendige Wechselspiel zwischen Gegensätzen beständig hin- und herfließt. Eros und Iris setzen das rechte Maß der Zeit zwischen Leben und Erkenntnis fest. Die richtige Mischung ist die maßvoll zugedachte Zeit der Einsicht in die Gesetze des oberen Himmels.

Im Feuer des Eros verbrennt der Körper. Er wird zu Asche. Aus dem Ur-Stoff des Lebens wird bei Iris das im Körper erneuerte Bewußtsein über das Feuer des Lebens, das sich in den farbigen Lichtern des Lebens zeigt, wie sie auch im Regenbogen zu sehen sind.

Die schwingende Bewegung zwischen den Gegensätzen

Die griechische Mythologie nennt noch weitere geflügelte weibliche Wesen, die, ähnlich der Iris, Botschafterinnen des Jenseits waren. Die Sirenen werden als Vögel mit weiblichen Brüsten und lieblichen Gesichtern als süß singende Verführerinnen der Seele geschildert, die besonders Seefahrern gefährlich werden konnten, da sie Seelen auf der Überfahrt besonders liebten. Sie hatten die Aufgabe, die Toten an der Schwelle zum Jenseits zu empfangen und ihnen mit verzaubernder Musik die Grenzüberschreitung zu erleichtern. Die Sirenen galten als allwissende Orakelgöttinnen, denn ihr Blick umfaßte die Welt der Lebenden und der Toten. Sie galten als Dienerinnen von Persephone, der Göttin der Unterwelt, die nur einen Teil der Zeit in der Finsternis verbrachte, um verjüngt wieder in das Licht der irdischen Welt zurückzukehren.

Der Held Odysseus wußte um die Bedeutung des Sirenengesanges, der die Sinne betört und die irdische Welt vergessen läßt. Auf seiner Heimreise von Troja ließ er sich deswegen an den Mast des Schiffes fesseln und befahl der Mannschaft, ihn nicht davon zu lösen, selbst wenn er sie darum bitten würde, denn er wollte den Tönen lauschen, ohne sein Leben und damit auch sein Bewußtsein zu verlieren. So war er in der Lage, hörend und sehend das Wissen der Welt wahrzunehmen und sein innerstes Wesen zu erkennen, ohne daß es vogelgleich für immer auf Schwingen seinen Körper verließ. In der Heldensage heißt es jedoch lediglich, daß er mit offenen Ohren dem Todesgesang der Sirenen lauschte, während sich die anderen Menschen die Ohren mit Bienenwachs verstopft hatten. Nur Odysseus konnte die gefahrvolle Initiationsreise überleben, weil er sich der Grenzsituation bewußt hingeben konnte.

Sirenen locken Odysseus mit ihrem Gesang, 5. Jahrhundert v. Chr., Theben.

Das Fesseln an den Mast ist ein Sinnbild für die bewußte Bindung an das Leben. Die lauschenden Ohren verweisen die Hingabe an Erfahrungen, die alle fesselnden Grenzen sprengen. Der im Mythos um die kleine Sonne Phaeton bereits erwähnte Schwanengesang und die sinnbetäubende Musik der Sirenen gleichen der schwingenden Energie der Seele, die keine Grenzen kennt, denn sie ist die verbindende Kraft zwischen gegensätzlichen Welten.

Weitere aufschlußreiche geflügelte Wesen sind die weiblichen Harpyien, reißende Sturmwinde. Sie wurden von ihren Feinden, den geflügelten Söhnen des Nordwindes, Boreas, solange verfolgt, bis Iris jenen schließlich gebot, von ihnen abzulassen, weil sie mit ihrem Vernichtungswillen gegen das Gesetz der Göttin Themis verstießen. Themis war die Göttin der kosmischen Ordnung und der Gerechtigkeit. Iris als Himmelsbotin sorgte für die ausgleichende Gerechtigkeit in der Natur und verhinderte die Übertretung von Naturgesetzen, zu denen auch eine unausgewogene, einseitige Windrichtung gehört.

Wind ist Bewegungsenergie, die durch polare Wetterfronten entsteht. Sie ist die verbindende und ausgleichende Kraft zwischen gegensätzlichen Welten und wahrscheinlich deswegen ein Sinnbild der unterschiedlichen Richtungen, in die sich eine Seele bewegt. Wird sie von Eros bewegt, weht sie in Richtung Tod, denn auch Eros gilt als Sohn dieses Windes. Wird die Seele jedoch von Iris bewegt, weht sie dem Leben entgegen.

Die Abwendung von der gerechten Richtigkeit

Apollon mit Schlange, Marmorkopie, um 330 v. Chr., Italien.

Strophaden (*strophi,* »Wendung«) wurden die Ionischen Inseln genannt, bei denen Iris den rasenden Winden aus dem Norden Einhalt gebot und sie im Namen der Gerechtigkeit zur Umkehr bewegte. Die Mythenerzähler verstanden es jedoch, solche Begebenheiten mit phantastischem Beiwerk so zu schmücken, daß der wesentliche Inhalt nur noch dem geschärften Ohr erkennbar war. In der griechischen Mythologie werden die sich wandelnden Einstellungen gegenüber der Natur und damit im Denken sehr gut dokumentiert. In ihren Sinnbildern offenbart sich die zunehmende Überbewertung der Lichtseite. Apollon, der als Gott des Lichts Verehrung fand, verkörpert diese Seite. Seine erste unrühmliche Tat war die Ermordung der weissagenden Schlange von Delphi. In manchen Erzählungen ist auch von zwei Schlangen die Rede, von denen die eine Phythia oder Delphyne hieß und weiblichen Geschlechts war und die andere Phython oder Typhon genannt wurde und männlich war. Der ursprüngliche Äskulapstab zeigt immer zwei Schlangen, die sich umeinander oder um einen Stab winden. Häufig werden sie auch mit Flügeln dargestellt oder aus einer Schale aufsteigend. Der Stab symbolisiert wie der Pfeil des Eros die feurige, phallische Energie, die Schale das Wasser als ein weibliches Element der Schöpfung. Im 10-Punkte-System steht Gelb für das schöpferische Feuer und Violett für das schöpferische Wasser.

Das Orakel von Delphi war der Ort von Gaia, der Erde. Von Tochter zu Tochter weitergegeben, kam es in den Besitz von Themis, der Göttin der Gerechtigkeit. Mütter und Töchter sowie Väter und Söhne bilden in der Mythologie eine Wesenseinheit. Sie verkörpern jeweils nur unterschiedliche Aspekte der Zeit. Delphi galt als eine heilige Stätte der Prophezeiungen. Vorausschau oder Rückschau sind zeitüberschreitende Einsichten in die Zukunft oder in die Vergangenheit, die sich in der Gesamtschau als Einheit erweisen, denn sie können nicht getrennt voneinander existieren. Die eine Seite verweist auf die andere. Die Stätte der Prophetie wurde durch göttliche Wesen personifiziert, die sich in allen Zeiten und alle Zeiten durchschreitend bewegten. Grenzüberschreitende Erfahrungen wurden zu allen Zeiten von Menschen gemacht, denen entweder durch eine angeborene Gabe oder besondere Erfahrungen der allesumfassende Blick in zwei Richtungen möglich ist.

Nachdem der lichte Gott Apollon zum neuen Herrscher über das Heiligtum Delphi gemacht wurde, geschah mit der Entmachtung der Göttin Themis auch die Abtrennung des Ortes von Gaia, der Erde. Die Ermordung der weiblichen Schlange Pythia stellt dieses Phänomen bildhaft als einen Akt der Vernichtung und des Sieges über die dunklen Mächte oder über die weibliche Seite der Schöpfung dar. Die männliche Schlange Python, das Zeichen der apollinischen Kraft, wurde häufig mit dem Lichtgott abgebildet. Doch war diese der prophetischen Gabe nicht mächtig, denn sie verkörperte das Feuer. Daher bekleidete auch unter Apollons Herrschaft eine Priesterin, als einzige geduldete Frau im Heiligtum das Amt der Prophetie. Nach diesem Wandel waren auch die weiblichen Musen und ihre Künste dem Lichtgott untertan, der sie fortan als göttlicher Saitenspieler anführte. Bei Frauen hatte er kein Glück. Sie lehnten ihn ab oder flohen vor ihm. So bevorzugte er die gleichgeschlechtliche Liebe und verliebte sich in schöne Jünglinge, die aber durch ihn zu Tode kamen.

Der Mythos um seine Gestalt ist die traurige Darstellung einer gewandelten Sicht, in der ein vermeintlicher Sieg der lichten Kräfte über die Mächte der Finsternis von der Einsicht in die untrennbare Einheit der Gegensätze abgelöst wurde. Phythia und Python gemeinsam waren die ursprünglichen Sinnbilder der bewegten und bewegenden Energie, die ihre bildnerische Form in zwei miteinander verbundenen geflügelten Schlangen fand, die auch als Drachen bezeichnet wurden.

Ein Musikant in weiblicher Verkleidung bringt Apollon, dem Herrn des Saitenspiels, ein Trankopfer dar. Der Rabe galt als heiliges Tier des Lichtgottes. Rabe heißt auf griechisch Koronis. Eine Koronis war Apollons Geliebte gewesen. Als sie ihn betrog, ließ er sie durch seine Zwillingsschwester Artemis töten. Beide Frauen verkörpern die dunklen Gegenkräfte. Zeichnung auf einer Schale, Griechenland, um 470 v. Chr.

Der Kult um die Lichtseite in Ägypten

König Echnaton mit Familie beim Opfer vor Aten, Ägypten, um 1355 v. Chr. Echnaton ließ sich mit üppigen, weiblichen Brüsten, breiten Hüften und in typisch weiblichen Posen darstellen.

Mit der Einführung einer patriarchalischen Gesellschaftsordnung zeigt sich, ähnlich wie in Griechenland, auch in Ägypten eine sich wandelnde Geisteshaltung gegenüber den Seins- und Sinnfragen des Lebens.

König Echnaton reduzierte unter seiner Herrschaft um 1350 v. Chr. die Vielzahl der Götter auf den Sonnengott Aten und propagierte ihn als alleinigen Schöpfergott, der Vater und Mutter allen Lebens sei. Diesem Gottesbild entsprechend und als dessen Sohn und Stellvertreter auf Erden ließ er sich als weiblichen Mann darstellen. Zu den weiblichen Merkmalen wie schwellenden Hüften und Brüsten kamen auf vielen Darstellungen noch mütterliche Posen hinzu. So wurde er häufig mit einem Kind auf dem Arm oder auf dem Schoß gezeigt. Solche Bildnisse hatte es bis zu diesem Zeitpunkt nicht gegeben.

Eine veränderte Zuordnung von alten Sinnbildern läßt sich ebenfalls an den vogelgestaltigen Wesen ablesen, die in der Spätzeit über dem Toten schwebend dargestellt wurden. War es zuvor die geflügelte Geiergöttin gewesen, die in ihren Klauen das verknüpfte Ring-Stab-Zeichen für Ewigkeit und Vergänglichkeit über den verstorbenen, irdischen Stellvertreter der Sonne hielt, so sieht man auf Papyrosrollen, die Toten mitgegeben wurden, zwar die Flügel der Geiergöttin und ihr Zeichen, der Seelenvogel ist jetzt aber zu einem männlichen Wesen umgestaltet.

Eine Wandlung ganz besonderer Art widerfuhr auch dem Krokodil. Im Alten Reich galt der regional verehrte krokodilgestaltige Sobek als eine der Erscheinungsformen des Sonnengottes. Das Krokodil stellte die Nachtgestalt der Sonne dar, die sich im Ur-Wasser wandelte, um am Morgen als Falke wieder emporzufliegen. Auch Seth, der Bruder des Sonnengottes Horus wurde mit der Krokodilgestalt identifiziert. In koptischer Zeit wurde die Dunkelseite des ursprünglich einen Gottes, der Licht und Finsternis in sich vereinte, zum Feind. Der falkengestaltige Sonnengott Horus kämpfte jetzt zu Pferde gegen seinen eigenen Schatten, ohne den er selber nicht existieren konnte. Der Kampf gegen die

Die Seele in Gestalt eines menschenköpfigen Vogels schwebt über dem Toten. Der Vogel sollte das geistige Wesen eines Individuums darstellen, Grab von Sethos I., Theben.

Dunkelseite war ein Kampf gegen das Leben. Nur die bewußte Wahrnehmung beider Seiten konnte zum Gewahrwerden der vereinenden, feurigen Kraft der Liebe führen, denn nur sie vermag alle Gegensätze zu einer Ganzheit zu fügen.

In gleicher Pose wie Horus kämpft später auch der Erzengel Michael gegen die Mächte der Finsternis in drachenförmiger Gestalt. Der feurige Pfeil des Eros wollte die Liebe entflammen, die Gegensätze vereint. Der Speer des Drachentöters dagegen sollte die Gegensätze in unversöhnlicher Feindschaft voneinander trennen.

Horus, der pharaonische Himmelsherr, ersticht seinen krokodilgestaltigen Feind Seth, 4.–6. Jahrhundert, Ägypten.

Der Erzengel Michael im Kampf gegen die Dunkelseite

In der hebräischen Zuordnung der Erzengel gehört Michael zum gelben Punkt in der Mitte des 10-Punkte-Baumes. Der Erzengel Michael auf dem gelben Punkt ist das Spiegelbild der Schöpferkraft des weißen Punktes. Er steht als Vermittler zwischen der göttlichen und der irdischen Welt. Wird der jüdische Schöpfergott als unerbittlicher, zorniger und vernichtender Rächer vorgestellt, so ist auch der Übermittler des höchsten Willens wie er. Das jüdische Gottesbild wurde von Mose geprägt, dessen Lebenszeit um

Ein Sterbender empfiehlt seine Seele Gott, aus einem Stundenbuch des 15. Jahrhunderts. Die beiden Erzengel Michael und Ariel kämpfen um die Seele. Gott trägt das Schwert der Entscheidung, das auch der Erzengel Michael trägt, um die Seele seinem drachengestaltigen Gegenbild zu entreißen.

1300 v. Chr. angenommen wird. Auch er propagierte ungefähr zur gleichen Zeit wie Echnaton den einen Schöpfergott gegen die vielgestaltigen Naturgötter der Frühzeit. Der eine Gott sollte die Vielgestaltigkeit jetzt in sich vereinen. Vor diesem einen Gott mußten nun unter der patriarchalen Führung der jüdischen Propheten die weiblichen

Aspekte, Dunkelheit, Nacht, Empfängnisbereitschaft, Erneuerung, Geburt und Tod, entweder verheimlicht oder von ihm abgetrennt werden. Der eine Gott wurde von seinem Schatten abgespalten. Die göttlichen Kräfte hatte man auch in der Natur beobachtet und ihnen in göttlichen Verkörperungen Ausdruck verliehen, nur eine Wertung war damit nicht verbunden gewesen, denn jede Kraft wurde als sinnvoll und lebensnotwendig erkannt. Das kabbalistische 10-Punkte-System, das sich durch die 22 Sinnbilder als ein göttlicher Körper darstellt, kann um keinen einzigen Aspekt seiner Gestalt beschnitten werden, denn nur in dieser Ganzheit ist es lebendig. Alle Teile sind miteinander verbunden. Wenn es irgendwo das Böse geben soll, dann ist es oben wie unten, innen wie außen. Das Böse in der jüdisch-christlichen Tradition ist mit dem Begriff der Sünde besetzt worden. Die Ur-Sünde von Adam und Eva mußte somit die Sünde des mosaischen Gottes darstellen, denn durch ihn wurde der Baum des Lebens vom Baum der Erkenntnis bewußt getrennt. Die umfassende Einsicht in ihr Wesen sollte den unteilbaren, lebendigen Organismus Gottes sichtbar machen. Es kann somit keine Sünde vor Gott geben. Wenn es das Böse überhaupt gibt, dann ist es ebenso in Gott wie das Gute. Vor einer solchen Einsicht aber steht zunächst die gottgewollte Trennung in zwei Wege. Der erste führt hinab vor das Angesicht der Erde und der andere wieder hinauf vor den Ort des Ursprungs. Beide Wege zusammen offenbaren den Geist Gottes in seiner Schöpfung.

Namentlich genannt wird der Erzengel Michael im Alten Testament nur im Buch Daniel. In seiner Erscheinung als »Engel des Herrn« wird er häufiger erwähnt. Ausschlaggebend für die christliche Vorstellung von seinem Wesen wurde seine besondere Rolle als Übermittler von Gottes Willen an Daniel.

Daniel lebte in Babylon in der Diaspora. Nebukadnezar (1128–1106 v. Chr.) hatte ihn und drei seiner Glaubensbrüder wegen ihrer Klugheit in seinen Dienst gebeten. Daniel diente ihm und seinem Sohn Belschazzar (Belsazar) als Traumdeuter, Visionär und weiser Berater, so daß beide, von seiner Weisheit beeindruckt, auch seinen Gott anerkannten, ohne jedoch von der Anbetung ihrer alten Götter abzulassen. Zu diesen Göttern gehörte Bel, den die Babylonier ihren »lebendigen Gott« nannten. Bel Marduk war der Stadtgott von Babylon, der in der Gestalt eines Drachen verehrt wurde. Als Daniel König Belschazzar um Erlaubnis bat, den Drachen zu töten, bekam er dessen Zustimmung. Ohne Schwert oder Keule wollte er ihn töten. Dieser Drachen war ein Standbild aus Bronze. Daniel warf ihm einen Kuchen aus Pech, Talg und Haaren in den Rachen, und der Drachen zerbarst. Das brennbare Material, mit dem er ihn fütterte, wird dazu geführt haben, daß er Feuer spie, und dann wirklich geborsten ist, denn sein Inneres war mit Lehm gefüllt gewesen (Daniel 14,1–14,42). Die Babylonier waren über diese Tat zutiefst empört und verlangten die Auslieferung Daniels. Da der König sein eigenes Leben bedroht sah, folgte er ihrem Begehren, und Daniel wurde in eine Löwengrube geworfen. Der »Engel des Herrn« aber stand ihm wie immer zur Seite und schützte sein Leben, denn den Drachen hatte Daniel im Auftrag seines Gottes getötet, und Erzengel Michael hatte Daniel zum irdischen Werkzeug der Vernichtung gemacht. Als König Belschazzar vernahm, daß Daniel von den Löwen nicht zerrissen worden war, ließ er ihn holen und war von da an überzeugt, daß es nur den einen Gott gibt.

Die Drachengestalt des Stadtgottes Bel Marduk ist am großen Ischtar-Tor zusammen mit den beiden anderen Sinnbildern göttlicher Kräfte, Löwe und Stier, erhalten

Der Drache des Stadtgottes Bel Marduk am Ischtar-Tor, Babylon, 6. Jahrhundert v. Chr.

geblieben. Der Löwe verkörpert die Göttin Ischtar und der Stier den Wettergott Adad. Der Drache zeigt sich als Mischwesen, das viele Tiere in sich vereint. Seine Vorderbeine ähneln denen von Löwen, seine Hinterbeine haben Vogelkrallen. Der lange, dünne Hals ist vogelartig. Auf seinem Kopf trägt er ein spitzes Horn. Sein Körper ist von Schuppen bedeckt. Diese äußerliche Vereinigung vieler Tierformen läßt auch auf sein inneres Wesen schließen, denn in der Löwin und dem Stier zeigen sich ebenfalls bildhafte Wesensmerkmale. Ischtar, die Löwin, galt als Herrscherin über alle Lebensformen und Adad, der Stier, als befruchtender Wettergott. Eine dritte, göttliche Kraft müßte somit eine verbindende Kraft sein, durch die sich die dunkle, weibliche Seite der Natur und die lichte, männliche Seite ergänzen. Der babylonische Drache mit seiner Mischgestalt

Erzengel Michael beim Jüngsten Gericht mit der Seelenwaage, an die sich ein tiergestaltiger Dämon hängt. Säulenkapitell Saint-Pierre in Chauvigny, Frankreich, 12. Jahrhundert.

konnte daher nur ein göttliches Wesen verkörpern, das als Vermittler, Vereiniger oder Beweger zwischen gegensätzlichen Kräften in Erscheinung trat. Eine solche Kraft der Mitte aber ist die Liebe.

Auch in Delphi war die geflügelte Schlange das Sinnbild der Ergänzung und der Liebe gewesen. Ein anderes Sinnbild für den Inhalt des gelben Punktes war die kleine Sonne, die als Morgen- und Abendstern zwischen Vater Tag und Mutter Nacht vermittelt und sich sowohl als Sohn als auch als Liebeskraft darstellt. Auch der Venusstern oder das Sinnbild der kleinen Sonne mußten den Tageshimmel verlassen. Unter der alleinigen Herrschaft eines männlichen Gottes aber wurden alle Sinnbilder der vermittelnden Liebeskraft zu Sinnbildern der Verderbtheit, der Sünde und des Bösen.

Der vom Erzengel geführte Daniel sollte eine sehr alte Vorstellung von den göttlichen Kräften auslöschen. Alle christlichen Ausgestaltungen der Erzengelrolle von Michael gehen auf diese Geschichte im Alten Testament zurück. Michael bekämpft die einigende Kraft der Liebe, er zerteilt, was zusammengehört. So will er das Gute endgültig vom Bösen trennen, wenn die Endzeit anbricht und alle Menschen gerichtet werden. Wenn es aber eine göttliche Einheit gibt, dann kann sie am Ende der Zeiten nur die Befreiung und Erlösung aus jener Unbewußtheit bedeuten, die den Blick auf die Einheit aller Gegensätze verschleiert.

Die Göttin der Liebe Venus und ihr liebebewirkender Sohn Amor, von Lucas Cranach d. J., um 1540.

Der heilige Georg befreit die Prinzessin aus den Klauen des Drachen, Paolo Ucello, 1396–1475. Die Prinzessin scheint jedoch nicht in Not zu sein, denn das Ungeheuer ist mit ihr so verbunden, als gehörte es zu ihr.

Die Sinnenfreude wird geopfert

Während der Erzengel Michael nur eine himmlische Erscheinung ist, begegnet uns im heiligen Georg sein irdisches Ebenbild. Er wird, wie Michael, immer im Kampf gegen den Drachen dargestellt, nur sitzt er dabei hoch zu Pferde, um seine Erhöhung und Machtstellung auf Erden zu demonstrieren.

Die Legende erzählt von einem Drachen, der vor der libyschen Stadt Silena gehaust haben soll und die Gegend mit seinem Gifthauch verpestete. Um seinen Grimm zu stillen, mußten ihm täglich Lämmer, bald aber auch Kinder geopfert werden. Schließlich fiel das Los auch auf die Königstochter. Da fühlte sich der heilige Georg aufgerufen, den Drachen zu töten. Zuvor aber war die Bevölkerung der Stadt Silena zum Christentum übergetreten.

Der heilige Georg wurde zum Leitbild christlicher Standhaftigkeit gegen die Mächte des Bösen.

Den geschichtlichen Hintergrund zu dieser frommen Legende bildet die Pest. Die schreckliche Seuche breitete sich im 14. Jahrhundert von Asien kommend nach Mitteleuropa aus und entvölkerte ganze Landstriche. Da es keine medizinische Hilfe gab, erhoffte man sich die Erlösung durch übersinnliche Kräfte. Die Pest wurde als Strafe Gottes angesehen. Die Angst vor Ansteckung führte einerseits zur Verteufelung der Sinnenfreude, andererseits kam es jedoch auch zur uneingeschränkten Hingabe an den Sinnengenuß, um wenigstens vor dem Sterben das Glück der Liebe noch erlebt zu haben.

Der Drache verkörperte im christlichen Mittelalter alle Aspekte des Bösen. Dazu gehörte der Bereich der Nacht, der Finsternis und der Höhlen, denn das waren die heiligen Stätten seiner Geburt gewesen, aus denen er, hervorgebracht durch die Mond- und Muttergöttinnen der Frühzeit, im Morgenrot erschien. Die geflügelte Schlange oder das Bild der Vereinigung von Himmel und Erde sollte umgedeutet werden. Da kam die Pest fast wie gerufen, galt es doch eine ursprüngliche Lebens- und Denkweise der Frühzeit aufzuspalten in die Kategorien von Gut und Böse.

Der lichte Besieger des Ur-Stiers in Rom

Als die frühen Christen sich in Rom ausbreiteten, wurde dort ein ebenfalls lichter Gott verehrt. Der Mysterienkult des Gottes Mithras war ein reiner Männerkult, bei dem der Kampf des lichten Geistes gegen die dunkle Materie symbolisch vollzogen wurde. Mithras galt als Sonnengott und als Lichtgott und verkörperte das Gute. Seinen Ursprung hat er in Persien, wo ihn die Kriegerkaste verehrte. Als Besieger des menschenfeindlichen Ur-Stiers galt Mithras als Sinnbild der Kraft und des Heldenmutes. Mithras war der Gott des Rechts, der Wahrheit, der Askese und der strengen Moral. In Rom wurde sein Kult offiziell unter Kaiser Aurelianus 274 n. Chr. eingeführt. Er galt als Deus sol invictus, der »unbesiegbare Sonnengott«, und wurde dem ursprünglich verehrten Sonnengott Sol gleichgesetzt. Sein Stiftungs- und Geburtsfest war der 25. Dezember.

In den Mithrasmysterien wurde ein Taufsakrament, eine abendmahlsähnliche Kultmahlzeit sowie die Himmelfahrt des Gottes gefeiert. Als Erlösungsreligion verhießen die Priester den Mysten Auferstehung und die Unsterblichkeit der Seele.

Zur Überwindung dieses Kultes hat die frühchristliche Kirche Jesus mit dem gleichen Geburtsdatum versehen und sein Leben in Übereinstimmung mit diesen Mysterien gebracht. Ein Fest der Sonnen- oder Lichtgeburt zur Wintersonnenwende wurde jedoch in vielen frühen Kulturen gefeiert. Die Geburt der kleinen Sonne bildet den inhaltlichen Hintergrund des gelben Punktes, dessen Jahreszeit die Wintersonnenwende ist. Der gelbe Punkt verbindet sich als Punkt der Wende daher mit allen göttlichen Verkörperungen des Lichts.

Der altiranische Ursprung von Mithras erweist sich als besonders interessant wegen der mit ihm verbundenen Verkündigungsreligion, die der biblischen Verkündigung eines einzigen Gottes durch den Religionsstifter Moses sehr ähnlich ist. Im ersten Drittel des 1. Jahrtausends v. Chr. verkündete in Persien der Priester und Prophet Zarathustra (Zoroaster) die Lehre von einem lichten Gott. Gegen die Vielzahl der alten Götter setzte er einen dualistisch geprägten Monotheismus, in dem der Lichtgott Ahura Mazda über die Macht der Finsternis und des Bösen triumphiert. Die Verkörperung der bösen Gegenmacht hieß Ahriman. In einem großen Endgericht sollten auch dort die Seelen geläutert werden. Das Symbol des Ahura Mazda war eine geflügelte Sonne, ähnlich der ägyptischen, nur wurde sie in Persien von Adlerflügeln getragen.

Mithras gehörte zum alten pantheistischen Götterhimmel und war zuständig für Recht und Treue der Krieger. Nach der zoroastischen Religionsreform trat er anfänglich hinter Ahura Mazda zurück, wurde dann aber mit dem Vordringen des Hellenismus erneut verehrt. In seiner Gestalt verschmolzen somit altiranische, jüdische, griechische und römische Gottesvorstellungen, in denen sich auch die patriarchale Umwandlung der Gesellschaft manifestiert. Der Kampf des Lichts gegen die Finsternis war ein Kampf gegen die Macht der alten Göttinnen. Die neuen Götter wurden zu Unbesiegbaren, die sich ihrer eigenen Lebendigkeit beraubten.

Mithras tötet den großen Stier, römisches Relief, 2.–3. Jahrhundert n. Chr. Der Gott blickt nach oben auf den Adler, den Sonnenvogel. Unten sind die Kräfte des Bösen abgebildet, ein Krebs greift nach den Hoden des Stiers, eine Schlange windet sich zum Herzen. Beide Tiere galten in der Frühzeit als Sinnbilder des ewigen Lebens. Der den Mond anheulende Hund war Wächter und Seelenbegleiter im Reich des Todes. Mithras wurde als Erlöser und Erretter von Dunkelheit und Tod verehrt.

Christus, Spiegelbild Gottes und Verkörperung der Liebe

Der gelbe Punkt ist das Spiegelbild des Ur-Lichts. Mit ihm verbindet sich das Bild von der kleinen Sonne, die als Gottes Sohn, als Bote Gottes oder als Verkörperung der göttlichen Seele dargestellt wurde. Durch die beiden Tarotbilder »Die Liebenden« und »Mäßigkeit«, die diesen Punkt optisch sichtbar machen, wurde deutlich, daß dem Dreh- und Wendepunkt in beiden Bäumen ebenfalls eine göttliche Tochter und Botin oder die Verkörperung der göttlichen Lebenskraft angehört. Ihr gemeinsames Merkmal ist die einende Kraft der Liebe, die die Gegensätze bindet und löst, um in dieser Bewegung das Leben zu erhalten. Die griechische Mythologie schildert durch Eros und Iris die transzendierende Kraft, die Himmel und Erde miteinander verbindet.

Bedenkt man alle äußeren Lebensdaten von Jesus, so ist auch er ein Spiegelbild aller mythischen Gottessöhne, zusätzlich ist er jedoch ein Abbild des monotheistischen Gottes,

Die Geburt Christi, Meister Bertram, 1379. Zwischen Maria und Josef verläuft durch den Weidenzaun eine diagonal angeordnete Trennungslinie. Das Christuskind ist über der Grenzlinie dargestellt. Bildnerisch wird die Begrenztheit seiner körperlichen Existenz durch das Dach ausgedrückt, das den Blick auf den Himmel versperrt. Maria befindet sich außerhalb dieser Begrenzung. Sinnbildlich ist sie dadurch in die Rolle der mythologischen Sonnengebärerinnen gesetzt. Christus stellt das alte Sinnbild der kleinen Sonne dar. Links unten im Bild der runde Weidenkorb erscheint als tiefes Erdloch, um auf die mythische Mutter Erde hinzudeuten. Vor dem dunklen Rund ist der Kopf der Eselin dargestellt. Eselinnen galten in der Antike als Sinnbilder weiblicher Sinnenfreude. Im Stier verkörperte sich die Fruchtbarkeit der Sonne. Der Kopf des Stieres weist in die Richtung auf die Feuerstelle, auf der ein Gefäß steht. Feuer und Wasser sind die belebenden Beweger der Erde. Die linke geöffnete Hand von Maria symbolisiert die Trennung und das Lösen. An ihrer rechten Hand kreuzen sich zwei Finger als Zeichen der Bindung. Beide Hände verweisen auf die unsichtbare Seele im vergänglichen Körper des göttlichen Kindes.

der über die dunklen Kräfte zu triumphieren scheint. Seine Geburt, seine Lebensstationen, sein Tod und seine Himmelfahrt spiegeln die traditionelle Vorstellung eines Gottesbildes, in dem die Herrschaft über den Satan durch das Gottesopfer erreicht wird. Blut wurde auch vom Lichtgott Mithras zur Vergebung der Sünden vergossen. Jesus aber unterscheidet sich von seinen patriarchalen Vorbildern, die alle als Vernichter des vermeintlich Bösen, als Rächer der Sünden und als unerbittliche Verfolger von Andersgläubigen in Erscheinung traten.

Von seinen pantheistischen Vorbildern hat Jesus geerbt, das Licht der Welt zu sein, das zur Wintersonnenwende neu geboren wird. Ein Stern leuchtete über Bethlehem, um seine Geburt anzukündigen. Der hellscheinende Komet wird den drei Sterndeutern aus dem Morgenland wie der in Bewegung geratene Stern der Liebe und somit als Vorbote eines himmlischen Herrschers vorgekommen sein, denn solche Sterne galten auch zuvor als Zeichen des Bundes zwischen Gott und den Menschen.

Um die sich widersprechenden Traditionen aufzuzeigen, die sich in den überlieferten Schriften des Neuen Testaments in der Darstellung von Jesus offenbaren, sollen einige wörtliche Zitate zum Vergleich herangezogen werden.

Der gesamten jüdischen Tradition widersprach Jesus beispielsweise, wenn er sagte: »Ihr habt gehört, daß gesagt worden ist: Du sollst deinen Nächsten lieben und deinen Feind hassen. Ich aber sage euch: Liebet eure Feinde und betet für die, die euch verfolgen, damit ihr Söhne eures Vaters im Himmel werdet; denn er läßt seine Sonne aufgehen über Bösen und Guten, und er läßt regnen über Gerechte und Ungerechte. Wenn ihr nämlich nur die liebet, die euch lieben, welchen Lohn könnt ihr dafür erwarten? Tun das nicht auch die Zöllner? Wenn ihr eure Brüder grüßt, was tut ihr damit Besonderes? Tun das nicht auch die Heiden? Ihr sollt also vollkommen sein, wie es auch euer himmlischer Vater ist.« (Matthäus 5,43–48). Hinter einem solchen ganzheitlichen Gottesbild offenbart sich eine Gottesvorstellung, die sich in vielen biblischen Texten nicht zeigt. Daß es jedoch im Alten Testament auch Schriften gibt, die einen einheitlichen »Körper Gottes« darstellen, wird noch aufgezeigt werden, denn in ihnen stellt sich die Verbindung zum kabbalistischen Gesetzeskörper dar, den wir mit dem 10-Punkte-System und seiner 22fachen, bildnerischen Übersetzung vor Augen haben.

Christus am Kreuz, Imerward-Kreuz der Alten Stiftskirche in Braunschweig, Ende des 12. Jahrhunderts.

Als Jesus nach dem wichtigsten Gebot gefragt wurde, antwortete er mit dem ersten Gebot: »Du sollst den Herrn, deinen Gott, lieben mit ganzem Herzen, mit ganzer Seele und mit all deinen Gedanken,... Ebenso wichtig ist das zweite: Du sollst deinen Nächsten lieben wie dich selbst. An beiden Geboten hängt das ganze Gesetz samt den Propheten.« (Matthäus 22,37–40). Auch in diesem Satz zeigt sich der einheitliche, ungeteilte und grenzenlose Körper Gottes, der das Gesetz allen Lebens beinhaltet. Und es zeigt einen Erkenntnisweg auf, der mit der liebevollen Annahme der eigenen Unvollkommenheit beginnt.

Jesus wandte sich nicht ab von den Sündern und Ausgestoßenen der Gesellschaft, sondern sagte zu den Pharisäern, die sich darüber empörten: »Nicht die Gesunden brauchen den Arzt, sondern die Kranken. Darum lernt, was es heißt: Barmherzigkeit will ich, nicht Opfer. Denn ich bin gekommen, um die Sünder zu rufen, nicht die Gerechten.« (Matthäus 9,9–13).

Solchen Sätzen aber stehen Aussagen gegenüber, in denen sich eine entgegengesetzte Auffassung spiegelt. So heißt es beispielsweise in einer Endzeitvorstellung, wie sie bereits im Alten Testament durch Daniel in Verbindung mit dem Erzengel Michael verkündet worden war: »So wird es auch am Ende der Welt sein: Die Engel werden kommen und die Bösen von den Gerechten trennen und in den Ofen werfen, in dem das Feuer brennt. Dort werden sie heulen und mit den Zähnen knirschen.« (Matthäus 13,49–50). Als Ort der ewigen Strafe galt im Judentum die Feuerhölle, die Gehenna, wo die Bösen nach dem Endgericht ewige Qual erleiden werden. (Jesaja 66,24).

Über den Sinn und Zweck in Gleichnissen und Bildern zu den Menschen zu reden, sagte Jesus zu seinen Jüngern: »Euch ist es gegeben, die Gleichnisse des Himmelreichs zu erkennen, ihnen aber ist es nicht gegeben.« »Deswegen rede ich zu ihnen in Gleichnissen, weil sie sehen und doch nicht sehen, weil sie hören und doch nicht hören und nichts verstehen« (Matthäus 13,10–14). In dieser Aussage sollte sich eine Weissagung erfüllen, von der es bereits bei Jesaja im Alten Testament hieß, daß die Menschen nicht zur Einsicht kommen wollen, um nicht bekehrt und geheilt zu werden. Im weiteren Text wird es so ausgelegt, als würden nur Jesus Jünger den wahren Inhalt seiner Gleichnisse verstehen. Das aber widerspricht der liebevollen Annahme und Hinwendung von Jesus gerade zu denen, die nicht sehen und nicht hören konnten, damit sich ihnen durch vergleichende Bilder der Sinn seiner Lehre offenbart, denn er wollte den Menschen »verkünden, was seit der Schöpfung verborgen lag« (Matthäus 13,35). Mit diesem Satz weist Jesus auf die verborgene Lehre im göttlichen Gesetzeskörper und offenbart sich als Verkünder einer Heilslehre, die vereinen will, was zuvor getrennt wurde, denn das Verborgene ist die vollendete Einsicht in jene Einheit, die als Frucht bezeichnet wird.

Das Christusmonogramm vor dem Hintergrund des kabbalistischen 10-Punkte-Systems.

Vom Christusmonogramm heißt es einerseits, es sei aus den beiden griechischen Buchstaben X = chi und P = rho, den beiden ersten Buchstaben von Christus, zusammengesetzt. In Rom wurde es jedoch mit Pax = Friede und Christus identifiziert und als Rad mit sechs Speichen zu einem kosmischen Zeichen erklärt. Christus selber wurde wie zuvor auch der Lichtgott, Mithras, in der Liturgie als »Christus sol invictus«, Christus der Unbesiegbare, angesprochen.

Betrachtet man jedoch das Monogramm vor dem Hintergrund der kabbalistischen Heilslehre, so ist zu erkennen, daß das Gelb oder die kleine Sonne das Zentrum jener

Evangeliar, Buchmalerei, Augsburg, Anfang 9. Jahrhundert. Die Abbildung zeigt auf der waagerechten Achse der Kreuzform den Eingang und Ausgang der Seelenreise zwischen der Welt der Lebenden und der Welt der Toten. In der Mitte zeigt sich das Gewahrwerden der Unsterblichkeit. Die Blicke der Verstorbenen sind nach vorwärts und rückwärts gewendet, ihnen offenbart sich der Blick auf den einen Körper Gottes. Die senkrechte Achse zeigt die Himmelfahrt der Seele. Umrahmt wird das Gleichnis von den vier Evangelisten.

sechs Speichen bildet, auf denen sich die wahrnehmbare Welt abbildet. Braun stellt ihre stoffliche Summe dar. Hier aber geht es um die farbigen Lichter, die vom Zeichen umfaßt werden. Die besondere Rolle des gelben Zentrums wurde durch Gleichnisse und Mythen beschrieben, denn diese stellen bildhaft dar, was als transzendierende Mitte zwischen Geist und Materie schwer faßbar ist.

Die P-Schleife bildet in der Höhe des verborgenen Punktes die rechte Hälfte eines Kreises. Dieser Halbkreis deutet auf die Hälfte einer Frucht, deren andere Hälfte unsichtbar ist. Die sichtbare Hälfte meint die Frucht vom Baum der Erkenntnis, denn von ihr hatte zuerst Eva und dann Adam gegessen. Die Frucht vom Baum des Lebens aber blieb im Garten Eden, denn mit ihr verbindet sich die Vorstellung vom ewigen Leben, zu dem der Mensch am Ende aller Zeit wieder zurückkehrt. Das Christusmonogramm verweist auf die Botschaft von Jesus, der gekommen war, um die Menschen daran zu erinnern, die Frucht vom Baum der Erkenntnis in ihrem Körper wahrzunehmen, denn in ihr ist die fehlende andere Hälfte als Teil der Ur-Einheit unsichtbar angelegt, die im Ebenbild Gottes am sechsten Schöpfungstag erschaffen wurde.

Die doppelgesichtige Einsicht befreit aus Opferrollen

Der Mensch ist wahrscheinlich das einzige lebende Wesen, das mit der Fähigkeit begabt ist, die Gesetzmäßigkeiten des Lebens bewußt wahrzunehmen. Was der Sinn des Lebens sei, wird gerade in Momenten der Verzweiflung, des Unglücks und des Leidens gefragt. Die dunklen Kräfte können vom Menschen nicht besiegt werden, denn sie sind der vom Licht untrennbare Schatten und damit ein göttliches Prinzip. Als Einheit der Gegensätze bilden sie gemeinsam das lebendige Gesetz des Lebens ab. Nur eine liebevolle Annahme des unbekannten Schattens erlöst vom Kampf gegen das Böse und befreit aus der Opferrolle.

Seitenansicht eines Januskopfes, bei dem die Flügel beschädigt sind, keltisch, Frankreich, um 300 v. Chr. Geflügelte Menschenbildnisse sind Sinnbilder der bewußt wahrgenommenen Seele, die sich mit einem Körper verbindet oder sich von ihm löst. Gemeinsam stellen sie die doppelgesichtige Wahrnehmung der lichten Welt und der untrennbar mit ihr verbundenen Welt der Schatten dar.

Vorderansicht einer janusköpfigen Stele mit Flügeln zwischen den beiden Köpfen, keltisch, Deutschland, um 200 v. Chr.

Das Ende der Tagreise und der Beginn der Reise durch die Nacht

Auf den ersten drei farbigen Punkten mit den Primärfarben Blau, Rot und Gelb wurden bisher drei Erscheinungsformen der Sonne während ihrer Tagreise dargestellt. Sie stehen dem höchsten, geistigen Dreieck spiegelbildlich gegenüber. Allen drei Punkten sind Jahreszeiten zugeordnet, die sich auch auf alle anderen Erscheinungen des Lebens übertragen lassen. Für das Licht des Lebens bedeutet das Gelb die Sonnengeburt zur Zeit der Wintersonnenwende, das Rot ihre Zeugungskraft, die im März erwacht, und das Blau das Überschreiten ihrer höchsten Machtfülle zur Zeit der Sommersonnenwende. Alle drei Primärfarbenpunkte werden durch das Element Feuer bestimmt, das sich entsprechend der im oberen Himmel dargestellten Prinzipien von Schöpfung, Auflösung und Erneuerung hier als sichtbare Kraft im Körper der Natur darstellt. Der lichten Seite der Natur steht ihre dunkle Seite gegenüber. Diese ist ebenso wie das Feuer-Dreieck ein Spiegelbild der im oberen Himmel angelegten Ur-Kräfte. Die dunkle Hälfte des Jahres

Die sechs Tarotbilder, die den sechs Farben im Baum des Lebens zugeordnet sind.

oder ihre Entsprechung im Reich der Schatten wird durch das Element Wasser geprägt. Feuer und Wasser bilden die zentralen Kräfte, zwischen denen sich alle lebendigen Bewegungen im Körper der Natur abspielen. Das dunkle Element Wasser stellt sich auf den drei Sekundärfarbenpunkten Grün, Orange und Violett als auflösende, erneuernde und schöpferische Kraft dar. Die Sonne oder das Licht des Lebens beginnt hier ihre Reise durch die Nacht. Den Jahreszeiten des Feuer-Dreiecks stehen im Wasser-Dreieck die sie jeweils zum vollendeten Kreislauf ergänzenden Jahreszeiten gegenüber. Im abwärtsgerichteten Baum des Lebens gliedern sich alle Erscheinungen von oben nach unten und im Baum der Erkenntnis von unten nach oben. Die polaren Kräfte von Feuer und Wassser sind im 10-Punkte-System zum einen als diagonale Verbindung zwischen den beiden Farbdreiecken angeordnet, und zum anderen bilden die lichthellste und die lichtdunkelste Farbe die mittlere Säule unter dem oberen Himmel.

Die beiden Elemente Erde und Luft sind in beiden Bäumen nur in jeweils einem Punkt enthalten. Der tiefste 10. Punkt und der verborgene Grenzpunkt beinhalten ihr übergreifendes Wesen.

Die sechs Tarotbilder, die den sechs Farben im Baum der Erkenntnis zugeordnet sind.

Dämon, der aus Eingeweiden gebildet ist, Terrakottarelief, Babylon, 8.–7. Jahrhundert v. Chr. Aus Eingeweiden lasen Priester die Zukunft ab. Im geopferten Leben war für sie der Ausblick auf das Kommende enthalten.

Punkt 7
Grün
Planetenenergie: Venus ♀

Die Vereinigung mit der Schattenseite

Mit dem grünen Punkt beginnt die Reise des Lichts durch die dunkle Hälfte der Lebenszeit. Die Sekundärfarbe Grün ist die Komplementärfarbe zur Primärfarbe Rot. Dieses Farbpaar bildet wie alle anderen Farbpaare die Gesamtheit aller Farben ab, denn im Grün sind Blau und Gelb enthalten.

Der optische Versuch zeigt, daß sich im Gehirn eine rote Lichtfarbe als flüchtiges Gegenbild entwickelt, nachdem man Grün eine Weile mit den Augen fixiert hat. Die Lichtfarbe wird einerseits am Rand der Komplementärfarbe sichtbar, andererseits jedoch überzieht sie die fixierte Farbe, so daß diese sich verändert. Das Grün verliert seine klare Farbe und wirkt durch den Simultankontrast des rötlichen Schleiers dunkler und bräunlicher. Bei einer Pigmentmischung mit Komplementärfarben entsteht immer eine grau-braune Farbe. Im Simultankontrast deutet sich diese stoffliche Summe aller Farben an. Je länger das Auge eine Farbe in sich aufnimmt, um so stärker wird diese von ihrer Gegenfarbe überlagert. Jede Farbe fordert nach einer Ergänzung um ihren Gegenpol. In ihrem lebendigen Wechselspiel zeigen sich die fließenden Lebenskräfte in ihrer Bewegung zwischen der Welt des Lichts und der Welt der Schatten.

Im abwärtsgerichteten Weg durch den Baum des Lebens ist Grün die erste der Sekundärfarben, die das Wasser-Dreieck bilden. Grün und Orange liegen auf einer waagerechten Ebene. In beiden Farben ist ein Gelbanteil enthalten. Die lichthellste Farbe hat sich durch Blau zum Grün und durch Rot zum Orange gewandelt. In ihrer Wandlung werden sie zur Schattenseite des Lichts.

Der grüne Punkt auf der rechten Säule im kabbalistischen 10-Punkte-System ist geprägt durch das im oberen Himmel angelegte geistige Prinzip der Auflösung, das sich im Wasser-Dreieck als konkrete Erscheinung im Bereich der dunklen Hälfte des Lebens zeigt. Die ihm zugeordnete Jahreszeit reicht vom Herbstpunkt bis zur Wintersonnenwende. Im unteren Himmel wird die Kraft der Auflösung durch den Planeten Venus dargestellt. Die feurige Kraft der roten Gegenseite wird hier von einem weiblichen Körper empfangen. Venus oder Aphrodite waren Sinnbilder der Liebe und des Todes. Als Verkörperungen des grünen Punktes verlangen sie die vollkommene Hingabe der feurigen Lebenskraft, damit diese sich im Wasser aus ihrer Bindung an eine körperliche Gestalt lösen kann. Das Element Wasser symbolisiert die Lichtlosigkeit, die Tiefe und die Unbewußtheit. Auf dem grünen Punkt sind es die Wasser, in denen sich die sterbende Natur von ihren alten Formen löst. Die verbrauchten Körper zerfallen und erlösen die unvergängliche Lebenskraft oder das Seelenlicht aus der Bindung an eine sichtbare Gestalt.

Eine Diagonale verbindet den grünen mit dem roten Punkt, der aber ist wiederum in gleicher Weise mit dem grauen Punkt verbunden. Das männliche Feuer des roten

Punktes findet somit einerseits seine Ergänzung in der geistigen Auflösung im oberen Himmel durch den grauen Punkt und andererseits seine Ergänzung in der Auflösung der Körperformen durch den grünen Punkt. In seiner irdischen Partnerin auf dem grünen Punkt findet die Verkörperung der aufsteigenden Frühlingskraft ihre Erfüllung, denn in ihrem dunklen, weiblichen Gegenbild erfüllt sich ihre Lebenszeit im Kreislauf der Natur. Die komplementäre Zeit zum Frühlingspunkt ist für die Sonne der Herbstpunkt. Mit ihm beginnt die dunkle Jahreszeit. Der dunkle Körper der Nacht füllt sich mit befruchtender Lebenskraft. In seinem Schutz wird ihre Erscheinungsform unsichtbar, nicht aber ihre Kraft. Mit dem grünen Punkt wird die Grenze zum Reich der Schatten überschritten. Er bildet den Eingang zur Nachtseite und ist daher mit der Auflösung von Formen, dem Abstreifen von verbrauchten oder kranken Hüllen, dem Sterben, der Hingabe an das Leerwerden, der Empfängnisbereitschaft für Neues und mit der Bereitschaft verbunden, in der Vereinigung des männlichen und des weiblichen Prinzips als Individuum zu sterben.

Die Reise der feurigen Sonne durch die Nacht beginnt mit ihrem Eindringen in die Tiefe der mütterlichen Wasser, die auf dem grünen Punkt durch die liebesbereite und verlockende Venus verkörpert werden. Hier erscheint die Göttin der Liebe als hell leuchtender Abendstern, durch den sie zur schönen Verführerin in den Tod wird, um die Kraft des Lebens auch in der Nacht sichtbar zu erhalten.

Die Vereinigung der Vergangenheit mit der Zukunft in der Gegenwart des Todes

Die Jahreszeit des Herbstes, in der die Ernte eingebracht wird, die Früchte zur Erde fallen und die Natur durch das abnehmende Licht der Sonne abstirbt, bestimmt den Inhalt des grünen Punktes. Wie auf allen Punkten zeigt sich auch hier die Einheit von Jahreszeit und Lebenszeit.

Im abwärtsgerichtenen Baum des Lebens stellt das 7. Tarotbild »Der Wagen« den grünen Punkt bildnerisch dar. In der oberen Bildhälfte ist die obere Körperhälfte eines Königs zu sehen. Seine untere Körperhälfte befindet sich in einem viereckigen Kasten. Der König trägt als Zeichen seiner Rolle auf dem Venus-Punkt zwei Schulterstücke. Die zunehmende Mondform auf der linken Seite enthält ein jugendliches und die abnehmende Sonnenform auf der rechten Seite ein älter wirkendes Antlitz. Das ältere Antlitz ist zudem mit nach unten gerichteten Blütenblättern verziert, die wie bei einer sterbenden Blüte nicht mehr aufrecht stehen. Die vergängliche Blüte beschreibt die sich aus ihrer alten Form lösende, feurige Lebenskraft der Sonne, während das gegenüberliegende Schulterstück den Beginn der Reise durch die Nacht anzeigt. »Der Wagen« ist das erste Tarotbild, das den Weg durch das Sekundärfarben-Dreieck oder aber die Wasser des Lebens einleitet. Von den dargestellten Blütenblättern unter dem altgewordenen Sonnenantlitz hängen zwei Blattformen zwillingshaft zusammen, während das dritte Blatt durch eine Schattenform von ihnen getrennt ist. Zwei Punkte im Wasser-Dreieck befinden sich auf einer waagerechten Ebene und beide enthalten Gelbanteile, während der dritte Punkt unter ihnen die lichtloseste Farbe Violett darstellt, durch die sich Gelb erst als ein flüchtiges Gegenbild zeigt, wenn man das Auge mit ihr füllt. Der König auf

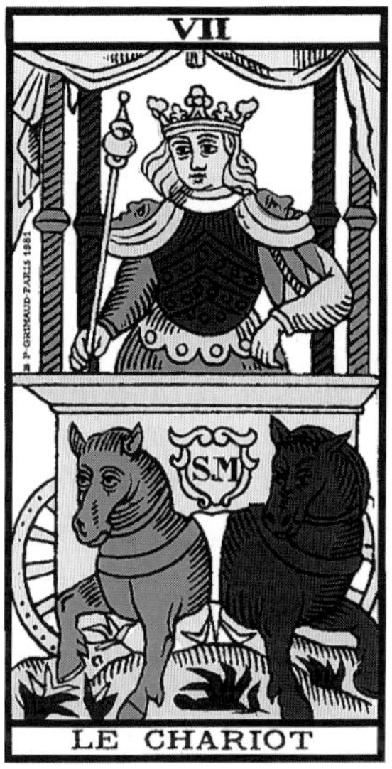

»Der Wagen«, 7. Bild des Marseiller Tarot.

Ohne Titel, 13. Bild des Marseiller Tarot.

dem Tarotbild befindet sich am Anfang seiner Reise durch die drei Stationen der Finsternis.

15 Punkte sind auf dem Brustpanzer des Königs zu zählen. Das 15. Tarotbild zeigt im Baum der Erkenntnis den Teufel, der auf dem roten Gegenpunkt zum Grün steht und damit sowohl den zeitlichen Gegenpol als auch den geistigen Gegenpol im Lebensablauf darstellt, in dem die Kräfte in der lichten Zeit an Körper gebunden werden, von denen sie sich im Herbst wieder lösen. In der unbewußten Gegenwart des grünen Punktes im Baum des Lebens ist bereits die bewußte Einsicht in den zukünftigen Weg durch den Baum der Erkenntnis und das Wissen um das Wesen der Bindung an den roten Gegenpol unmerklich ebenso angelegt wie das Rot im Grün.

Unterhalb der Taille sind vier Punkte durch vier Bögen miteinander verbunden. Die Zahl vier tritt ebenfalls durch vier Säulen in Erscheinung, die einen Baldachin tragen wie auch durch den viereckigen Kasten, der die untere Bildhälfte bestimmt. Die Zahl vier verweist auf die vier Elemente Feuer, Wasser, Luft und Erde oder die vier Grundlagen allen Lebens, die hier bildhaft den Rahmen bilden, der sowohl die lichte als auch die dunkle Welt in sich einschließt. Für den Baum des Lebens bedeuten diese Rahmen, daß die vier Elemente alle Ebenen der wahrnehmbaren Welt umfassen, selbst wenn sie für die Augen nicht sichtbar erscheinen.

Auf das Element Erde wird im Tarotbild »Der Wagen« durch die beiden Räder verwiesen, die rechts und links vom Kasten in seitlicher Ansicht dargestellt sind. Im Baum des Lebens und im Baum der Erkenntnis stehen die Schicksalsräder für das Element Erde oder das Fundament der beiden Bäume. Vom linken Rad sind vier Speichen zu sehen, die auf die vier Elemente deuten, die in der Erde eine ungeordnete, formlose Einheit bilden. Der Wagen auf dem Tarotbild ist kein Gefährt, sondern ein einverleibender Körper, in den das Leben eingeht, um seine Gestalt zu verlieren und damit zur formlosen, elementaren Bewegungsenergie zu werden. Der grüne Punkt ist bestimmt durch die Auflösung der Verbindung zwischen der feurigen Lebenskraft und ihrer sichtbaren Gestalt, die sie während ihrer Reise durch die lichte Zeit des Lebens

Ein Silen in liebender Vereinigung mit einem Pferd, dem heiligen Tier der Erd- und Getreidegöttin Demeter, Vasenbild, Griechenland, 6. Jahrhundert v. Chr.

angenommen hatte. Die beiden mit dem Kasten verbundenen Pferde treten, wie auch der König, nur zur Hälfte aus dem Kasten hervor. Sie verkörpern die Lebenskraft, die in der formlosen Materie enthalten ist. Pferde galten in der Antike als heilige Tiere der Erd- und Getreidegöttin Demeter. Sie selber wurde in dem ihr geweihten Mysterienkult auch als Stute visualisiert. Pferdehufe hinterlassen mondförmige Abdrücke in der Erde. Möglicherweise hat dieses Zeichen Pferde zu heiligen Tieren von Muttergöttinnen gemacht. Die beiden Pferde auf dem Tarotbild streben in entgegengesetzte Richtungen. Sie scheinen sich von einander lösen zu wollen. Ihre beiden Augenpaare jedoch blicken nach links, denn dort werden die Kräfte, die sich hier beim Eingang in das Schattenreich lösen, vor dem Ausgang aus dem Wasser-Dreieck wieder an eine Gestalt gebunden.

Die Hingabe des Königs an seine Auflösung zu einer gestaltlosen, elementaren Bewegungskraft befreit ihn aus der Bindung an seine vergangene Erscheinungsform, die sein Wesen nur in der lichten Zeit dargestellt hatte. Diese Lösung ist die innere Bewegung, die hinter der Illusion eines beweglichen Gefährts steckt.

Im aufwärtsgerichteten Baum der Erkenntnis ist es das 13. Tarotbild, das auf den grünen Punkt fällt. Es trägt als einziges Bild keinen Titel. Auf dem Weg von unten nach oben bildet es die letzte Station im Wasser-Dreieck. Die Abbildung zeigt ein Totengerippe mit einer Sense. Die Sense wie auch die Sichel galten in der Frühzeit als Mondsymbole. Das mag zum einen mit der Jahreszeit zusammenhängen, in der die Sonne der dunklen Zeit entgegengeht, zum anderen aber auch mit der Mondform ihrer Schneide, mit der das reife Korn im Spätsommer geerntet wurde. Die Sense und die mondbeherrschte Nacht lösen die lebendigen Körper von ihrem Wachstum während der lichten Zeit. Das Totengerippe steht mit einem Fuß auf einem weiblichen Kopf. Es symbolisiert seine geistige Basis, die ihren Ur-Grund im Prinzip der Auflösung hat, das im Baum der Erkenntnis durch das Tarotbild »Der Mond« sichtbar gemacht wird. Seine irdische Ausformung fand dieses Prinzip in der Antike in der griechischen Erdgöttin Demeter, die den Menschen das Getreide brachte. Ebenfalls am unteren Bildrand ist ein männlicher Kopf mit Königskrone abgebildet. Dieser Kopf gehört dem König, der im Baum des Lebens seinen Schicksalsweg vor das Angesicht der Erde antreten mußte, ohne sein vom göttlichen Prinzip durchdrungenes Wesen zu erkennen. Im Baum der Erkenntnis stehen Kopf und Krone für den Geist, der sein Leben auch ohne eine Bindung an einen Körper wahrnimmt.

Dreifaltig stellt sich die Welt der Finsternis als auflösend, erneuernd und schöpferisch dar. Ihre drei Phasen werden auf dem 13. Tarotbild durch die drei abgetrennten Hände symbolisiert. Zwei von ihnen überragen den dunklen Horizont, sie stehen für Grün und Orange, in denen die Lichtfarbe Gelb enthalten ist. Der fußlose Beinstumpf zeigt auf die dritte Hand auf die lichtloseste Farbe Violett oder die schöpferische Kraft der Finsternis. Der abgetrennte Fuß unterhalb der linken Hand weist auf die Kraft der Wasser, in denen sich Lebensformen erneuern. Der Erkennende nimmt im Spiegel der Wasser die göttlichen Schöpfungsprinzipien des oberen Himmels wahr. Die vielen Gewächse unten bezeugen die Lebenskraft der Ur-Schöpfung.

Als unsterblicher Lebensträger stellt sich das Totengerippe selber dar. Am unteren Ende der Wirbelsäule ist ein Kreiszeichen zu sehen. Da es in der Mitte der Gestalt liegt, entspricht es der Mitte des kabbalistischen 10-Punkte-Körpers, also dem gelben Punkt

Prudencia, Tarotbild des Ferraresischen Meisters, Italien, um 1465. Die vier Tugenden Mäßigkeit, Klugheit, Gerechtigkeit und Kraft kannte man bereits in der Antike. Nur die Klugheit, im Sinne von Einsicht oder Umsicht, ist bildnerisch im Marseiller Tarot nicht enthalten. Ihre Weisheit steht jedoch unsichtbar hinter dem grünen Punkt. Diese Tugend ist als janusköpfiges weibliches Wesen abgebildet, dessen Hinterkopf männlich ist. Ihr weibliches Antlitz sieht in einen Spiegel, der von Eros getragen wird. Die grenzüberschreitende und Gegensätze verbindende Liebeskraft führt ihr vor Augen, daß der Blick nach vorwärts sich im Spiegel umkehrt. Der Zirkel in ihrer anderen Hand ist so gehalten, daß seine beiden Spitzen nach oben zeigen, als wollten sie dort Entfernungen von der Mitte her abstekken, um damit das Verhältnis von Vergangenheit und Zukunft in Beziehung zur Gegenwart zu setzen, die in ihrer Gestalt als Einheit verkörpert wird. Der Drache zu ihren Füßen war in Delphi die weissagende Orakelkraft der Gaia. Er ist wie Eros ein Sinnbild der Bewegungsenergie, die Gegensätze miteinander verbindet. Die weibliche Tugend »Klugheit« umfaßt in sich alle Existenzen der Vergangenheit und der Zukunft. Sie ist die Gegenwart, mit der sich auf dem grünen Punkt das vergangene Leben im Tod vereint, um aus ihrem Leib als Leben wieder hervorzugehen.

Venus, Tarotbild des Ferraresischen Meisters, Italien, um 1465. Eros als grenzüberbrückende Liebeskraft steht am linken Ufer. Seine Augen sind mit einem wehenden Band zugebunden, so daß seine feurigen Liebespfeile auf geheimnisvolle Weise blind treffen. Im Wasser der Wandlung erneuerten die großen Göttinnen alljährlich ihre Jungfräulichkeit. Venus weist mit dem Zaubergürtel auf drei Mädchen, durch die sie sich dreifaltig verkörpert. Nachdem der Pfeil von Eros ihr Herz getroffen hat, wendet sie sich vom Wasser ab und trägt das Zeichen jungfräulicher Bräute, den Myrthenzweig. Sie ist in feuriger Liebe entbrannt, wie die Flammen an ihrer Hand zeigen. Die übersinnliche Liebesgöttin ist am Himmel durch vier fliegende Tauben, den ihr heiligen Tieren, dargestellt. Drei Tauben überfliegen das Wasser in entgegengesetzter Richtung zu Eros' Pfeilen. Die Taube senkrecht über dem Haupt von Eros bewegt sich von oben nach unten. Im Gegensatz zur erotischen Liebe galt bei den Griechen die Agape als übersinnliche Liebe. Eros empfängt den Liebessegen seiner göttlichen Hervorbringerin. Der geheimnisvolle Zauberring der Liebe ist geschlossen.

oder der Wiedergeburt des Lichts. Aus diesem Punkt erwächst das Rückgrat in Form einer Kornähre, dem Fruchtbarkeitsattribut der Erdgöttin Demeter. Die Ähre enthält zwölf Rispen. Diese verweisen auf das 12. Tarotbild im Baum der Erkenntnis »Der Gehängte«, der den orangefarbenen Punkt einnimmt, bei dem das Korn in der Erde zu sprießen beginnt. Der Halswirbel, oder aber der verborgene Grenzpunkt im 10-Punkte-System, ist durch ein viergeteiltes Zeichen dargestellt. Dieser Punkt symbolisiert die Luft, das geistigste der vier Elemente. Sein Himmelskörper ist der Mond, auf dessen lichtlosem Körper sich das geistige Licht des Schöpfers spiegelt. Über dem unteren, wahrnehmbaren Himmel mit seinen farbigen Himmelslichtern liegt der dreifaltige obere Himmel. Sein dunkler Teil überragt das Element Luft, in dem sich alle vier Elemente zu schwerelosen Schwebstoffen vereint haben. Der Totenschädel weist auf die geistige Ursache für diese Einheit, denn seine Mondform symbolisiert den weiblichen Aspekt des oberen Himmels, an dessen dunklen Rändern sich das Zeichen des Bundes zwischen Gott und den Menschen, der Regenbogen, zeigt.

Die Einsicht in den dunklen Teil des unteren Himmels eröffnet den Einblick in den dunklen Teil des oberen Himmels, in dem der Weg hinab durch die Erfahrungen seine geistige Ursache hat. Die Erkenntnis am Ende des Weges durch die Wasser des Lebens befähigt in der Aufwärtsbewegung den Wahrnehmenden zur vollkommenen Hingabe an die Auflösung jeglicher Gestalt, um das unsterbliche Wesen seiner Lebenskraft zu erfahren, die ebenso wie die Ur-Schöpfung namenlos ist. Der 13. Buchstabe im hebräischen Alphabet ist Mem. Nach ihm wird die gesamte rechte Säule im 10-Punkte-System bezeichnet.

Der Eingang zur Nacht

Venus und alle ihr gleichenden Göttinnen der Liebe und des Todes, die den grünen Punkt in den beiden 10-Punkte-Bäumen charakterisieren, stehen in unmittelbarer Beziehung zu allen männlichen Wesen, die im Zusammenhang mit dem roten Gegenpunkt beschrieben werden. Es sind die phallischen, feurigen und wilden Frühlingsgötter, die auch im Zusammenhang mit den Eleusischen Mysterien erwähnt wurden, dem geheimnisvollen Kult zur Erneuerung der Lebenskraft. Vom geopferten Gott Dionysos hieß es dort, daß er in sieben Teile zerlegt und verbrannt wurde. Nur sein Phallus durfte überleben, denn der wurde in einer orgiastischen Prozession in einem Getreidekorb getragen.

Während die feurigen Verkörperungen des Frühlings als ungezügelte, wilde oder furchteinflößende Zeugungskräfte auftraten, befinden sie sich in der entgegengesetzten Hälfte des Jahres, im Herbst, am Ende ihrer sichtbaren Lebenszeit. Die Zerstückelung des Opfers von Eleusis geschah im Herbst. Auf dem grünen Punkt werden diese phallischen Kräfte von den Töchtern der Nacht empfangen. Sie gleichen sterbenden Liebhabern, denn sie sind wie die ins Meer versinkende Sonne, die im Wasser verlöscht. In der Mythologie hat dieses Einsinken der Sonne ins Wasser oder in die Erde und die Auflösung ihrer Tagesform auch zu Vorstellungen vom Zerstückeln und Auseinanderreißen ihrer körperlichen Gestalt geführt.

Das Sinnbild von der Zerstückelung eines Sonnengottes findet sich auch in der ägyptischen Mythologie wieder, wo Horus von Seth zerstückelt in den Nil sinkt. Aus dem Wasser sammelt Isis seine Teile und vereint sich mit ihm als Gatten, der durch ihren Körper wieder zum erwarteten Sohn wird.

Venus/Aphrodite, die dem Meer Entstiegene, war in einer ihrer vielfältigen Erscheinungsformen als Venusabendstern der Eingang zur Nacht. Im Überschreiten der Grenze vollzog sich das Mysterium der Wandlung vom Tod zum Leben.

Aus dem Meer kommend wurde Venus/Aphrodite immer nackt dargestellt. Bevor sie jedoch den olympischen Göttern vorgestellt werden konnte, mußte sie bekleidet, geschmückt und bekränzt werden, weil die drei Horen, die für die Ordnung der Jahreszeiten zuständig sind, es so wollten. Mit ihrer Nacktheit verkörperte Venus somit nur den einen Teil ihrer Existenz, der dem Wasser zugehörig ist. Mit dem Wasser verbindet sie das nächtliche Mysterium der Wandlung. In ihrer verhüllten Gestalt ist sie angetan mit dem grünenden und blühenden Gewand der Natur und verkörpert das sichtbar auferstandene Leben.

Das Thema von Nacktheit und Verhüllung bestimmt in der biblischen Genesis auch den inhaltlichen Schwerpunkt von der Vertreibung aus dem Paradies. Die hüllenlose Existenz von Adam und Eva war nur ein inneres Bild ihres ganzheitlichen Wesens, mit dem sie den Gesetzeskörper Gottes darstellten, denn sie verkörperten die Einheit von Geist und Materie. Die Einsicht in das Wesen dieser paradiesischen Einheit sollte jedoch durch ein gegensätzliches Gegenüber erst zu einer lebendigen Erfahrung werden und wurde daher vor den Geschöpfen des Schöpfers zunächst verborgen. Ihre Nacktheit verschwand hinter einem Feigenblatt, der Baum des Lebens wurde vom Baum der Erkenntnis getrennt, und von einer Frucht blieb nur die geheimnisumwobene Vorstellung vom verlorenen Paradies als Ahnung von etwas Vollkommenem, in dem alles Gegensätzliche vereint und daher doppelgeschlechtlich ist.

Adam und Eva, Manuskript des Manati el-Hayawan, 1298 n. Chr., Persien. Eva unterweist Adam mit der Geste der Lehrenden. Daumen und Zeigefinger stehen für etwas Zusammenhängendes, das aus zwei Teilen besteht, sie weist mit ihrem kleinen Finger auf das ihr Fehlende hin. Adam reicht diese Geste weiter und zeigt auf den Baum neben ihm. Evas Haar windet sich schlangenartig herab, als wolle es die ihr innewohnende Weisheit und Wandlungskraft symbolisieren. Die Einheit zeigt sich im Baum neben Eva, durch eine Vielfalt von Früchten und ein Vogelpaar.

Sündenfall, Holzdecke, Klosterkirche St. Michael, Hildesheim, Ende 12. Jahrhundert. Adam reicht Eva den Apfel und nicht wie sonst üblich sie ihm. Eva verkörpert nicht mehr selbstbewußt die Dunkelseite des Lebens, denn Adam hat sich angeschickt, diesen Aspekt der Natur, der sich im bildnerischen Sinnbild Schlange ausdrückt, zu beherrschen, indem er mit der Geste des Besitzergreifens sich die Schlange und mit ihr auch Eva untertan macht.

Eingang in eine Nacht, die strahlende Früchte trägt

Venus/Aphrodite verkörpert sich in vielerlei Gestalt und unterscheidet sich nur dem Namen nach, nicht aber in ihrem umfassenden Wesen von anderen Göttinnen, die teilweise in der Welt des Lichts und teilweise in der Welt der Finsternis herrschten wie Persephone, Hekate, Artemis, Demeter oder Hera, um nur einige göttliche Frauengestalten zu nennen. In ihnen stellen sich die unterschiedlichen Phasen im Ablauf von Leben und Tod dar, die im Zusammenhang mit den Abläufen in der Natur gesehen wurden.

Das besondere Wesen von Venus/Aphrodite auf dem grünen Punkt, der den Eingang zur Nacht darstellt, wird durch die Geschichte um ihre Liebe zu Adonis dargestellt. Der Name Adonis basiert auf dem semitischen *Adon*, »Herr«.

Von Adonis wird berichtet, daß er aus der geborstenen Rinde eines Myrte-Baumes geboren wurde, denn seine Mutter Myrrha hatte sich in diesen Baum verwandelt, weil sie den Zorn ihres Vaters fürchtete. Myrrha soll sich für ebenso schön und reizvoll gehalten haben wie Aphrodite und wurde deswegen von ihr verurteilt, in heftige Liebe zu ihrem eigenen Vater zu verfallen. Ohne sein Wissen berauschte sie ihn, um ihn in der Dunkelheit der Nacht heimlich zur Liebe zu verführen. Zwölf Nächte hatte sie glücklich

Die Geburt der Venus, Sandro Botticelli, Italien, lebte von 1444 bis 1510. Links im Bild verkörpert ein geflügeltes Paar die in ihrer Gegensätzlichkeit unzertrennbaren Kräfte der Natur, aus denen der bewegende Wind entsteht. Bewegung bedeutet Leben, Stillstand den Tod. Die Winde sind umgeben von abgerissenen Blüten als Zeichen des Endes, das im Beginn bereits als lebendiger Gegenpol enthalten ist. Von rechts eilt eine der Horen hinzu, wahrscheinlich Eunomia, die Hüterin des Frühlings. Sie bringt der Göttin der Liebe das verhüllende Gewand für die anbrechende lichte Zeit, denn in ihrer Nacktheit verkörpert Venus noch die Finsternis oder die lichtlose Tiefe der Wasser.

mit ihm verbracht, als der Vater beim Schein eines verborgenen Lichts entdeckte, wer seine Geliebte war und sie mit einem Schwert verfolgte. Myrrha konnte sich jedoch mit Hilfe von Aphrodite in einen Baum verwandeln. In ihm wuchs das gezeugte Kind Adonis heran. Aus dem Leib seiner Baum-Mutter befreite ihn ein wilder Eber, der die Rinde mit seinem steilen Zahn aufschlitzte. Adonis war ein so wunderschöner Knabe, daß Aphrodite ihn sofort zu sich nahm, ihn in ein Kästchen legte und der Herrscherin der Unterwelt, Persephone, anvertraute. Aber auch Persephone war so entzückt von dem Kind, daß sie Adonis nicht an Aphrodite zurückgeben wollte, nachdem er zum Jüngling herangewachsen war, denn beide begehrten sie ihn jetzt als Liebhaber. Der Streit wurde von Zeus schließlich so entschieden, daß Adonis ein Drittel der Zeit bei Persephone und ein Drittel bei Aphrodite verbringen sollte. Das restliche Drittel des Jahres wurde ihm zu seiner freien Verfügung überlassen, aber auch diese Periode verbrachte er mit Aphrodite. In dieser Zeit verlor er sein Leben durch einen wilden Eber, der ihn während der Jagd angefallen hatte. In dessen Gestalt soll sich Ares/Mars oder auch Hephaestos verborgen haben oder von ihnen geschickt worden sein, denn auch sie verlangten einen Teil von Aphrodites Liebe für sich. Der von Aphrodite beweinte Adonis ging in die Unterwelt, über die Persephone herrschte, und war damit wieder mit der Dunkelseite von Aphrodite vereint. Aus dem vergossenen Blut des Adonis ließ Aphrodite das blutrote Adonisröschen wachsen und überredete Persephone, daß sie ihren Geliebten alljährlich im Frühling für vier Monate zu ihr zurückschicken möge.

Damit wäre der Kreislauf des Jahres geschlossen, denn auch in Myrrha verkörperte sich Aphrodite selber. Der Sohn und Geliebte mußte zum Vater werden, wollte er sich in verjüngter Gestalt als Sohn erneut erzeugen.

Die Sonne, oder das Leben in ihrer Umarmung mit der Nacht oder dem Tod, gleicht dem zeugenden Vater während der Dunkelheit, in der er zur Zeit der Wintersonnenwende als neuer Lebenskeim entsteht und sich als strahlende Frucht der Liebe wie ein verborgenes Lebenslicht zeigt. Im dunklen Inneren des Baumes mußte das Sonnenkind noch so lange heranwachsen, bis es sich zum zeugungsfähigen Jüngling herangebildet hatte. Als Frühlingsgott war er dann gleich Mars/Ares oder wie die anderen gehörnten, wilden, phallischen Götter, die den roten Gegenpol in den 10-Punkte-Bäumen charakterisieren.

Aphrodite wird neben anderen auch als Mutter der Kabiren oder der Daktylen, der feurigen Finger, genannt, die als Schmiedegötter bezeichnet wurden. Zu ihnen gehörte auch ihr Gatte Hephaestos. Als phallische Wesen verkörperten sie sowohl die feurige Sonnenkraft als auch die vulkanische Glut im Innern der Erde. Sie waren die Hüter der Lebensfeuer.

Die Geliebten und die gefürchteten Mütter der Nacht

Das Opferfest des Herbstes wurde von den griechischen Mänaden, den Rasenden, die in Italien Bacchantinnen, die Frauen des Bacchus, hießen, im ekstatischen Rausch zelebriert. Sie waren Anhängerinnen des Dionysoskultes, die im Taumel der Sinne das Mysterium von Tod und Epiphanie (Wiedererscheinen) ihres Gottes erlebten. Sie waren mit Efeu bekränzt und schwangen in wildem Tanz oder in rasendem Lauf einen langen Stab, den Thyrsos, der von Efeu umwunden war und an seiner Spitze einen Pinienzapfen trug. Der Pinienzapfen war ein Symbol männlicher Fruchtbarkeit und der Efeu wegen seiner immergrünen Blätter ein Symbol der Unsterblichkeit. Die Mänaden sollen Efeu auch als Rauschmittel gekaut haben. Der Thyrsos-Stab war ein langer Ast der Narthexstaude, der auch im Zusammenhang mit dem Raub des Feuers durch Prometheus erwähnt wird. Aus der Werkstatt des Schmiedegottes Hephaestos hatte er das Feuer heimlich entwendet und barg den Feuerfunken im Mark des hohlen Stengels einer Fenchelart. Um die Glut nicht zum Erlöschen zu bringen, während er in rasendem Lauf zur Erde eilte, schwang er den Stab mit wilden Bewegungen hin und her, um das Feuer den Menschen zu bringen. Einem anderen Bericht zufolge hatte Prometheus seine Fackel am Sonnenrad entzündet.

Der Thyrsos-Stab in den Händen der berauschten Mänaden war somit ein Funke der phallischen Sonnenkraft, dessen Glut durch Bewegung am Leben erhalten wurde. Die Mänaden galten als rasende oder wütende Frauen, deren Mysterienkult sich kein Mann nähern durfte, denn er war in Gefahr, von ihnen zerrissen zu werden. Andererseits wurden sie für Ammen gehalten, die den kleinen Dionysos so lange umsorgten, bis dieser zum Jüngling herangereift war und sich in die wilde Bergwelt begab. Dorthin lockte er auch die Frauen. Aus den Ammen wurden jetzt gefürchtete Jägerinnen, die den Jäger Dionysos zu Tode jagten. Ihr heiliger Rausch diente der religiösen Ekstase, die sie aus der Wirklichkeit austreten ließ, um jenseits von ihr die Vereinigung mit ihrem Gott zu erfahren. Musik und Tanz entfesselten sie aus alltäglichen Rollen und erlaubten ihnen das Überschreiten von Begrenzungen. Auf dem Höhepunkt der Ekstase zerrissen sie ein Tier in Stücke und verschlangen sein Fleisch roh. Sie verleibten sich ihren Gott ein, denn von Dionysos hieß es, daß er in vielerlei Tiergestalt erscheinen konnte. So war er in der Lage, sich wechselweise als Löwe, Stier, Lammbock, Ziegenbock oder Hirsch zu verkörpern.

Von Pentheus, einem Verwandten des Dionysos, heißt es, er habe den Kult der wilden Frauen verbieten wollen, sei andererseits aber auch neugierig gewesen, die Ausschweifungen in den Bergen mit eigenen Augen zu erblicken. Von Dionysos beraten, legte er Frauenkleider an, um die Mänaden heimlich und unerkannt zu belauschen. Als er jedoch von ihnen entdeckt wurde, rissen sie ihn in Stücke. An dieser Tat soll vor allem seine eigene Mutter beteiligt gewesen sein. Pentheus entspricht damit Dionysos, der wie er von seiner Hervorbringerin wieder einverleibt wurde, um den Funken seiner feurigen Zeugungskraft am Leben zu erhalten. Nach der Opferung ereignete sich seine Epiphanie. Im Erntekorb, dem Liknos, soll während der Eleusischen Mysterien unter dem Korn eine Phallusnachbildung gelegen haben. Der Liknos war ein besonderer Korb, mit dem das geerntete Getreide hochgeworfen wurde, damit der Wind die leichte Spreu hinwegtragen konnte. Das schwere Korn konnte so gereinigt in den Korb zurückfallen. Möglicherweise war der Liknos während der Prozession auch nur mit diesem kostbaren Samen gefüllt, der im darauffolgenden Frühjahr aus der Erd- und Getreidegöttin Demeter oder Semele als Pflanze wieder hervorging. Außer Persephone und Demeter wurde auch Semele als Mutter von Dionysos bezeichnet, denn sie soll das Herz des zerrissenen Lammes Dionysos verzehrt haben, um ihn erneut zu empfangen. Durch einen Blitz von Zeus aber wurde sie getötet, denn dessen eifersüchtige Gattin Hera wollte seine Geburt verhindern, weil bereits die erste Mutter des gehörnten Getreidegottes, Persephone, von Zeus geschwängert worden war. Semele verbrannte durch den Blitz zu einem Aschenhaufen. Ihr trakischer Name bedeutet Erde. Durch diesen Namen war sie gleich der

Erdgöttin Demeter. Zeus befreite das von ihm gezeugte Kind aus dem Aschenkörper der Semele und barg es in seiner Hüfte, die er dazu aufschnitt und durch eine Naht wieder verschloß, um Dionysos drei Monate später selber zu gebären. Nach der Geburt von Athene aus seinem Kopf war dieses seine zweite patriarchale Übernahme von mütterlichen Funktionen. Drei Monate währt die Zeit von der Wintersonnenwende bis zum Erwachen der Frühlingskräfte. Diese noch dunkle Zeit der Entwicklung, die zuvor als schützende, weibliche Hülle angesehen wurde, bekam unter Zeus einen männlichen Körper.

Als herangewachsener Mann soll sich Dionysos auf die Suche nach seiner Mutter Semele gemacht haben. Da sie in der Unterwelt lebte, mußte er jedoch, um zu ihr gelangen zu können, durch den Lerna-See tauchen, denn erst jenseits des Sees befand sich das Reich, in dem Persephone herrschte. Er brachte Semele zum Olymp, damit sie unter den Göttern als auferstande Göttin Unsterblichkeit erlangte. Nach dieser Epiphanie hieß sie Thyone oder die schwärmerisch Rasende.

Orpheus und die Herrscherinnen der Nacht

Zerstückelt zu werden war für jeden Heiligen König die Konsequenz seiner Herrschaft. Ähnlich wie dem Gott Dionysos oder seiner Verwandtschaft erging es auch dem Sänger Orpheus, der am Ende seiner Lebenszeit, angeblich aus Rache, von den Mänaden zerrissen wurde. Nach dem fehlgeschlagenen Befreiungsversuch seiner geliebten Euridike aus der Unterwelt habe er sich jedoch von Dionysos abgewendet, habe die gleichgeschlechtliche Liebe gepriesen und sich folglich zum Frauenfeind entwickelt. Als er den lichten Gott Apollon zu verehren begann und den Mänaden kritisch und ablehnend gegenübertrat, sollen diese ihn zerrissen haben.

Rasende Mänaden bei der Opferung vor ihrem Kultbild Dionysos, Vasenbild, Kampanien, 5. Jahrhundert v. Chr.

Vor dem Hintergrund der Geschichten über Myrrha oder Semele allerdings wäre seine Liebe zu Euridike in einem anderen Licht zu betrachten, als sie uns durch die späten Fassungen der beiden römischen Dichter Vergil (70–19 v. Chr.) und Ovid (43 v. Chr.–18 n. Chr.) überliefert wurden.

Von Orpheus wird erzählt, daß er mit seinem Gesang und dem Klang der Leier alle Geschöpfe in der Natur verzaubern konnte. Auch Tiere, Pflanzen und sogar Steine wären ihm gefolgt, um seiner Musik zu lauschen. Mit dem Klang seiner Leier übertönte er auch den Gesang der Sirenen, die Odysseus auf der Überfahrt von seinem Weg abbringen wollten. Die Sirenen aber waren Wächterinnen am Eingang des Totenreichs. Mit ihren Vogelgestalten und ihrem bewegenden Gesang waren sie Sinnbilder der Liebeskraft, die bindend und lösend zwischen den gegensätzlichen Welten wirkt, um den Seelen das Überschreiten der Grenze zu erleichtern. Auch die Mänaden überschritten durch berauschende Musik und wilden Tanz die Grenzen der Wahrnehmung.

Als Mutter von Orpheus galt die Muse Kaliope, die Schönstimmige. Orpheus' Geliebte Euridike nannte man eine Dryade. Dryaden waren jungfräuliche Eichen, so z. B. die Eiche von Dodona, aus der eine Taube Orakel verkündete. Die Taube war das heilige Tier aller Liebesgöttinnen. In Dodona hieß sie Dione, ihr Orakelheiligtum wurde von Zeus besetzt, nachdem er sich Dione als Gattin untertan gemacht hatte. Von Euridike heißt es weiter, sie sei von einem Schlangenbiß getötet worden, als sie vor einem Verfolger fliehen wollte. Orpheus in seinem untröstlichen Schmerz machte sich auf den Weg in das finstere Totenreich, um sie zurückzugewinnen. Er mußte den Totenfluß Styx überqueren und den Eingang zum Hades passieren, doch dort wachte Kerberos, der Höllenhund. Der gewährte Seelen Einlaß, aber keine Umkehr durch das gleiche Tor. Orpheus' Gesang aber und der Klang seiner Leier verzauberten ihn, so daß er Orpheus

Orpheus bezaubert die wilden Tiere mit seiner Musik, Ausschnitt aus einem Mosaik, Italien, 2.–3. Jahrhundert n. Chr.

ungehindert einließ. Auch das Herrscherpaar der Unterwelt ließ sich erweichen und versprach, Euridike an ihn zurückzugeben, wenn er sich an eine Bedingung halten würde. Er sollte in der Dunkelheit vorangehen und sich so lange nicht nach Euridike umsehen, bis sie die Welt der Lebenden erreicht hätten.

In der älteren griechischen Version erfüllte Orpheus diese Bedingung und erreichte mit Euridike die Welt des Lichts. Er war damit gleich Dionysos, der in der Finsternis der Nacht bei seiner Geliebten war und sie deswegen gar nicht wahrnehmen konnte, denn zu erblicken vermochte er sie erst, nachdem er ihren Leib verlassen hatte. Auf dieser mythologischen Überlieferung basierte wohl die griechische Auffassung von der Wiedergeburt der Seele, die von den Orphikern vertreten wurde. Diese Lehre verhieß den Menschen ein glückliches Leben im Jenseits, das einem Trinkgelage gleichen sollte. Eine vergleichbare Auffassung wird in der etruskischen Grabmalerei sichtbar, denn auch dort wird der Tote während eines Gastmahls dargestellt, das von Tänzern und Musikanten festlich begleitet wird.

In der späteren römischen Fassung endet die Liebesgeschichte des Sängers tragisch. Am Ende seines Weges durch den Hades, als bereits ein schwacher Schein des Lichts zu erkennen war, ähnlich dem Schein der versteckten Lampe bei der Tochter und Geliebten Myrrha, wandte er sich nach Euridike um und verlor sie für immer. Seine übergroße Liebe, heißt es, habe ihn dazu verführt, sich nach der Geliebten umzusehen, doch er erblickte nichts außer einem Schatten. Jetzt half ihm auch seine Musik nicht weiter, denn Euridike blieb im Schattenreich. In seiner Trauer mied er die Gesellschaft von Frauen und wurde schließlich aus Zorn über seinen Verrat an ihnen von den Mänaden zerrissen. Nur sein Kopf soll verschont geblieben und über das Meer bis nach Lesbos geschwommen sein, wo er schließlich begraben wurde.

In dieser römischen Umdichtung des Stoffes zeigt sich die gewandelte Auffassung vom Gang der Dinge besonders deutlich als patriarchale Naturbewältigung. Während der Urgrund der frühen Vorstellungen über Leben und Tod auf Beobachtungen der Natur basierte, in der sich der Mensch, entsprechend der kosmischen Vorgänge, auch in die Aufteilung der Geschlechterrollen eingebunden fühlte, begann mit zunehmender Beherrschung der Natur ein verändertes Rollenverständnis der Männer, denn sie versuchten, die Dunkelseite zu besiegen oder sich untertan zu machen. Mit dem Abwenden von Nacht, Tod und Weiblichkeit aber wuchs die Angst vor ihnen, denn sie blieben lebendige Kräfte. Die Geliebte in der Unterwelt

Tänzer im Jenseits, Ausschnitt aus einer etruskischen Grabmalerei, Italien, um 480 v. Chr.

konnte nicht länger so geliebt werden wie sie war. Mit übergroßer Liebe hatte Orpheus Euridike für alle Zeiten an seine Lebenszeit im Licht binden wollen, denn ihrer lebenserhaltenden Dunkelseite konnte er sich nicht mehr gelöst hingeben. Mit Euridike aber verlor nicht nur Orpheus seine Liebe, mit ihm verloren die Menschen des westlichen Kulturkreises das hingebungsvolle Vertrauen an die Wandlungs- und Heilungskräfte der Finsternis und des Todes.

Die Dryade Euridike war gleich Venus/Aphrodite eine Empfängerin der Lebenskraft, die sie unsichtbar in ihrem Körper barg, der bei ihr die Form einer Eiche hatte, bis diese im Frühling in den sprießenden Blättern wieder sichtbar wurde.

Der Verlust des natürlichen und kreatürlichen Ur-Vertrauens zur Dunkelseite des Lebens führte die mittelalterliche Phantasie zu schreckenerregenden Vorstellungen über eine finstere Hölle, die nicht zu besiegen war. In Übereinstimmung mit alten mythologischen Bildern wurde in ihr ebenfalls zerstückelt und verbrannt, jedoch gab es nach der Auflösung der Körper keine Hoffnung mehr auf ein Wiedererscheinen der Seele zu einem neuen Leben in einem erneuerten Körper, denn das Neue Testament sah für Christen nur noch ein einziges Jüngstes Gericht am Ende aller Zeiten vor, bei dem eine Auferstehung nur für vollkommen gereinigte Seelen vorgesehen war.

Prometheus hatte das ewige Feuer in die Hände der rasenden Mänaden gelegt, damit sie seine Glut am Leben erhalten sollten. Die männlichen Beherrscher der Natur fühlten sich jedoch von den weiblichen Hüterinnen des Feuers nur noch bedroht. Sie verlangten die alleinige Herrschaft über alle Kräfte für sich.

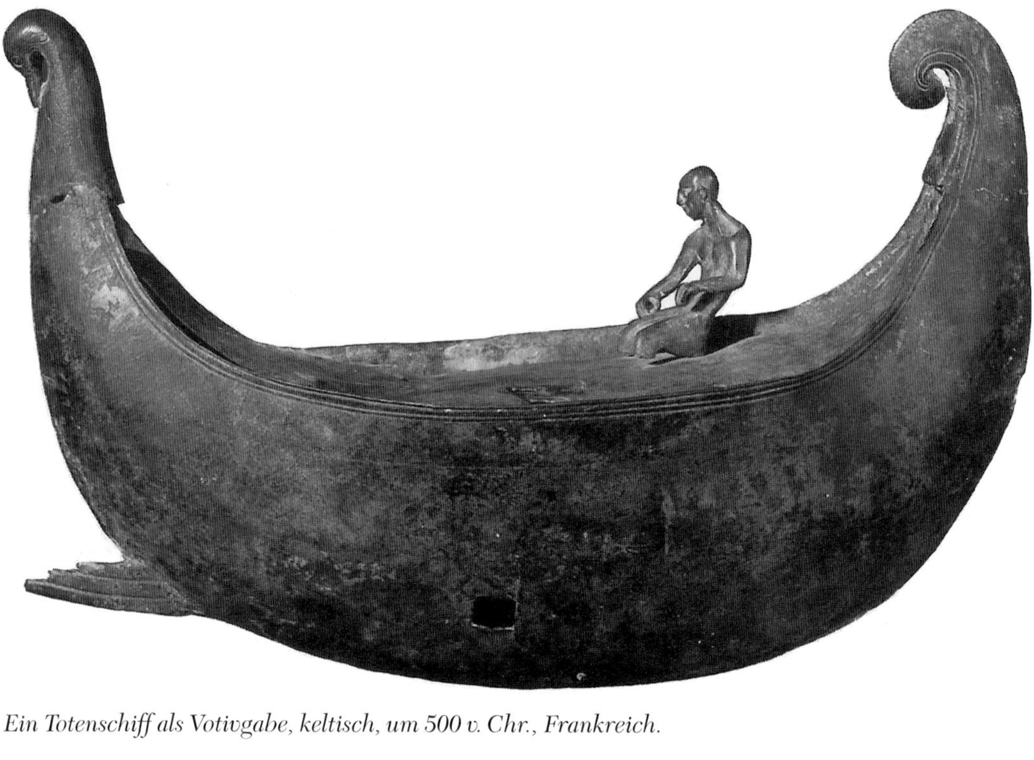

Ein Totenschiff als Votivgabe, keltisch, um 500 v. Chr., Frankreich.

Maria mit Kind, Ausschnitt aus einem Kuppelfresko, um 1500, Klosterkirche in Voronet, Rumänien.

Die mystische Minne einer mittelalterlichen Christin

»Herr, minne mich sehr und minne mich oft, desto reiner werde ich; je heftiger du mich minnest, desto schöner werde ich; je länger du mich minnest, um so heiliger werde ich hier auf Erden ...

Könnte ich dich, Herr, mit Zauber gewinnen, daß du nicht ruhen möchtest denn ohne mich! Ja, so ginge es an ein Minnen, so müßtest du mich dann bitten, daß ich feurig werde mit Sinnen. Herr, möchte mir das geschehen zu einer Stunde, daß ich dich nach meines Herzens Wunsch ansehen möchte und mit den Armen umfangen, die Lust deiner göttlichen Minne müßte durch meine Seele gehen, soviel als es hier auf Erden Menschen nur möglich ist ...

Jesus, viellieber Freund, laß mich in wahrer Ruhe und in herzlicher Liebe zu dir hineilen und laß mich nimmer erkühlen. Wenn ich deine herzliche Minne in meinem Herzen und in meiner Seele und in meinen fünf Sinnen und in allen meinen Gliedern ohne Unterlaß empfinde, dann kann ich nicht abkühlen. Du weißt wohl, wie du die Saiten meiner Seele rühren kannst. Beginne damit alsogleich, daß du immer selig sein mögest. Ich bin eine unedle Braut, du aber mein edler Gemahl, darüber will ich mich immer freuen. Gedenke, wie du die reine Seele in deinem Schoße liebkosen kannst, Herr vollbringe es mir sogleich. Zieh mich hinauf zu dir, Herr, dann werde ich rein und klar. Lässest du mich in mir selbst, so bleibe ich in Schwere und Finsternis.«[1]

Die Zeilen stammen von Mechthild von Magdeburg, die ungefähr von 1210 bis 1290 lebte. Nachdem sie einige Jahre in aller Stille und strenger Buße in einem Beginenhaus zu Magdeburg gelebt hatte, trat sie im Alter bei den Zisterzienserinnen ein, wo sie die letzten zwölf Jahre ihres Lebens zubrachte. Ihre Liebesvisionen sind in der Schrift »Das fließende Licht« enthalten.

[1] Deutsche Mystiker, S. 73f.

Punkt 8
Orange
Planetenenergie: Merkur ☿

Heilung im Reich der Schatten

Das Wasser-Dreieck mit den drei Sekundärfarben Grün, Orange und Violett stellt die Schattenseite in der Natur dar, die sich mit dem darüberliegenden Primärfarbendreieck und seiner Lichtseite zu einer unzertrennlichen Einheit im kreisenden Lauf der Schicksale ergänzt. Der orangefarbene Punkt im kabbalistischen 10-Punkte-System befindet sich auf gleicher Höhe wie der grüne Punkt. In beiden Farben ist ein Anteil der Lichtfarbe Gelb enthalten. Während das Grün auf der rechten Seite sich mit dem Eingang in das Reich der Schatten und des Todes wie auch mit dem Zugang zur dunklen Innenwelt des Menschen oder der Erlösung der Lebenskraft aus ihrer Gebundenheit an eine Lebensform befaßt, geht es beim Orange auf der linken Seite um den Ausgang aus dem Reich der Schatten. Beide Farben bilden im Wasser-Dreieck das Gegengewicht zu den ebenfalls in einer Waagerechten angeordneten Primärfarben Blau und Rot im Feuer-Dreieck. Beide Ebenen im unteren Farbhimmel werden durch die Waagerechte im oberen, unfarbigen Himmel bestimmt. Auf der Seite des orangefarbenen Punktes wirkt das geistige Prinzip der Erneuerung des schwarzen Punktes sich als erneuernde Kraft im Bereich der dreifaltigen Welt der dunklen Hälfte des Lebens aus. Seine Jahres- und Lebenszeit reicht von der Wintersonnenwende bis zum Frühlingspunkt. Sie bildet den Gegenpol zur der Zeit, die sich auf dem blauen Gegenpunkt in der Diagonale als Abstieg in der Zeit des Lichts darstellt. Die in der Lichtzeit geopferten Heiligen Könige der Mythologie erfahren hier, auf dieser Seite des Schattenreichs, die Wiederherstellung und Heilung ihrer Körper.

Ebenso wie es dem zyklischen Wechsel in der Natur entspricht, so bleibt während der lichten Zeit die unsichtbare Lebenskraft an einen sichtbaren Körper gebunden, um sich nach dem Ablauf der gesetzten Lebensfrist wieder von ihm zu lösen. Der Prozeß des Lösens in der dunklen Zeit bildet danach die Voraussetzung für eine erneuerte Bindung an eine sichtbare Form, die sich bereits während der dunklen Zeit, vor dem Ausgang aus ihr, vollkommen herausbildet.

Der optische Versuch zeigt, daß sich im Gehirn eine orangefarbene Lichterscheinung als flüchtiges Gegenbild entwickelt, wenn man Blau eine Weile fixiert hat. Die Lichtfarbe wird einerseits am Rand der Komplementärfarbe sichtbar, andererseits jedoch überzieht sie die fixierte Farbe, so daß diese sich verändert. Das Blau verliert seine klare Farbe und wird durch den Simultankontrast des orangefarbenen Schleiers dunkler und bräunlicher. Bei einer Pigmentmischung mit Komplementärfarben entsteht immer eine grau-braune Farbe. Im Simultankontrast deutet sich die stoffliche Summe aller Farben an. Jede Farbe fordert die Ergänzung durch ihren Gegenpol heraus. In ihrem lebendigen Wechselspiel zeigen sich die fließenden Kräfte in ihrer Bewegung zwischen den gegensätzlichen Welten, Zeiten oder Lebensschicksalen.

Die sumerische Göttin Gula mit dem Hund als ihrem Symbol, Abdruck eines Rollsiegels, Babylon, 7. Jahrhundert v. Chr. Gula wurde die Fähigkeit zugeschrieben, die Götter wiederauferstehen zu lassen, Kranke zu heilen und Leben zu schenken. Durch die Anordnung der Sterne hinter ihrem Rükken ist sie zuständig für das Schicksal wie es sich mit astrologischen Konstellationen verbindet. Vor ihr steht ein Betender, hinter dessen Rücken sich ein Lebensbaum mit einem daran emporgereckten Ziegenbock befindet, den Sinnbildern für Leben und Fruchtbarkeit. Hundegestaltige, göttliche Wesen galten bei vielen frühen Kulturvölkern als Seelenführer, Seelenbegleiter oder Begleiter von Mondgöttinnen.

Im Wasser-Dreieck wird die Kraft der Erneuerung auf dem orangefarbenen Punkt durch den Planeten Merkur bestimmt. Er galt als Bote unter den Göttern, der sich dadurch auszeichnete, daß er an seinen Füßen Flügel trug, die ihn befähigten, alle Welten zu durchschreiten und damit alle Grenzen zu überschreiten. Merkur, dessen griechischer Name Hermes ist, war ein Wanderer zwischen dem Götterhimmel, der Welt der Lebenden und der Unterwelt. In der Unterwelt hatte er die Funktion eines Begleiters von Verstorbenen, deren Seelen dort die Gestalt von Schatten bekamen. Der Wanderer zwischen den Welten wurde insbesondere von Menschen auf ihren Wanderwegen in der Form von Hermien verehrt. Hermien waren an Wegrändern aufgestellte Steinsäulen mit herausragendem Phallus, manchmal waren es auch nur aufgeschichtete Steine. Steine galten in der Frühzeit als die Gebeine der Mutter Erde. Der phallische Hermes war ursprünglich ein Fruchtbarkeitsgott, dessen Hauptattribut seine geflügelte Beweglichkeit war, mit der er erstarrte Materie beleben und durch den erneuerten Bewegungsfluß zu heilen verstand. Als Verkörperung der Fruchtbarkeit, wie er sich auf dem orangefarbenen Punkt im Körper der dunklen Erde zeigt, führt er die unsterbliche Lebenskraft vor das Tor, das aus dem Herrschaftsbereich des Hades und seiner Gattin Persephone herausführt. Auch Persephone führte er alljährlich an der Seite ihres Gatten wieder an die Pforte des Lichts.

Die Voraussetzungen zu einer erneuerten und geheilten Bindung an eine neue Lebensform sind erst dann gegeben, wenn zuvor die alten Körper verlassen und aufgelöst wurden. Beim Orange wird nur dann eine erneuerte Existenzform geschaffen, wenn die Lebenskraft sich vollkommen befreit hat. Die Vergangenheit bestimmt die Zukunft. Sie sind aneinander gebunden wie Ursache und Wirkung, die wiederum zur Ursache wird, wie auch das Blau das Orange in sich trägt oder umgekehrt. Die jeweilige Gegenwart trägt das zukünftige Erscheinungsbild als bewegende Kraft in sich. Die sichtbare äußere Natur führt dieses lebendige Wechselspiel der Kräfte vor Augen. Eine Wahrnehmung jedoch der inneren bewegenden Kraft verschließt sich dem äußeren Blick. Die Einsicht in ihre Existenz ist mit grenzüberschreitenden Erfahrungen verbunden, in der das Bewußtsein sich scheinbar vom Körper löst oder aber mit der absolut vollzogenen Trennung von Seele und Körper im Augenblick des Todes. Sie vermag sich aber ebenfalls mit einem geistigen Erkenntnisweg zu verbinden, wie er beispielsweise durch den Baum der Erkenntnis offenbart wird.

Die bewußte Wahrnehmung aller Existenzformen ist ein unendlich langer Prozeß des erkennenden Lernens, so daß ein Leben dazu wohl niemals ausreichen kann. Wie ein Fluß beständig weiterfließt, so wird auch der einmal begonnene Erkenntnisfluß zur fließend sich erweiternden Wahrnehmung. Die begrenzte Sicht auf das Leben trennt vom Gewahrwerden der inneren Kräfte, denen alles Leben zugrunde liegt. In der Todeserfahrung jedoch soll den Sterbenden ein Einblick in Zusammenhänge gewährt sein, der sich den Lebenden verschließt. Zwischen dem Leben und dem endgültigen Tod liegt das Vergessen.

Von der Heilung im Tod weiß der Lebende nur etwas aus Grenzerfahrungen. Die entkörperte Seele, die keine Zeit und keine Grenzen kennt, braucht den lebenden Körper zur erkennenden Wahrnehmung ihrer unvergänglichen Existenz als bewegende Ur-Kraft.

Der orangefarbene Punkt verband sich in der Mythologie auch mit Seelenführern vor einem Gericht. Vor ihm muß sich eine Seele vor ihrer Wiederverkörperung für ihre vergangenen Erfahrungen verantworten, bevor sie einem geheilten Körper entgegengeführt werden kann, denn ihr Zustand bestimmt die zukünftige körperliche Existenzform. In einem fließenden Prozeß zwischen Unbewußtheit und Bewußtheit zeigt sich das unsichtbare Wesen der Seele nur in Grenzsituationen.

In der Bergpredigt stellt Jesus diesen fließenden Prozeß und den schicksalsbestimmten, gerechten Ablauf in folgenden Lehrsätzen an seine Jünger dar: »Selig ihr Armen, denn euch gehört das Himmelreich. Selig, die ihr jetzt hungert, denn ihr werdet satt

Ein Engel vor dem leeren Grab von Jesus, Wandmalerei in Mileseva, Serbien, um 1235. Die Auferstehung von Jesus zu Ostern geschah in vollkommener Übereinstimmung mit allen mythischen auferstandenen Wesen.

»Die Gerechtigkeit«, 8. Bild des Marseiller Tarot.

»Der Gehängte«, 12. Bild des Marseiller Tarot.

werden. Selig, die ihr jetzt weint, denn ihr werdet lachen … Aber weh euch, die ihr reich seid, denn ihr habt keinen Trost zu erwarten. Weh euch, die ihr jetzt satt seid, denn ihr werdet hungern. Weh euch, die ihr jetzt lacht, denn ihr werdet klagen und weinen« (Lukas 6,20–25). In diesen Sätzen sind die jeweils entgegengesetzten Erfahrungen gegenübergestellt. In ihnen stellt sich das Gesetz der Ganzheit dar, indem die eine Seite die andere Seite bereits in sich angelegt trägt und die untrennbaren lebendigen Gegensätze sich in einem beständigen Prozeß des Hin- und Herfließens befinden. Dieser Prozeß ist in sich wertfrei. Freude und Leid werden jedoch von vielen Menschen ebensowenig wertfrei und als folgerichtiger Prozeß angesehen wie Abstieg und Aufstieg, denn mit dem Aufstieg ver-

Iusticia, Tarotbild des Ferraresischen Meisters, um 1465. Die Tugend »Gerechtigkeit« ist dargestellt mit dem Schwert, das mit scharfer Klinge darüber richtet, welches Schicksal der geistigen Ordnung entspricht. Die Gerechtigkeit verkörpert die Heilung der Ungleichgewichtigkeit. Sie wacht über die kosmische Ordnung, den Ablauf von Jahreszeiten oder das Schicksal der Menschen. Der Storch zu ihren Füßen ist ein Frühlingsbote, der mit seinem Erscheinen die Auferstehung der Sonne ankündigt. Er ist ein das Gleichgewicht ausbalancierender Gewichtsträger.

bindet sich das Licht, die Freude und das Leben und mit dem Abstieg die Dunkelheit, die Trauer und der Tod. Daß ein Aufstieg aber zum Licht nur aus dem zuvor vollzogenen Abstieg in die Finsternis erfolgen kann, will als Zusammenhang und weise Einheit ungern anerkannt werden. Im Gegenteil, die Dunkelseite wird mit all ihren Facetten als böse und bekämpfenswert betrachtet. Die ausgleichende Gerechtigkeit jedoch verhilft auch zur erkennenden Einsicht in die Ganzheit, in der sich dem erkennenden Blick die lebendige Pendelbewegung offenbart und ihn die Dunkelseite mit geöffneten Augen wahrnehmen läßt, denn in ihr geschieht das Heilwerden, wie es die beiden folgenden Tarotbilder aufzeigen.

Die rechtmäßige Heilung während des Wandels in nächtlicher Zeit

Der orangefarbene Punkt verbindet sich im abwärtsverlaufenden Weg durch den Baum des Lebens mit dem 8. Tarotbild »Die Gerechtigkeit«. Diese gehört zu den vier klassischen Darstellungen der weiblich geprägten Lebenskraft. Die Tugend Gerechtigkeit hält in ihren Händen die beiden Sinnbilder des Gerichts. Auf der rechten Seite trägt sie die Waage, die das ausgewogene Maß des Urteils bestimmt, und auf der linken Seite trägt sie das Schwert, mit dem über das gerechte Urteil gewacht wird.

Das ausgewogene Gleichgewicht stellt sich beim orangefarbenen Punkt als Gegengewicht zur absteigenden Lichterscheinung der Sonne beim blauen Punkt dar. Der Herrscher des 4. Tarotbildes steht hier jenem Totengericht gegenüber, das darüber entscheidet, in welcher Erscheinungsform die unsterbliche Seele dem Ausgang aus dem Reich der Finsternis zugeführt werden kann. Das Gegengewicht zur körperlichen Schwächung beim blauen Punkt bildet die rechtmäßige Heilung beim orangefarbenen Punkt. Die Ablösung der Lebenskraft im Feuer-Dreieck wird aufgewogen durch die erneuerte Bindung ihrer Kraft im Wasser-Dreieck. Der Schicksalsweg alles Lebendigen ist an diesen Gesetzeskörper gebunden, der seine geistige Ursache im dunklen Teil des oberen Himmels mit seinen Prinzipien der Auflösung und der Erneuerung der Schöpfungskraft hat. Im kabbalistischen 10-Punkte-System bestimmen diese beiden geistigen Kräfte die beiden äußeren Säulen. Auf dem Tarotbild sind sie als kugelförmige Aufsätze auf den beiden Thronpfosten zu erkennen. Die Ur-Flut der oberen Wasser entscheidet über den Schicksalsweg alles Lebendigen im farbigen Körper der Natur, der sich im unteren Himmel durch planetarische Himmelslichter darstellt. Die Waagschale unterhalb der rechten Säule der Auflösung ist vor dem herabfließenden Gewand der Gerechtigkeit dargestellt. Auf dieser Seite im Wasser-Dreieck lösen sich die verbrauchten Körper in einem fließenden Prozeß von der Lebenskraft, die ihren Ursprung in der Ur-Schöpfung hat. Das Gewand auf der rechten Seite bringt die abwärtsfließende Bewegung der Ablösung zum Ausdruck. Die Waagschale auf der linken Seite wird vom gleichen Gewandteil nur durch die Spitze eines mondförmigen Bogens berührt, dessen untere Spitze sich mit einer Erdlinie verbindet. Auf dieser Seite befindet sich auch das senkrecht aufgerichtete Schwert, das so dargestellt ist, daß es die linke Seite der Thronsäule verdeckt und mit seiner Spitze vor dem Kugelaufsatz steht. Das Urteil der Gerechtigkeit auf dem orangefarbenen Punkt steht in Verbindung mit der Ur-Flut der Ur-Schöpfung, in dessen lichtloser Tiefe die Erneuerung des Ur-Lichts ebenso angelegt ist wie die Erneuerung seiner Erscheinung im Körper der Natur während der lichtlosen Zeit.

Das Schwert ist wegen seiner blitzenden, scharfen Klingen ein Symbol für den blitzenden Geist, der Entscheidungen fällt. Seine Klingen können abtrennen und zuteilen, was im dunklen weiblichen Schoß der Gerechtigkeit als zukünftige Lebensform im Lebenskeim gestalthaft angelegt wird, damit es sich später entfalten und seinem gerechten Schicksal entgegengeführt werden kann. Die Bestimmung für das keimende Leben liegt in seiner Vergangenheit begründet. Das blitzende Schwert als ein Sinnbild des geschärften Geistes steht als Machtinstrument der Gerechtigkeit für die ausgewogene, gerechte Verteilung der Gewichte in den Waagschalen. Die Gerechtigkeit fällt ihr Urteil aus der Berechnung für die Zeit, die im Kreislauf des Jahres für die Zeit von der Wintersonnenwende bis zum Frühlingspunkt im März reicht. Die noch unsichtbaren Lebenskeime beginnen, sich im Verborgenen zu bewegen. Das zukünftige Erscheinungsbild wie auch das Wirkungsfeld oder der Erfahrungshorizont werden in dieser Zeit durch das Urteil einer weiblich geprägten Kraft bewirkt. Im abwärtsverlaufenden Baum des Lebens vollzieht sich die Erneuerung des Lebens als unbewußte Erfahrung der inneren Heilkräfte in der Natur des Menschen.

Die Wiedergeburt von Aphrodite, Italien, um 460 v. Chr. Die Göttin der Liebe und des Todes verkörpert das Lösen und Binden, dem Geist und Materie in gleicher Weise unterliegen.

Als Kopfschmuck trägt die thronende Gerechtigkeit eine Krone, die über einer runden Wölbung nur am oberen Rand spitze Kronenzacken bildet. Der gezackte Kronenteil symbolisiert den höchsten, weißen Punkt der Ur-Schöpfung im unfarbigen Dreieck des 10-Punkte-Baumes, während der gewölbte Kronenteil die beiden dunklen Punkte darin beschreibt, die in gleicher Höhe auf dem Tarotbild auch durch die beiden Kugeln dargestellt werden. Innerhalb der Kronenwölbung, die sinnbildlich für die dunkle, weibliche Seite der Schöpfung steht, sind zwei konzentrische Kreise zu sehen. Ihre ineinander angeordneten Linien gleichen den kreisförmigen Linien auf Wasseroberflächen, die sich bilden, wenn etwas hineingefallen ist. Sie symbolisieren die Bewegung des unvergänglichen Ur-Lichts im Innern der Ur-Finsternis, in die es gesunken ist, um gemeinsam mit ihr sichtbares Leben zu erschaffen, in dem ihre geistige Kraft wirkt.

Im aufwärtsverlaufenden Baum der Erkenntnis werden die Zusammenhänge zwischen dem oberen, unfarbigen Himmel und seinem sichtbaren, farbigen Spiegelbild darunter als bewußte Wahrnehmung geschildert. In der Aufwärtsbewegung aus dem Erdpunkt stellt das 12. Tarotbild »Der Gehängte« den orangefarbenen Punkt dar. Ebenso wie auf seinem blauen Gegenbild im Baum der Erkenntnis, im »Haus Gottes«, erscheint auch auf dem orangefarbenen Punkt ein Mensch mit dem Kopf nach unten. Hier befindet sich der Sehende nicht im Feuer-Dreieck oder dem ersten Spiegelbild des oberen Himmels, sondern im Wasser-Dreieck darunter. Im Tarotbild »Der Gehängte« spiegeln sich alle sechs farbigen Lichter des unteren Himmels wider. Diese sechs planetarischen, sichtbaren Himmelslichter in den beiden 10-Punkte-Bäumen sind durch jeweils sechs Astgabeln symbolisiert. Die beiden Baumstämme werden oben durch einen Querbalken verbunden. Sie stehen für den Baum des Lebens und den Baum der Erkenntnis, die durch eine unsichtbare Frucht miteinander verbunden sind. Diese Frucht, die ihr Sinnbild unter anderem im Licht des vollen Mondes findet, bildet den Grenzpunkt zwischen der Welt der lebenden Körper und der Welt des körperlosen Geistes. Auf dem Tarotbild wird sie durch das Loch im Querbalken dargestellt, mit dem »Der Gehängte« verknüpft ist. Der Strick verbindet seine dem Baum des Lebens zugewendete Körperseite jedoch nur geistig mit dem Grenzort, denn der Strick umschließt seinen Fuß gar nicht und täuscht somit ein Aufhängen nur vor. Die symbolische Verbindungsschnur bewirkt die bewußte Einsicht in den Spiegel der Schöpfung. Dieser Spiegel ist der lichtlose, stoffliche Gegenpol zum Licht, die Erde, die als Körper den Geist widerspiegelt, der sie geschaffen hat. Die beiden Erdpunkte im Baum des Lebens und im Baum der Erkenntnis werden durch die beiden Erdhügel unterhalb der beiden Baumstämme dargestellt. Zwischen diesen beiden Hügeln befindet sich mit sehenden Augen der Mensch, der mit dem verborgenen Widerschein des höchsten Lichts durch sein Leben verbunden ist. Sein Bewußtsein erfaßt die Verbindung zwischen der Naturerscheinung der heilenden Kräfte und dem Sinn dieser Heilung. Der orangefarbene Punkt im Baum der Erkenntnis steht für die Einsicht, daß die unsterbliche Lebenskraft oder die Seele ein Teil der ganzheitlichen Ur-Schöpfung ist und der Körper des Menschen ein Spiegel ihres Geistes, der in der Finsternis wirkt, um die Schöpfung sichtbar zu machen. Auf diese Erkenntnis verweist das abgewinkelte Bein, das zu der Körperhälfte gehört, die dem Baum der Erkenntnis zugewendet ist. Es verweist auf die lebendigen Erfahrungen, die jeder Erkenntnis vorausgehen. Der Körper wird als Ausformung eines göttlichen Geistes gesehen, der in der Materie lebt, um ihn aus seiner unbewußten Eingebundenheit in eine heilende Ganzheit zu einer bewußten Verbindung mit den Kräften der Heilung zu führen. Die lebenserneuernde Kraft ruht verborgen im Körper der Natur. Dem Sehenden offenbart sie sich als Spiegelbild des ewigen Lebens, das sich in jener Frucht zeigt, die zwei gegenläufige, baumgestaltige Gesetzeskörper miteinander verbindet.

Auf der Brust des Gehängten sind sechs Punkte dargestellt. Das 6. Tarotbild »Die Liebenden« stellt auf dem gelben Punkt die kleine Sonne oder die Kraft der Gegensätze verbindenden Liebe dar. Oberhalb der Gürtellinie sind drei Punkte dargestellt. Das 3. Tarotbild »Die Herrscherin« stellt auf dem schwarzen Punkt das geistige Prinzip der Erneuerung dar, aus dem sich das geistige Schöpfungsprinzip des weißen Punktes ebenso erneuert wie die Wiedergeburt aller wahrnehmbaren Lichter und mit ihnen die unsterbliche Kraft der heilenden Liebe. Der Gehängte erkennt seinen Ursprung und seine Bestimmung als Einheit mit einem geistigen Prinzip der Erneuerung, das sich in der Welt der Lebenden als Kraft der Liebe zeigt, die Himmel und Erde, den Geist mit dem Körper verbindet und in ihm als formende Kraft zu einer heilenden Ganzheit wirkt.

Der Gehängte befindet sich auf dem Weg zum Ausgang aus der Welt der Finsternis. Sein grenzüberschreitender Blick verbindet ihn mit allen vergangenen und zukünftigen Erscheinungsformen des Lebens, zusätzlich aber ist er mit der zeitlosen Ewigkeit durch die Frucht verknüpft. Der Ausgang aus dem dunklen Körper der Natur erscheint dem Erkennenden wie der Ausgang aus der irdischen Welt, der zum Eingang in das überirdische Reich des reinen Geistes führt.

Der griechische Seelenführer zum Ausgang der Nacht

Wie häufig in der griechischen Mythologie wird Hermes nicht nur als ein Gott des olympischen Himmels während der klassischen Antike geschildert, sondern es schimmert auch bei ihm einiges von seinem ursprünglichen Wesen durch. Die Geschichten um Hermes sind besonders reich an versteckten Hinweisen.

Hermes galt am olympischen Himmel als einer der jüngsten Götter, obgleich er als phallischer Gott eine der frühesten Vorstellungen feuriger Zeugungsenergie verkörperte und als aufrechtstehender Phallus seit der Frühzeit verehrt wurde.

Mercurio, Tarotbild des Ferraresischen Meisters, Italien, um 1465. In Rom galt Merkur als Gott des Handels. In Griechenland wurde Hermes als Gott der Diebe und der Kaufleute verehrt. Wie auf Erden galt Hermes auch am Himmel und im Reich des Hades als Wanderer zwischen den Welten und als Führer der Schatten. Sein schlangenumwobener Zauberstab ermöglicht ihm das Überschreiten von Grenzen. Der abgeschlagene Kopf zu seinen Füßen gehört dem vieläugigen Argos, der als umsichtiger Wächter der Mondgöttin Io diente. Er wurde von Hermes durch einschläfernde Flötenmusik überlistet und getötet. Der Hahn kündigt am Ende der Nacht das nahende Licht an.

Als sein Vater wird Zeus genannt und als seine Mutter Maia, eine Göttin der Nacht, die ihn in einer dunklen Höhle zur Welt brachte. In einer anderen Geschichte heißt es, Persephone sei seine Mutter und Aphrodite seine Zwillingsschwester. Doch das sind nur scheinbare Ungereimtheiten, wie sich zeigen wird.

Sofort nach seiner Geburt soll der in Windeln gewickelte Säugling Hermes seine Wiege verlassen haben, um die Rinderherde von Apollon zu stehlen. Auf seinem Weg dorthin aber lief ihm eine Schildkröte über den Weg, und er fertigte aus ihrem Panzer eine Leier, indem er ihn mit sieben Saiten aus feinem Darm bespannte. Danach setzte er seine Wanderung in der Nacht fort und raubte, von allen unbemerkt, 50 unsterbliche Kühe aus den olympischen Gefilden. Die als unsterblich bezeichneten Kühe aber waren Töchter der Nacht. Diese heilige Kuhherde trieb Hermes in eine Höhle, machte dort ein Feuer und tötete zwei Kühe, zerlegte sie in zwölf Teile und verbrannte ihr Fleisch als Opfer für die Götter. Von dem Fleisch verzehrte er nichts, denn die zwölf Teile sollten den zwölf Göttern am olympischen Himmel entsprechen, zu denen er als jüngster jetzt zählte. Die heilige Zahl zwölf entsprach dem Kreislauf des Jahres. Die Opferung von zwei der Mondgöttin geweihten weiblichen Tieren aber war eine ungeheure Freveltat gegen das dunkle Erneuerungsprinzip, wie es von allen großen Göttinnen der Frühzeit verkörpert wurde, denn geopfert wurden sonst ausschließlich männliche Tiere als Stellvertreter der feurigen Zeugungskraft der Sonne, die sich alljährlich zeugend mit der Erde vereint, indem sie stirbt und zeugend sich selbst erzeugt. Hermes und Apollon rühmten sich, bereits im Kindesalter alte Kultstätten oder Kultfiguren der frühzeitlichen Mutter-Göttinnen vernichtet zu haben. Nach vollbrachter Tat kehrte Hermes in die dunkle Höhle seiner Mutter Maia zurück und legte sich als Säugling wieder in die Wiege. Doch Apollon war ihm auf der Spur und überführte ihn des Diebstahls, trotz der Lügen, Meineide und Ausflüchte, die der junge Hermes ihm entgegenbrachte. Den Zorn von Apollon aber beschwichtigte er mit dem Spiel auf seiner Leier. Zu ihrem wohltönenden Klang sang er von der Erschaffung der Götterwelt und beschrieb, wie jeder einzelne seinen Anteil daran hatte. Vor allen anderen aber pries er ganz besonders Mnemosyne, da er selbst als Sohn der Maia zum dunklen Anteil an der Schöpfung gehörte und zugleich zum Licht.

Mnemosyne war eine der sechs Töchter, die von Gaia und Uranus zu Beginn der Schöpfung zusammen mit sechs Söhnen erschaffen wurde. Auch ihre Anzahl entsprach dem Kreislauf eines Jahres mit zwölf Monaten, denen weibliche und männliche Götter gleichgewichtig zugeordnet waren. Der Name Mnemosyne bedeutet Gedächtnis. Die Göttin Mnemosyne wird mit einer von zwei Quellen in Verbindung gebracht, die ihren Namen trägt, während die andere Letho heißt und als Quelle oder Fluß des Vergessens galt. Beide verbanden sie die Oberwelt mit der Unterwelt. In der Unterweisung der Orphiker für Eingeweihte heißt es, daß sie beim Eintritt in das Reich der Schatten aus der rechts fließenden Quelle Mnemosyne trinken und die links fließende Quelle Lethe meiden sollten.

Betrachtet man in diesem Zusammenhang das Tarotbild »Der Gehängte«, so wird dieser Inhalt durch die beiden Bäume dargestellt, von denen der rechte als Baum der Erkenntnis der Quelle Mnemosyne gleichzusetzen ist und der Gehängte somit ein wahrnehmender Grenzgänger ist, der im Reich der Schatten sein Gedächtnis nicht verloren hat. Indem sich Hermes auf Mnemosyne beruft, gibt er sich als Wanderer zwischen den Welten zu erkennen, der er als auferstehender Fruchtbarkeitsgott immer gewesen war. Von Mnemosyne heißt es außerdem, daß sie die Mutter der neun Göttinnen der schönen Künste, der Musen, gewesen sei, zu deren Führer Apollon sich machte, nachdem er das Orakelheiligtum von Delphi in seinen Besitz gebracht hatte.

Persephone entsteigt aus einer Erdspalte der Unterwelt. Hekate leuchtet ihr mit zwei Fackeln den Weg. Neben Persephone steht als Begleiter Hermes mit dem Schlangenstab, Vasenmalerei, Griechenland, um 440 v. Chr.
Auch Persephone, die Herrscherin der Unterwelt, die alljährlich im Frühling in das Licht der Oberwelt wiedergeboren wird, gilt als Mutter von Hermes. Der Schlangenstab in der Hand des Hermes galt als Zeichen des kosmischen Gleichgewichts und der Heilung.

Nachdem Apollon dem Klang der Leier gelauscht, die Hermes zur Besänftigung seines Zorns gespielt hatte, ergriff ihn ein so heftiges Verlangen, das Instrument zu besitzen, daß er meinte, die 50 Kühe wären ein angemessenes Tauschobjekt für die Leier. Dafür schenkte er Hermes seine Flöte. Außerdem aber soll bei diesem Kuh-Handel auch der delphische Schlangenstab in Hermes' Hände gelangt sein. Zusätzlich soll Apollon ihn in das Amt des göttlichen Boten eingesetzt haben, das ihm ungehinderten Zugang zum Hades verschaffte. Mit diesem Amt wurde er fortan zum Psychopompos, dem Seelenbegleiter in das Schattenreich. Die Menschen aber fühlten sich seither der Willkür dieses Seelenbegleiters ausgeliefert, denn er leitete sie auf Irrwegen ziellos umher. Das Reich der Schatten galt unter der Herrschaft der lichten und unsterblichen Götter des Olymp nicht mehr als Ort der Wandlung, sondern als Ort der ewigen Finsternis ohne Ausgang, in der die Seelen der Verstorbenen ohne Hoffnung umherirren. Hatte das kretische Labyrinth beispielsweise noch einen Eingang und einen Ausgang aus den verschlungenen Pfaden des Jenseits, so fehlte in der Antike eine vergleichbare Vorstellung. Eine Ausnahme bildeten die Orphiker, die eine Lehre der Seelenwanderung vertraten. Wie jedoch der Mythos von Orpheus und Euridike zeigt, wurde auch ihre Geschichte den neuen Anschauungen entsprechend umgedichtet.

Über den Ursprung des Schlangenstabes berichten die Orphiker folgendes: Rhea, die Tochter der Erdmutter Gaia, hatte ihrem Sohn Zeus die Ehe verboten. Daraufhin verfolgte Zeus in erotischer Begierde seine eigene Mutter. Rhea aber verwandelte sich in eine Schlange. Augenblicklich nahm auch Zeus Schlangengestalt an, umschlang sie und vereinigte sich mit ihr. Das Kind dieser Liebe war Persephone, der sich Zeus ebenfalls in liebender Absicht als Schlange näherte, um mit ihr Dionysos zu zeugen. In einer anderen Geschichte war Persephone die Tochter der Getreidegöttin Demeter. Alle diese Göttinnen jedoch waren wie Gaia, die alle weiblichen Qualitäten in sich vereinte. Die Schlange Pythia in Delphi gehörte zu ihr, denn dieser Ort der Weissagung wurde als Mittelpunkt der Welt von ihr geschaffen. Sie verkörperte wie alle Göttinnen die

Das Herrscherpaar der Unterwelt, Persephone und Hades, Grabplatte, Griechenland, Mitte des 6. Jahrhunderts. Persephone hält mit der Geste des Schutzes ein Gefäß mit Wasser, dem belebenden Element der Tiefe. Hinter dem Thron hat sich eine Schlange, als ein Bild der aufsteigenden Lebenskraft entfaltet. Wasser und Schlange erzeugen die Erneuerung des Lichts und des Lebens. Das kleine anbetende Paar trägt den Hahn als Verkünder des sich erneuernden Lichts und eine Pflanze als Zeichen des erneuerten Wachstums.

personifizierte Nacht, die aus sich die Sonne als Sohn und späteren Geliebten hervorbrachte. Während die Hervorbringerin des Lebens sich mit dem Wasserelement verband, war ihr männliches Gegenbild mit der Feuerenergie verbunden. Beide Elemente fanden ihr Bildsymbol in der Schlange oder in der geflügelten Version als Drache. Als Sinnbild der Unsterblichkeit durch Wandlung ist im Schlangenstab ein Ur-Bild der Schöpfung dargestellt, in dem sich die gegensätzlich wirkenden Kräfte von Feuer und Wasser zu einer gleichgewichtigen Einheit verbinden. Der Zauberstab des Hermes ist das umfassendste Symbol einer Gegensätze vereinenden Ganzheit und damit der Heilung, das es im abendländischen Kulturkreis gibt.

In der Mythologie jedoch existiert ein weiteres Bild von männlich-weiblicher Vereinigung. Aus der liebenden Umarmung zwischen dem Geschwisterpaar Aphrodite und Hermes, die den Eingang und den Ausgang im kabbalistischen Schattenreich verkörpern, ging ein androgynes Mischwesen hervor. Es war ein Knabe mit weiblichen Brüsten, der Hermaphroditos.

Die heilende Schlangenkraft

Asklepios galt in Griechenland als Gott der Heilkunst und wurde zum Sohn von Apollon erklärt, den dieser mit Koronis, der Krähe, gezeugt hatte. Von seinem Vater erbte Asklepios die Kunst des Heilens. Die männliche Schlange des Apollon war auch ihm heilig. Als Zeichen seiner Rolle führte er Schlangen am Stab mit sich, die auch den Eingang der ihm geweihten Heilstätten schmückten. An den heiligen Stätten seiner Kunst wurden Schlangen als heilige Tiere verehrt. Zusätzlich jedoch zu dem durch Apollon in seinen Besitz gelangten Wissen um die heilenden Kräfte der Göttin Gaia von Delphi, soll er von Athene einige Tropfen vom Blut der Medusa erhalten haben. Dieses Blut konnte unsterblich machen. Mit der Schlange und dem Blut der Medusa war Asklepios in der Lage, Kranke zu heilen und sogar Tote wieder lebendig zu machen. Über so viel Macht in seinen Händen soll Zeus so in Zorn geraten sein, daß er ihn mit einem Donnerkeil tötete.

In den Heiligtümern des Asklepios wurde an die alten matriarchalen Mysterien der Wandlung und Erneuerung des Lebens angeknüpft. Der Ursprung und die Herkunft dieses heilenden Wissens aber wurde durch die Verehrung von Apollon vergessen.

Medusenhaupt, Antefix, etruskisch, in der Villa Giulia in Rom, 6. Jahrhundert v. Chr. Das Medusenhaupt war ein Schutzzeichen am Dachsims eines Hauses.

Die Kultstätten des Asklepios waren psychosomatische Heilstätten, zu deren zentraler Heilmethode eine Reise in die Innenwelt gehörte, die wahrscheinlich mit leicht berauschenden Mitteln eingeleitet wurde, möglicherweise aber auch mit einer Einstimmung durch Schauspiel, Tanz und Musik, denn alle Kultanlagen sind mit einem Theater ausgestattet. Die Menschen wurden in einen vollkommen dunklen Raum geführt, in dem sie Zwiesprache mit ihren Göttern halten konnten. Durch versteckte Tonröhren sprach ein Priester zu ihnen und führte sie zu einer Begegnung mit ihren Schatten. Krankheit galt schon bei den Griechen als Störung des Gleichgewichts. Der Kranke sollte in Visionen und Traumbildern der ihm fehlenden Seite begegnen. Er sollte mit seiner Dunkelseite konfrontiert werden, um durch bewußtes Wahrnehmen seines unbekannten Schattens seiner inneren Ganzheit gewahr zu werden. Die Vereinigung mit dem Schatten war auch der Sinn der uralten Mysterien, die der Erneuerung des Lebens galten.

Der Schützer des Mondkultes und sein Ende durch Hermes

Das abgeschlagene Haupt des allsehenden Argos zu Füßen des Merkur/Hermes auf dem Tarotbild des Ferraresischen Meisters (S. 173) verweist auf eine Heldentat des olympischen Hermes, die dessen Wesen aufschlußreich charakterisiert. Zeus hatte die Absicht, sich mit der Mondgöttin Io zu vereinigen, die von der als kuhäugig bezeichneten Hera in eine Kuh verwandelt worden war. Ihr Ebenbild ließ sie von dem vieläugigen Argos bewachen. Hermes, als bereitwilliger Diener des Zeus, schläferte den Wächter mit Flötenmusik ein und tötete ihn. Die untröstliche Hera setzte die vielen Augen von Argos in den Pfauenschweif. Oder Argos wurde zum Pfau, denn diesen Vogel liebte die Gattin des Zeus ganz besonders. Die schutzlose Io wurde jetzt die Geliebte von Zeus, der sich in einen Stier verwandelt hatte. Eine ähnliche Vereinigung vollzog Zeus, ebenfalls als Stier, mit der aus Syrien stammenden Mondgöttin Europa. Die eifersüchtige Hera soll die mondgehörnte Kuh Io durch eine stechende Bremse bis nach Ägypten getrieben haben, wo sie einen Sohn Epaphos, Berührung, gebar. Von ihm wurde gesagt, daß er der göttliche Stier Apis sei, den die Ägypter in der Spätzeit verehrten. Io wurde Isis gleichgesetzt. Der Name Epaphos brachte vermutlich zum Ausdruck, daß sich in dieser Geschichte das Kulturgut verschiedener Völker aufs engste berührte, das in seinen Ur-Bildern sehr ähnlich war. So wurde auch Hermes in seiner Funktion als Seelenbegleiter dem ägyptischen Gott Thoth gleichgesetzt oder durch eine Angleichung an Thoth erst zu dem gemacht, als der er in der Antike in Griechenland galt.

Hermes schläfert den vieläugigen Argos mit seinem Flötenspiel ein, Wandgemälde von Bernardino Pinturicchio, der von 1454 bis 1513 in Italien lebte.

Gerechtigkeit, Gericht und Heilung in Ägypten

Häufig wurde die Göttin Maat nur durch ihre Hieroglyphe, die Straußenfeder, abgebildet. Sie war zuständig für den ordnungsgemäßen Ablauf im Kosmos, die Gerechtigkeit und die Wahrheit. Ihr Federgewicht auf der Waage des Totengerichts war ausschlaggebend für das Urteil. Mit dieser Funktion regelte sie auch den zukünftigen Schicksalsweg des Verstorbenen. Als Wächter über ihre Wahrheit fungierte der Gott Thoth, der zum einen in Ibisgestalt, zum anderen als Pavian dargestellt wurde. Als Ibis wurde er immer dann dargestellt, wenn er als Gott des Schrifttums das Urteil der Waage fixierte. In seiner Paviangestalt galt Thoth als göttlicher Stellvertreter der Sonne in der Nacht. In dieser Verkörperung wird er als verantwortlich für den Lauf des Mondes beschrieben, auch als Gott des Mondes benannt, der die Erde in der Nacht erleuchtet. Als Hüter oder Wächter über die kosmische Ordnung trat er immer dann in Aktion, wenn eine Störung des Gleichgewichts vorlag, beispielsweise bei Sonnenuntergang oder im Winter, wenn er die Sonne aus der Ferne heimholen mußte. Dann heilte er das verletzte Lichtauge des Sonnengottes Horus, das von Seth, seinem Schatten, verletzt worden war. Thoth galt deswegen auch als Gott des Heilens. Ob er auch die Hoden von Seth in der Nacht heilte, die im gleichen Kampf von Horus verletzt wurden, darüber wird nichts berichtet. Horus und Seth jedoch verkörperten gemeinsam das Zwillingswesen der Sonne, die vergänglich und ewig zugleich erscheint. Für die Erweckung der entschwundenen Zeugungskraft war Isis, die Herrscherin der Nacht, zuständig, denn durch sie wurde der tote Sohn Horus geheilt, der damit zu Osiris wurde, ihrem sich wiedererzeugenden Gatten. In der Spätzeit der ägyptischen Kultur kam es mit der Eroberung des Landes durch makedonische Ptolemäer, Griechen und Römer zu einer starken Vermischung der Kulturen. Die Griechen setzten den ägyptischen Gott des Schrifttums, den Hüter der gesetzmäßigen Ordnung und Heiler mit ihrem Gott Hermes gleich, der als Wanderer zwischen den Welten ein Seelenführer und Bote war.

Der Gott Thoth als Heiler des Lichtauges, 7.–6. Jahrhundert v. Chr., Ägypten.

Im Namen der legendären Gestalt eines dreimalgroßen Hermes, des Hermes Trismegistos, verschmolzen schließlich im 2. Jahrhundert n. Chr. ägyptische, griechische und jüdische Vorstellungen über die göttlichen Kräfte. Die »Hermetica«, eine mystische Schrift, galt als Vermächtnis eines Hermes Trismegistos, eines Philosophen, dessen Lehre durch den Namen des Götterboten ausgedrückt wurde, denn dreimalgroß oder dreigliedrig stellte er das Ebenbild Gottes, den Menschen, in seiner »Tabula smaragdina« dar.

Mit der Verschmelzung der Kulturen widerfuhr auch den alten Göttern eine Neugestaltung. So wurde aus dem ägyptischen Stiergott Apis, den man mit Zeus oder seinem Sohn identifizierte, durch eine Verschmelzung mit dem Herrscher der Unterwelt Osiris, der ptolemäische Gott Serapis. Serapis wurde als Gott der Unterwelt, des Meeres, der Fruchtbarkeit und des Heilens verehrt. Sein Kult fand zusammen mit dem Isiskult im ganzen Mittelmeerraum weite Verbreitung. Auch mit diesem Götterpaar vollzog sich die Erneuerung und Heilung des Lebens in der Nacht.

Die Macht der Schlange in Ägypten und Moses Machtwerkzeug

In der ägyptischen Kunst gibt es widersprüchliche Darstellungen von Schlangen. So galt die Uräusschlange als Schutzgöttin des Sonnengottes und als Trägerin der Sonnenscheibe. Wie die Sonne schützte sie auch den Pharao als irdischen Stellvertreter des Göttlichen und war das Zeichen seiner Königswürde. Mit der Uräusschlange verband sich die Vorstellung von Wandlung, Erneuerung und ewiger Wiederkehr.

Andererseits wurde die Schlange auch als bedrohliche Kraft im Totenreich dargestellt, die es zu überwinden oder zu vernichten galt. Als sonnenverschlingendes Wasser wurde die Schlange Apophis dargestellt und in dieser Rolle zuweilen mit Seth als Kraft der Zerstörung identifiziert.

Vogeljagd mit Schlangenstab, Ägypten, um 1400 v. Chr. Das Papyrosdickicht galt als Ort der Sonnengeburt, durch das sie sich ihre Bahn bricht. Der Verstorbene vollzieht mit dem Schlangenstab einen beschwörenden Kultakt, um sich das ewige Leben mit seiner Familie im Jenseits zu sichern.

Ihre Charakterisierung als Symbol des Heilens und als Symbol der Zerstörung entspricht den gegensätzlichen Kräften in der lebendigen Natur. Sich dieser Kräfte zu bedienen oder sie nutzbar zu machen, war seit Urzeiten das Bestreben von Heilern, Zauberern und Weisen, die häufig als Priester im Dienst eines Herrschers standen. Als magisches Werkzeug der Wandlung, Umwandlung oder Verwandlung galt vielfach ein Zauberstab, der auch in der Form eines Schlangenstabes gebräuchlich war.

Auch Mose, der in Ägypten lebende Verkünder des einen Gottes, der das Volk Israel aus der Knechtschaft des Pharaos befreien wollte, bediente sich eines solchen Zauberstabes, um vor dem Pharao die Macht seines Gottes Jahwe zu demonstrieren. Von Jahwe war an ihn der Rat ergangen, er solle dem Pharao einen Stab vor die Füße werfen, der würde sich dann augenblicklich in eine Schlange verwandeln. Der Pharao jedoch rief nach seinen eigenen Zauberern, Priestern und Wahrsagern und veranlaßte sie, das gleiche zu tun. Und auch ihre Stäbe wurden zu Schlangen. Der Schlangenstab aber, den Aaron in Moses Auftrag geworfen hatte, verschlang alle anderen. Das Herz des Pharao blieb davon ungerührt (Exodos, 7,1–11,10). Der Gott Jahwe beauftragte jetzt Mose, den Schlangenstab zum Zerstörungsinstrument gegen das Land Ägypten und alle seine Bewohner zu machen. So verwandelte er das Wasser des Nils in Blut, indem er mit dem Schlangenstab auf seine Oberfläche schlug. Er verursachte mit dem Stab die Krötenplage, die Stechmückenplage, die Heuschreckenplage, die Pest, den Hagel und den Tod aller Erstgeborenen. Mit dem Schlangenstab als Machtinstrument führte er das Volk Israel schließlich aus Ägypten. Doch in der Wüste Sinai murrte das Volk gegen Mose und seinen Gott Jahwe, weil sie kein Wasser zu trinken hatten. Und auch diesmal half die Wandlungskraft der Schlange dem auserwählten Volk, denn Gott sagte Mose, daß er nur mit dem Stab gegen den Felsen zu schlagen brauche, um aus ihm Wasser hervorquellen zu lassen (Exodus, 17,1–7).

Das Alte Testament beginnt in seiner ersten Schrift mit der Verdammung der Schlange als Kraft des Bösen. Wenn von demselben Gott ein anderes Volk verflucht werden soll, wird die gleiche Kraft des Bösen als Machtwerkzeug dem geistigen Führer der auserwählten Menschen überantwortet, denn die Schlange war ein Symbol der ewigen Wandlung gegensätzlicher Kräfte. Die Zerstörung auf dem grünen Punkt, die dem Eingang in das Schattenreich entspricht, bildet die Voraussetzung zur Umwandlung und heilenden Erneuerung auf dem orangefarbenen Punkt, die zum Ausgang aus dem Wasser-Dreieck im 10-Punkte-System führt. Die gleichgewichtige Gerechtigkeit im Kosmos, in der Natur oder auf dem Schicksalsweg der Menschen regelt sich durch das Gesetz dieser Einheit. Heiler bedienen sich dieser Gesetzmäßigkeit, die ihr Symbol im Schlangenstab findet. Als Machtmittel in den Händen von machtgierigen Menschen wird dadurch jedoch nicht ein bewegliches Gleichgewicht, sondern ein starres Übergewicht einer Seite bewirkt.

Schlangengöttin, die das Zeichen ihrer göttlichen Macht, eine Löwin, auf ihrem Haupt trägt. Mittelminoisch, Kreta, 17. Jahrhundert v. Chr.

Der biblische Rafael als Arzt Gottes

Als Heiler unter den Erzengeln gilt Rafael. In der Bibel wird er namentlich nur ein einziges Mal im Buch Tobit erwähnt. Die Geschichte schildert ihn als Begleiter auf einer Reise, die zum Heil führt. Als Seelenbegleiter zum Ausgang aus der Nacht entspricht seine Erscheinung der inhaltlichen Bedeutung des orangefarbenen Punktes in der kabbalistischen Baumstruktur.

Tobias, der Sohn des erblindeten Tobit, wurde von seinem Vater auf eine lange Reise geschickt, um Geld von einem Schuldner zu holen. Für diese Reise brauchte er einen kenntnisreichen und zuverlässigen Gefährten. Er fand diesen in Rafael, von dem er jedoch nicht ahnte, daß er ein Engel war. Als sie an den Tigris gelangten, wollte Tobias darin baden. Doch kaum war er im Wasser, da schoß vor ihm ein großer Fisch empor und drohte ihn zu verschlingen. Der Begleiter Rafael rief ihm zu, er solle den Fisch packen und ans Ufer werfen. Dort sollte er ihn aufschneiden und Herz, Leber und Galle herausnehmen und gut aufbewahren, den restlichen Fisch aber braten und verzehren. Herz und Leber, sagte Rafael, würden von bösen Dämonen und die Galle von Blindheit heilen. Auf halbem Weg führte der Erzengel Tobias in das Haus eines Verwandten. Der hatte eine Tochter namens Sara, die bereits mit sieben Männern verheiratet gewesen war, doch alle waren in der Brautnacht gestorben, bevor sie mit ihr die Hochzeit vollziehen konnten. Ein böser Dämon liebte sie, hieß es, und brachte alle um, die sich ihr nähern wollten. Rafael wollte Tobias mit Sara zusammenführen, damit er sie heiraten sollte, denn er sei der von Gott ausersehene Gemahl für Sara. Tobias müßte nur das Herz und die Leber des Fisches im Brautgemach verbrennen und der böse Dämon würde bis in den hintersten Winkel von Ägypten fliehen und niemals mehr Unheil anrichten können. So nahm Tobias Sara zur Frau, wie es heißt: »Nicht aus reiner Lust, sondern aus reiner Liebe.« Am Ende der Reise, als er mit seiner Gemahlin in sein Vaterhaus zurückkehrte, heilte er mit der Galle auch seinen Vater, wie es ihm von Rafael aufgetragen wurde, indem er ihm mit der Galle des Fisches über die blinden Augen strich. Der Vater war überglücklich, daß er seine Schwiegertochter Sara mit seinen Augen erblicken konnte (Tobit, 5,1–12,22).

Tobias aber hatte während dieser Reise noch einen zweiten Begleiter, denn sein Hund lief an seiner Seite mit ihm. Hunde wurden in der Mythologie häufig als Begleiter in der Nacht oder als Seelenführer durch das Totenreich geschildert, wie beispielsweise die Hunde der Hektate oder der Jägerin Artemis. Auch Kerberos, der griechische Höllenhund, verkörpert den Eintritt in das Schattenreich, damit dieser auch vollständig vollzogen wurde und nicht zum Ort der Umkehr werden konnte. In Ägypten galt der hundegestaltige Anubis als Führer der Seelen vor das Totengericht.

Die biblische Geschichte des Tobias schildert eine mystische Reise, in der Heilung durch bewußte Wahrnehmung der Ganzheit geschieht. Tobias vermochte sich mit der ihm unheimlichen Seite eines weiblichen Wesens zu vereinen, und der Vater wurde sehend, weil er vertrauensvoll seinen eigenen Sohn und damit sich selbst der Gefahr, zerstört zu werden, ausgeliefert hatte. Im Durchgang durch das dämonische Reich der Finsternis konnte er die Ganzheit seines inneren Wesens mit sehenden Augen erkennen.

Punkt 9
Violett
Planetenenergie: Saturn ♄

Die Schöpfungskraft der Nacht

Der tiefste Punkt im Sekundärdreieck mit der dunkelsten aller Farben, dem Violett, beinhaltet auch die dunkelsten Aspekte der Nacht, des Winters oder des Todes. Ihm steht als Komplementärfarbe das Gelb gegenüber, das beim intensiven Betrachten von Violett als flüchtiges Gegenbild vor Augen erscheint. Die dunkelste Farbe ruft die hellste Farbe hervor. Beide Farben stehen sich in der Mitte der 10-Punkte-Bäume gegenüber. Während das Gelb im Primärfarbendreieck den zentralen Feuer-Punkt beschreibt, steht Violett im Sekundärfarbendreieck für den zentralen Wasser-Punkt. Nach dem Eingang in die Nacht bei Grün und dem Ausgang aus der Nacht bei Orange folgt beim letzten violetten Punkt die Zeit der nächtlichen Mitte. Der Zeitpunkt der Wintersonnenwende im Ablauf des Jahres war bereits beim gelben Punkt als Wiedergeburt der Sonne thematisiert worden. Mit dem violetten Punkt wird der gleiche Zeitpunkt als dunkelste Winterzeit angesprochen, in der die Sonne ihren tiefsten Stand erreicht. Die beiden Komplementärfarben Violett und Gelb bezeichnen die unzertrennliche Einheit von Ende und Neubeginn im Kreislauf des Jahres. Sie schließen aneinander an wie das Zeichen der kreisenden Schlange, die sich in den Schwanz beißt oder wie das Alpha und Omega, A + Ω, der erste und der letzte Buchstabe des griechischen Alphabets, in denen sich die Schöpfung als ewige Wiederholung darstellt. Für Christen war das A + Ω mit dem endgültigen Sieg Gottes über die Kräfte der Finsternis und den Satan verknüpft. Im Neuen Testament wird in der letzten aller Schriften durch einen Johannes, der nicht identisch mit dem Evangelisten Johannes ist, die Vorstellung von einer Endzeit entwickelt, in der sich alle Welt vor einem Gericht zu verantworten hat. Nach diesem Jüngsten Gericht wird Gott die Welt der Finsternis für immer besiegt haben. Zur neuen Gotteswelt nach der Vernichtung der alten heißt es: »Ich bin Alpha und Omega, der Erste und der Letzte, der Anfang und das Ende. Wer durstig ist, den werde ich umsonst aus der Quelle trinken lassen, aus der das Wasser des Lebens strömt« (Offenbarung Johannes 21,6). Ein Sieg über die Finsternis des violetten Wasser-Punktes, der für Omega oder die Endzeit steht, würde bedeuten, daß alles sichtbare Leben, wie es sich durch die sechs farbigen Punkte in den Bäumen darstellt, vernichtet würde, denn diese untere Quelle des Lebens gäbe es danach ebensowenig wie die Sonne am Himmel. Mit dem Omega nach der Apokalypse oder dem Ende aller Zeitlichkeit werden jedoch nicht mehr die tiefsten Wasser der sichtbaren Welt, sondern die oberen, dunklen Quellen allen Lebens im geistigen Himmelsdreieck beschrieben. Sie bilden das dunkle Omega, das dem lichten Alpha folgt und mit ihm gemeinsam den Geist der Ur-Schöpfung ab. Der Durst der Erlösten wird somit aus den beiden dunklen Punkten des oberen Himmels, aus dem Geist der Auflösung und dem Geist der Erneuerung gelöscht, denn ihre Wasser bilden die geistige Quelle, aus der die Wasser des ewigen Lebens strömen. In den unteren Wassern

Alpha und Omega, erster und letzter Buchstabe des griechischen Alphabets, rechts und links vom Christusmonogramm.

dagegen stellt sich diese unendlich wirkende Kraft des Geistes im Körper Gottes oder als Gesetzeskörper der Natur dar, in dem die Endzeit den Neubeginn als Verheißung in sich trägt. Die tiefste Finsternis birgt das Licht und das Leben in sich, wie Violett das Gelb.

Violett entsteht aus der Farbmischung von Rot und Blau. Der rote und der blaue Punkt werden durch die Tarotbilder im Baum des Lebens mit der weltlichen und geistlichen Macht von Männern identifiziert. Sie stehen im Hintergrund von aufsteigender und absteigender männlicher Feuerkraft. In der Mischfarbe Violett stellt sich das zusammenfassende Ergebnis dieser männlichen Erscheinungsformen im Bild eines weisen Alten dar, der weltliche und geistliche Macht hinter sich gelassen hat. Mit Violett wird das Alter der männlichen Lebenskraft symbolisiert, wie es sich auch in Analogie zum Alter jener Sonne zeigt, die zum Zeitpunkt des tiefsten Winters ohne Kraft ist und sich im dunklen Körper der Nacht unsichtbar verborgen hält. Im Violett vereinen sich die Kräfte der Auflösung und der Erneuerung zu einer schöpferischen Kraft der Tiefe. Diese Farbe ist jedoch nicht nur der Gegenpol zum lichten Gelb, sie ist zudem der Endpunkt in der sechsgliedrigen Welt der Farben und steht dadurch dem weißen Schöpfungspunkt als dunkler Spiegel gegenüber. Dem Schöpfungsgeist im höchsten Dreieck der beiden 10-Punkte-Bäume steht die Schöpfungskraft der lichtlosen Tiefe gegenüber, aus der das feurige Licht der Welt geschaffen wird. Die Schöpfungskraft in der Tiefe des Lebens oder die Schöpfungskraft der unteren Wasser trägt den Schöpfungsgeist in sich wie umgekehrt die geistige Schöpfungskraft die Erschaffung der sichtbaren Welt in sich birgt. Im Baum des Lebens zeigt sich die Endlichkeit des Lebens, die sich im Baum der Erkenntnis zur Einsicht in die Unendlichkeit der Schöpfung erweitert. Das Zeichen der Verknüpfung von Ring und Stab, wie es sich im letzten Buchstaben des griechischen Alphabets, dem Omega, zeigt, beinhaltet das Wesen des violetten Punktes, endlich und unendlich zugleich.

Im Tiefpunkt der Nacht zeigt sich die Unendlichkeit des Lebens

Das Tarotbild »Der Eremit«, das im Baum des Lebens zum violetten Punkt gehört, zeigt einen älteren Mann in einem Eremitengewand, der mit einer Laterne in der erhobenen Hand in die Dunkelheit hineinleuchtet. Die Laterne ist unten dreiteilig, entsprechend

*»Der Eremit«,
9. Tarotbild des
Marseiller Tarot.*

*»Die Kraft«,
11. Tarotbild des
Marseiller Tarot.*

den drei Ausdrucksformen der Tiefe oder der Wasser des Lebens. Das mittlere Glas ist schattenlos, als würde nur aus ihm Licht hervortreten. Die linke Laternenseite ragt in die nächtliche Umgebung hinein, während die beiden anderen Seiten von der Umhüllung des Eremiten umgeben sind. Das hervortretende Licht in der Mitte symbolisiert den feurigen Lebensfunken, der in einem Eremiten lebt, auch wenn er sich von der lichten Welt verabschiedet hat. Dieses Licht führt ihn bis ans Ende seiner Lebenszeit. Das unauslöschliche Lebenslicht vor seinen Augen macht ihm sichtbar, wie die Welt der nächtlichen Tiefe dreifach gegliedert ist. Er bewegt sich nach links, denn dort befindet sich auf dem orangefarbenen Punkt der Ausgang aus der Nacht, der durch die linke Laternenseite symbolisiert wird, die aus der Hülle hervorragt. Die leuchtende Lebenskraft des Wandernden befindet sich in Bewegung, die den fließenden Lebensfluß der unteren Wasser symbolisiert, der auch in der Finsternis der lichtlosen Tiefe oder des Todes unaufhaltsam fließt. Der Totenfluß in der Unterwelt führt zur Quelle des zukünftigen Lebens. Der Eremit bewegt sich zum Endpunkt der Zeit, aus dem ihr Anfang neu entsteht. Der alte Einsiedler steht im Baum des Lebens für das scheinbare Ende des Lebens, das sich von einem kraftlosen Körper trennt, um als kleines Licht wiedergeboren zu werden. Der geschwungene Wanderstab hat die Form eines zauberkräftigen Schlangenstabes. Die Schlange, das Symbol der Unsterblichkeit, führt den Eremiten dazu, seine alte Körperhülle abzustreifen, denn unter dieser wächst unsichtbar bereits die neue Hülle für das Lebenslicht, das sich als kleines, gelbes Licht über den dunklen Wassern zeigt.

Im aufwärtsverlaufenden Weg durch den Baum der Erkenntnis gehört das 11. Tarotbild »Die Kraft« zum violetten Punkt. »Die Kraft« stellt wieder eine der antiken Tugenden dar, durch die sich die weibliche Seite der Lebenskraft darstellt. Das Bild zeigt eine Frauengestalt mit großem Hut. Im Hut verbirgt sich eine Lemniskate, die Schleife des Unendlichkeitszeichens. Mit dem gleichen Zeichen im Hut leitet »Der Magier« den Baum des Lebens oben ein. Im weißen Punkt der geistigen Ur-Schöpfung ist das Gesetz der Polarität und damit die Erschaffung der Welt bereits angelegt. Die geschaffene Welt aber reagiert nun ihrerseits auf den geistigen Gegenpol und wirkt als schöpferische

Thetis und Peleus beim Ringkampf, Vasenbild, Griechenland, um 500 v. Chr. Thetis war eine Meergöttin, von der es hieß, es sei ihr bestimmt gewesen, einen Sohn zu gebären, der mächtiger würde als sein Vater. Sowohl Zeus als auch Poseidon hatten sich um ihre Gunst beworben. Als sie jedoch von dem Orakel hörten, fürchteten beide um ihre Herrschaft und beschlossen, die Göttin mit dem sterblichen Peleus zu vermählen. Thetis besaß wie alle großen Göttinnen die Gabe, sich zu verwandeln, und so erschien sie dem Peleus als Wasser und als Feuer wie auch in der Gestalt einer Löwin und einer Schlange, die Peleus im Kampf erst überwinden mußte, um als Sterblicher mit einer Unsterblichen die Heilige Hochzeit vollziehen zu können.

Gegenkraft in der Materie, um in umgekehrter Richtung zum geistigen Ausgangsort zurückzukehren. Mit dem Unendlichkeitszeichen im abwärtsgerichteten Baum des Lebens entfaltet sich die farbige Welt, die beim Violett endet. Im aufwärtsgerichteten Baum der Erkenntnis dagegen entfaltet sich die farbige Welt aus dieser Tiefe und endet in der Höhe beim Weiß. Das Tarotbild »Die Kraft« steht für die beginnende Einsicht in die Einheit von Geist und Materie, die einander bedingen und sich wechselseitig hervorbringen. Sie eröffnet den Weg, der zu umfassender Erkenntnis führt. Das Eröffnen wird auf dem Tarotbild sinnbildlich durch das geöffnete Raubtiermaul ausgedrückt, das vor ihrem Schoß dargestellt ist. Ihr dunkler Schoß gebiert das Licht. Die Löwin, die gefährliche Königin der Tiere, hat die Gebeine der Körper verschlungen, um die Lebenskraft aus ihnen zu befreien. Sie ist ein Sinnbild für den verschlingenden Abgrund, der schöpferische Kräfte freisetzt. »Die Kraft« verkörpert die dunkle, wilde Quelle der Weisheit im Baum der Erkenntnis, die gewaltsam reinigt, was einen Aufstieg aus der Tiefe behindern könnte. Der Durchgang jedoch durch diese Wasser eröffnet den Blick auf die Ewigkeit der Schöpfung. Blick, Körper und Löwenmaul sind nach rechts gerichtet. Dort befindet sich im Baum der Erkenntnis der grüne Punkt im Wasser-Dreieck mit dem Totengerippe auf dem 13. Tarotbild. Dorthin wendet sich die gebärende, weibliche Schöpfungskraft der Tiefe, denn die gereinigten Gebeine bilden den Ausgang aus dem Reich der Finsternis. Der Eingang in die Nacht im Baum des Lebens wird im Baum der Erkenntnis zum Ausgang aus ihr. Die unsichtbare Lebenskraft wirkt im Violett als Kraft der Umkehrung.

Endzeit oder das Licht jenseits der Finsternis

Der Planet, der den tiefsten, violetten Punkt charakterisiert, ist Saturn. Er war ein römischer Gott, der mit Kronos in Griechenland gleichgesetzt wurde. Saturn wurde in Italien als Erntegott verehrt und galt als gerechter und gütiger Herrscher im Goldenen

Zeitalter, in dem die Menschen glücklich und zufrieden lebten. In die paradiesische Zeit auf die »Inseln der Glückseligen« hatte er sich gerettet, nachdem er von seinem Sohn vertrieben worden war, denn dieser hatte den Thron als Nachfolger für sich selber beansprucht. Saturn zu Ehren wurde das Fest Saturnalia vom 17. Dezember bis zum Zeitpunkt der Wintersonnenwende mehrere Tage lang gefeiert. Während dieses ausgelassenen Festes wurden alle gesellschaftlichen Schranken aufgehoben. Diener und Herren vertauschten ihre Rollen, und Narren wurden gekrönt. In Griechenland wurden die »Inseln der Glückseligen« als Elysium bezeichnet, ein Reich, in dem die auserwählten Toten ein fröhliches Dasein führten.

Über Kronos berichtet die griechische Mythologie, daß er der Sohn von Uranos (Himmel) und Gaia (Erde) war. Seine Schwester Rhea wurde seine Gemahlin. Mit ihr zeugte er drei Töchter und drei Söhne. Sein jüngster Sohn war Zeus, der als sein Nachfolger seinen Thron beanspruchte, so wie er selber zuvor den Thron seines Vaters Uranos für sich beansprucht hatte. Er war wie alle männlichen Götter der Frühzeit ein sogenannter Heiliger König, dessen Regierungszeit und Lebenszeit zeitlich begrenzt war, denn er verkörperte die feurige Zeugungskraft der Sonne.

Dieser Schöpfungsmythos setzt die lichtlose Finsternis an den Ur-Anfang, denn Uranos, der Urvater, war nicht die Sonne, sondern der Sternenhimmel der Nacht, der sich zeugend mit Gaia vereinte. Die Kinder, die Gaia von ihm empfing, wurden als Titanen, Riesen, bezeichnet. Uranos fürchtete um seine Herrschaft und wollte verhindern, daß sie aus der Erde heraus geboren würden, denn einer seiner gewaltigen Söhne war Helios, die Sonne, dem Titanen Eros vergleichbar. Es heißt, daß er seine Kinder in einer Höhle verbarg, die aber war Gaias Leib. Gaia sann nun darauf, wie sie sich der Last ihrer ungeborenen Kinder entledigen könnte und beauftragte ihren jüngsten Sohn Kronos/Saturn, seinem eigenen Vater im Dunkel ihres Körpers aufzulauern und ihn zu entmannen, wenn er sich wieder mit ihr vereinigte. Als Waffe gab sie ihm dazu eine Sichel mit scharfen Zähnen. Nachdem Uranos wieder in Gaia eingedrungen war, trennte Kronos/Saturn das Glied seines Vaters ab und warf es hinter sich ins Meer. Aus seinem Samen entstand nach griechischer Version Aphrodite, die Schaumgeborene.

Mit Uranos war die Ur-Zeugung beendet, denn seine zwölf Kinder entsprechen dem Kreislauf des Jahres mit zwölf Monaten, die sich als zwölf Sternbilder auch am nächtlichen Himmel zeigen. Durch das Eingreifen des Kronos wurde die Zeit des Sonnenjahres gesetzt. Es heißt, daß griechische Geschichtsschreiber den Namen Kronos fälschlicherweise mit dem Wort *chronos*, »Zeit« oder »Jahr«, in Verbindung brachten und ihn deswegen als alten Mann mit Sense zum Vater der Zeit erklärten. Als Beschneider seines Sternenvaters aber wurde er zum ersten Heiligen König und zur personifizierten Zeit, die am Durchlaufen der Sonne durch zwölf Sternbilder gemessen wurde und seiner Herrschaft auf Zeit am Ende des Jahres ein Ende durch den Tod setzte. Am Ende seiner Herrschaftszeit am Himmel begab sich der altgewordene Gott in die elysischen Gefilde jenseits der Zeit.

Kronos, der mit seiner Zwillingsschwester Rhea vermählt war, fürchtete deren Kinder ebenso, wie sein Vater Uranos die seinen gefürchtet hatte, denn Kronos war prophezeit worden, daß ein starker Sohn ihn in gleicher Weise stürzen würde, wie er seinen Vater gestürzt hatte. Drei Töchter und drei Söhne sollte ihm Rhea gebären, doch er verschlang sie alle nach ihrer Geburt. So hatte er bereits Hestia, Demeter, Hera, Hades und

Saturno, Tarotbild des Ferraresischen Meisters, um 1465, Italien. Saturn war ein Kinderverschlinger, denn ihm war prophezeit worden, daß ein starker Sohn seine Herrschaft beenden würde, so wie er selber die Herrschaft seines Vaters Uranos beendet hatte. Durch Saturn wurden Ende und Anfang der Zeit festgelegt. Am Ende der Zeit stirbt die Sonne, um wiedergeboren zu werden. Die Vorstellung vom ewigen Kreislauf ist durch das Symbol der geflügelten Schlange dargestellt, die sich in den Schwanz beißt. Mit einer Sichel hatte Saturn seinen Vater entmannt. Sichel und Sense sind Erntewerkzeuge. Der Tod öffnet das Tor zum Jenseits, das für Saturn die elysischen Gefilde waren.

Forteza, Kraft, Tarotbild des Ferraresischen Meisters, Italien, um 1465.
Sie verkörpert die ehrfurchtgebietende Herrscherin über Leben und Tod, wie sie in der Mythologie durch die großen Göttinnen der Frühzeit dargestellt wurde. Zu ihnen gehört die mit Löwenattributen versehene babylonische Ischtar, die ephesische Artemis oder die ägyptische Sachmet. Sie verkörperten die Kraft der Schöpfung und die Kraft der Zerstörung. In der »Kraft« dieser Löwin vereint sich das lebendige Wechselspiel der Gegensätze zu einer Schöpferkraft der Tiefe, aus der alles Leben gereinigt hervorgeht. Das Sonnenzeichen auf der Schulter weist sie als Trägerin der Lebenskraft aus, die sie aus der Materie befreit, um ihr den Weg zu ihrem geistigen Ursprungsort in der Höhe zu ermöglichen. »Die Kraft« verkörpert die schmerzhafte Geburt der Erkenntnis.

Poseidon verschlungen. Als er jedoch auch seinen jüngsten Sohn Zeus von Rhea verlangte, griff diese zu einer List, um dessen Leben zu schützen, denn dieser war der auserwählte Nachfolger auf dem Himmelsthron. Rhea, die Berggöttin, brachte Zeus in tiefer Nacht im Dunkel einer Berghöhle ans Licht der Welt. Dieser Berg mit einer Bienenhöhle wurde auf Kreta angesiedelt, wo in der Frühzeit die Bienenkönigin Melissa verehrt wurde. Aber auch der Berg Lykaion in Arkadien galt als Geburtsstätte von Zeus. An jenem Ort soll in der Frühzeit alljährlich die Wiedergeburt eines göttlichen Kindes gefeiert worden sein. Die Berghöhle wird als so finster geschildert, daß kein Wesen Schatten warf. Der arkadische Zeus wurde deswegen als Zeus Lykaios, der wölfische Zeus bezeichnet, denn *lykos* heißt »Wolf«.

Rhea schützte ihren Sohn Zeus vor Kronos, indem sie ihrem Gatten anstatt des Säuglings einen in Windeln gewickelten Stein reichte, doch Kronos bemerkte die List und begann Zeus überall auf der Welt zu suchen. Die Zwillingsschwester von Zeus, Hera, seine spätere Gemahlin, aber hatte ihn bereits nach Kreta in Sicherheit gebracht, oder war es Rhea, oder wurde er Gaia übergeben? Die verschiedenen Versionen machen deutlich, daß mit den unterschiedlichen Namen oder Generationen von Göttinnen immer die eine Große Göttin gemeint war, die als weibliche Schöpferkraft der Nacht, der Erde oder des Meeres das Licht der Sonne in ihren dunklen Körper aufnimmt, um es verjüngt wiederzugebären.

Diese Göttinnen wirkten sowohl furchterregend gewalttätig als auch liebevoll und lebenspendend. Sie wurden mit vielerlei Attributen versehen, um sie in ihrer umfassenden Rolle darzustellen. So wurde Athene gepanzert und mit Kriegswaffen gezeigt, Artemis mit Pfeil und Bogen oder wie in Ephesos mit dem Zeichen der Biene als männermordende Bienenkönigin. Die gezähnte Sichel der Gaia wirkt wie ein Raubtiergebiß. Gaia wurde zudem auch mit der Gestalt wilder Tiere identifiziert, beispielsweise mit der Löwin oder der Wölfin. Ihre sanften und liebevollen Seiten hingegen sah man durch die Kuh oder die Ziege verkörpert. Als unsterbliche Erneuerin des Lebens erschien sie in der Gestalt einer Schlange.

So galt die kretische Ziegengöttin Amalthea als Zeus' Amme, die ihn aus ihrem stets gefüllten Horn ernährte. Dieses Füllhorn galt als ein Gefäß, das alles hervorbringen konnte, was immer sein Besitzer sich wünschte.

Kaum war Zeus herangewachsen, verlangte er nach der Würde des Amtes auf dem Herrscherthron, oder seine Mutter Rhea verlangte die Absetzung von Kronos. Wie Zeus seinen Vater beseitigte, wird auf zweierlei Weise geschildert. Zum einen soll er ihn ebenfalls mit einer Sichel entmannt haben, während dieser vom Honig berauscht schlief. Andererseits heißt es, er habe ihn gefesselt und nach Westen über das Meer vertrieben. Im Westen jedoch geht die Sonne unter, und in den Vorstellungen vieler alter Kulturvölker befand sich das Totenreich im Westen. Westlich von Griechenland aber lag hinter dem Meer Italien, in dem das Volk der Etrusker alljährlich die Saturnalien feierte.

Zeus befreite seine fünf Geschwister aus der Gewalt von Kronos und teilte die Herrschaft über die Welt patriarchalisch unter seinen drei Brüdern neu auf. Poseidons Reich wurde das Meer, Hades bekam die Unterwelt, und Zeus selber nahm sich die Herrschaft über den Himmel. Diese Trinität spiegelt sich auch im farbigen 10-Punkte-System. Zeus/Jupiter gehört dem blauen Punkt an, Poseidon/Neptun dem roten Punkt und Hades/Pluto dem violetten Punkt. Von Kronos heißt es, er habe im Goldenen Zeitalter geherrscht und sei ein überaus gütiger König gewesen.

Die Inseln der Glückseligen, das Elysium, galt in Griechenland als Reich der Toten, wo die Auserwählten, Gerechten und Frommen in ewigem Glück leben konnten. Als

Ödipus vor der Sphinx, Relief an einem Sarkophag, Griechenland. In der geflügelten Löwin verkörperte sich die Göttin des Todes. Die Sphinx galt als Todessymbol.
Das delphische Orakel hatte verkündet, daß Ödipus seinen Vater ermorden und seine Mutter heiraten würde. Im Sinne der frühen Vorstellungen von einer Heiligen Hochzeit der Mutter-Göttin mit ihrem Sonnensohn, der in der Nacht zu ihrem Geliebten und Gatten wurde, hätte diese Prophezeiung nur das Mysterium der ewigen Erneuerung des Lebens beschrieben. Im Wandel der Zeiten jedoch wurde die Geschichte um Ödipus mit patriarchalen Moralvorstellungen versehen. Der Bruder der verwitweten Königin versprach jedem die Königin zur Gattin, der die Stadt von der menschenfressenden Sphinx durch das Lösen ihres Rätsels befreien könnte. Das lautete: Was läuft am Morgen auf vier, am Mittag auf zwei und am Abend auf drei Beinen und ist am schwächsten, wenn es auf den meisten läuft? Ödipus fand des Rätsels Lösung im Menschen und heiratete ahnungslos seine Mutter. Als er die Wahrheit erfuhr, blendete er sich. Über seinen weiteren Lebensweg und sein Ende gibt es etliche Fassungen. In einer Version wird darauf hingewiesen, daß Ödipus in seinem Grab ein Gast der Demeter sei und in ihrem Hain ruhe. Demeter aber war der Mysterienkult der ewigen Erneuerung der Lebenskraft gewidmet.

gerechter Herrscher und Totenrichter im Elysium wird auch der kretische Gott Radamanthys genannt. Die elysischen Gefilde werden auch als die Gegend beschrieben, wo unten die Sonne scheint, wenn oben auf der entgegengesetzten Seite Nacht ist. Den Weg dorthin aber vermögen nicht alle toten Seelen zu finden, denn in der griechischen Mythologie wurde das Totenreich als graues, freudloses Reich geschildert, in dem die Schatten der Verstorbenen ohne alle Hoffnung in Ewigkeit umherwandeln. Dieses finstere Reich war in der Vorstellung das Los aller Menschen, die nach einem nicht geheiligten Leben oder als Uneingeweihte gestorben waren, denn aus Unwissenheit hatten sie aus dem Fluß Lethe das Wasser des Vergessens getrunken. Nach den Unterweisungen der Orphiker jedoch sollte der eingeweihte Verstorbene aus der Quelle Mnemosyne, Gedächtnis oder Erinnerung, trinken, um das Reich des Hades verlassen zu können, denn hinter dem Reich der Finsternis begann die lichte Welt der elysischen Gefilde. Dorthin war auch der kretische Gott Radamanthys gelangt, der bereits zu Lebzeiten als gerechter und gütiger Herrscher gegolten hatte, denn er hatte den Kretern einen Rechtskodex gebracht, der das Leben der Menschen gerecht regelte. Radamanthys wird als einer der drei Söhne genannt, die von Zeus als Stier mit der Mondgöttin Persephone oder auch Europa gezeugt worden waren. Alle kretischen Götter der minoischen Kultur verkörperten die feurige Zeugungskraft der Sonne und wurden stiergestaltig verehrt. Sie waren die Auserwählten, die nach vollendeter Lebensaufgabe geopfert und in das jenseitige Elysium entrückt wurden. So war der kretische Stiergott als Verkörperung der zeugenden Sonne sowohl ein Gott des Tages als auch der Nacht. In der Nacht vereinte er sich als Asterios, Sternengott, mit der Mondgöttin, um sich durch ihren nächtlichen Leib zeugend zu erneuern. Aus dem elysischen Jenseits konnten die Seelen der Verstorbenen nach Ansicht der Orphiker auch wiedergeboren werden, wenn sie wollten. Nachdem sie sich dreimal auf Erden wieder verkörpert hatten und dreimal ins Elysium zurückgekehrt waren, sollten sie für immer dort bleiben. Die Vorstellung von mehreren Leben auf verschiedenen Seiten der Erde und eine damit verbundene Lehre von der Wanderung der Seele durch mindestens drei Existenzformen hat wahrscheinlich über die sehr frühe kretische Kultur Eingang in griechische Jenseitsvorstellungen gefunden, wie sie von Orphikern und von den Pythagoräern vertreten wurde. Das hellenistische Bild vom Hades als Endzustand wurde mit vorhellenistischen Vorstellungen von einem ewigen Leben verknüpft. Eine vergleichbare Vorstellung muß bei den Etruskern in Italien geherrscht haben, denn entsprechend der Beschreibungen von einem Goldenen Zeitalter auf den Inseln der Seligen, die mit blühenden Wiesen geschildert wurden, auf denen sich die Verstorbenen mit Spiel, Tanz und Gesang vergnügten, bemalten die Etrusker ihre Gräber. Der Verstorbene wurde häufig inmitten von Musikern und Tänzern dargestellt, während er ein üppiges Gastmahl zelebrierte.

Musikanten und Tänzer, Ausschnitt aus einer Wandmalerei im etruskischen Grab der Löwin, Italien, um 480–470 v. Chr., Tarquinia, Grab des Leoparden.

Chronico, Tarotbild des Ferraresischen Meisters, um 1465. Die Abbildung zeigt den Genius der Zeit, der wie alle Genien als Schutzgeist und als Verkörperung der männlichen Lebenskraft galt. In wechselnden Körpern offenbart er seine ewige Existenz, die für ihn symbolisch durch die kreisende Schlange ausgedrückt wird, denn von äußerlichem Alter oder Wiedergeburt bleibt seine unsterbliche Seele unberührt und riesenhaft wie seine Gestalt. Die Abbildung zeigt zwei Bäume mit je drei Ebenen. Sie gleichen dem Aufbau der beiden 10-Punkte-Bäume. Die drei einfachen Bäume in der Mitte sind wie die drei Punkte, die für die letzten Schritte zur verbindenden Frucht stehen, wovon der mittlere Baum zwischen den Beinen das Resultat aller Gesetzmäßigkeiten im Zeitablauf symbolisiert, die ewig kreisende Zeit. Der Genius der Zeit verkörpert die Kraft, die Anfang und Ende zur Ewigkeit werden laßt.

Die Neuverteilung der Welt und die Folgen für die Toten

Die Aufteilung der göttlichen Herrschaftsbereiche wurde nach dem Eingehen von Kronos in die Gefilde der Seligen von seinem Sohn und Nachfolger Zeus neu bestimmt. War zuvor die Welt unter die zwölf Töchter und Söhne der Ur-Eltern aufgeteilt gewesen, so wurde sie jetzt auf drei Herrschaftsbereiche reduziert. Auch Zeus auf dem Himmelsthron, Poseidon im Meer und Hades in der Unterwelt verkörperten drei Lebensalter der Sonnenkraft. Jeder von ihnen aber wurde zu einem unbeweglichen Gott. Im Gegensatz zur fließenden Lebenszeit zuvor, waren die neuen Götter unsterblich und unbeweglich mit ihrem Herrschaftsbereich verbunden. Sie bewegten sich nur innerhalb ihrer Grenzen. Eine Ausnahme jedoch schildert die Geschichte um den Raub von Persephone durch Hades, der sie zur Frau begehrte. Nur dieses eine Mal verließ Hades sein finsteres Reich um Kore, die Tochter von Demeter, zu rauben. Persephone wurde erst ihr Name als Gattin und Herrscherin im Totenreich. Nur in der Göttin blieb die alte Vorstellung von einer fließenden Zeit erhalten, denn ihr wurde gestattet, nur ein Drittel ihrer Lebenszeit als Herrscherin der Unterwelt bei ihrem Gemahl zu bleiben. Die Konsequenz aus der Wandlung des männlichen Götterbildes war eine Vorstellung vom Totenreich, in dem die Verstorbenen ein freudloses Dasein ohne eine Chance der Wiederkehr führten. Der Hades wurde als Schattenreich gedacht, in dem die Körper der Verstorbenen blutlos, bewußtlos und seelenlos auf ewig umherwandeln und mechanisch die gleichen Tätigkeiten ausüben mußten, die sie auch zu Lebzeiten verrichtet hatten. Nach dieser Vorstellung blieben im Gegensatz zu älteren Einsichten die Körper für immer erhalten, nicht aber der lebendige, geistige Wesenskern, der sich vom zerfallenen Körper löst, um in einer erneuerten Körperform aufzuerstehen.

Hades' Totenreich war keine Hölle, die war eher das Leben gewesen, das nun unendlich fortgesetzt werden mußte. Zum Reich der Schatten gab es einen Eingang, an dessen Schwelle Kerberos, der grimmige Wächter mit drei Hundeköpfen, darüber wachte, daß der Eingang nicht zum Ausgang wurde. Wegen seiner Dreiköpfigkeit ist zu vermuten, daß er als seelenbeschützender Hund ursprünglich durch alle drei Phasen der Finsternis wanderte und in seiner Dreifaltigkeit ein Begleiter der dreifaltigen Hekate war. Im Widerspruch zur Bewegungslosigkeit von Hades steht ein anderer Name, mit dem derselbe Gott angesprochen wurde, denn der Name Hades wurde nicht ausgesprochen. Man nannte ihn Pluto, den Reichen. In diesem Namen schwingt etwas vom ursprünglichen Wesen eines Erdgottes, der als zeugende Kraft sich in der Nacht mit der Erdgöttin vereint, um das Wachstum in der winterlichen Erde zu bewirken. Nur mit diesem Namen ist er ein sterbender und auferstehender Gott, dessen äußere Form wandlungsfähig, dessen Seele jedoch unvergänglich ist. Über die bewußte Einsicht in die Schattenseite des Lebens jedoch wachte Kerberos.

Hades wird auch als fruchtspendender Pluto dargestellt, der die Menschen mit seinen Gütern aus der Erdentiefe beschenkt. Er wird mit einem Ährenbündel und einer Schale abgebildet. Auch mit dem Attribut des Füllhorns, dem Sinnbild nie versiegender Fülle, wurde er versehen. An sein dunkles Reich aber blieb er gebunden, denn altern, sterben und geboren zu werden war diesem Gott nicht zugedacht.

Dem Wandel der Zeiten unterlagen aber weiterhin die als dreifaltig bezeichneten Göttinnen, in denen sich Jugend, Reife und Alter darstellten. Die aus Kleinasien stammende Hekate war unter ihnen die meistgenannte. In hellenistischer Zeit wurde sie jedoch vorwiegend mit ihrem dunklen Aspekt zur Göttin der Unterwelt. Ihr Herrschaftsbereich soll aber ursprünglich die Gesamtheit aller Welten, den Himmel, das Wasser, die Erde und die Unterwelt umfaßt haben. Persephone wie deren Mutter Demeter waren nur eine ihrer möglichen Erscheinungsformen. Sie wurden beide auch als ihre Töchter bezeichnet.

Persephone wird häufig mit einem immergrünen Efeuzweig, dem Zeichen des ewigen Lebens, abgebildet. Ein ähnliches Sinnbild ist das Huhn in ihrer Hand, das mit dem Ei den noch unsichtbaren, neuen Lebenskeim hervorbringt. Der Hahn unter ihrem Thron verkündet in der Zeit der Finsternis das nahende Licht und mit ihm das neue Leben. Persephone verkörperte im Hades die gleiche weibliche Kraft, die auch auf dem Tarotbild »Die Kraft« dargestellt ist. Sie eröffnet im Reich der tiefsten Schatten den Blick auf das ewige Leben. Gemeinsam mit Hades verkörpert sie die Kräfte, die im Totenreich zu neuem Leben führen.

Das Elysium jenseit der Zeit, in dem Rhea ihren Gemahl Kronos empfing, lag in der Vorstellung hinter dem Totenreich, in dem Persephone und Hades herrschten. Die griechische Mythologie aber nennt noch einen weiteren Ort des Todes, der ebenfalls jenseits, hinter oder unter dem Hades gedacht wurde. Dort sollte der Tartaros sein, in dem selbst die Schatten der Verstorbenen nicht mehr erkennbar waren. Wie tief dieser Tartaros gedacht wurde, verdeutlicht eine Raumvorstellung, die durch das Maß der Zeit gemessen wurde. Der fallende Amboß der feurigen und phallischen Schmiedegötter würde neun Tage brauchen, um die Distanz des Weltalls vom Himmel bis zur Erde zu durchmessen. Weitere neun Tage würde er dann benötigen, um den tiefsten Punkt der Unterwelt, den Tartaros, zu erreichen. Darunter gäbe es nur noch das Chaos, wo alle Fallbewegung aufhören würde. Dieser Tartaros diente Zeus als Straf- und Verbannungsort, in dem er alle göttlichen Gestalten endgültig beseitigte, die seiner Herrschaft im Wege standen, denn in ihnen verkörperten sich göttliche Wesen, die vor Zeus mächtig gewesen waren. Zu ihnen gehörten die Titanen, die ersten Geschöpfe der Welt, mit denen der kreisende Lauf der Zeit, des Jahres oder des Lebens begann, die Kinder von Gaia und Uranos.

In den tiefsten Tiefen der Erde aber befand sich nach den sehr frühen Mythen das Reich des unterirdischen Feuers, die phallische Zeugungskraft der Schmiedegötter, die als Daktylen, feurige Finger oder Kabiren verehrt wurden. Sie galten als Begleiter der Erdmutter Gaia und wurden im Verhältnis zu ihr als kleingestaltige Wesen gedacht, die im Innern ihres Leibes das unauslöschliche zeugende Feuer verkörperten, das aus ihrem dunklen Körper als feurige Zeugungskraft des Tages geboren würde. Mit Zeus' Erscheinen aber wurde dieser Ort des ewigen Lebens und der Hoffnung auf Wiederkehr durch lichtlose Schwärze ausgelöscht. Blindheit sollte vor der Einsicht bewahren. Von Ödipus heißt es, daß er sich blendete, als er erfuhr, daß seine Gattin seine Mutter war. Als Lebender wollte er sich der Erkenntnis des ewigen Kreislaufs des Lebens verschließen. Doch im Tode, heißt es von ihm, weilte er in Demeters Hain. In ihrem Schutz war er der Lebensfunke in der Tiefe der Nacht.

Blindheit und Heilung

Eine weitere mythologische Gestalt beleuchtet noch in besonderer Weise den Inhalt der beiden Tarotbilder der violetten Punkte. Es ist Orion, der als Sternbild bekannt ist. Er wurde als Riese und wilder Jäger beschrieben, in dessen Wesen sich die ältesten Vorstellungen über kosmische Vorgänge spiegeln. Mit der Bezeichnung wilder Jäger war er vermutlich, ähnlich dem Gott Dionysos, anfänglich ein jugendlicher Jäger von wilden Frauen, dessen Schicksal es später war, durch die Mänaden, die Rasenden, zum gejagten Opfer zu werden, wodurch sich seine sonnenhafte Bestimmung, getötet zu werden, erfüllte. In der Geschichte heißt es, er habe Mirope, die Frau oder Tochter des Oinopion, im Zustand des Rausches vergewaltigt und wäre aus Rache für diese Untat im Schlaf von Oinopion geblendet worden. Mirope war kretischer Abstammung, so daß durch sie wahrscheinlich ein mythisches Wesen geschildert wird, das als Göttin der Nacht oder der Erdentiefe in vielerlei Lebensaltern erscheinen konnte. Neben Mirope wird auch Artemis, die jagende Todesgöttin, als ein Opfer genannt, das Orion verfolgte. Sie soll Orion, der ihr Geliebter gewesen war, mit Absicht oder versehentlich getötet und ihn danach in ihrer Trauer als Sternbild an den nächtlichen Himmel gesetzt haben. Mirope und Artemis aber waren dreifaltige Göttinnen. Mit ihnen hatte Orion die Sünde begangen, sich liebend zu vereinigen, denn sie konnten als Jungfrauen, Mütter oder Alte erscheinen. Orion hatte somit seine mütterliche Hervorbringerin zu seiner Geliebten gemacht, als Verkörperung von kosmischen Vorgängen keine ungewöhnliche Freveltat.

Der heilige Christophorus, der Christus-Träger, Holzschnitt um 1430 aus dem süddeutschen Raum. Aus christlicher Sicht war Christophorus ein gütiger, riesenhafter, alter Mann, der Menschen von einer Flußseite zur anderen brachte. Viele Abbildungen zeigen den Heiligen in Verbindung mit einer Eiche. Durch dieses Attribut wird er als heiliger Eichenkönig charakterisiert, der alljährlich am Ende seiner Herrschaft vor der Wintersonnenwende geopfert wurde, um zum Zeitpunkt der Wende als Lebensfunke in der Tiefe der Nacht wiedergeboren zu werden. Sein Ebenbild findet Christophorus im Jäger und Riesen Orion.

Orion wurde nach der Vergewaltigung mit Blindheit geschlagen. Doch ein Orakel hatte ihm offenbart, daß er Heilung finden könnte, wenn er seine blinden Augen den Strahlen der Sonne aussetzen würde. Der blinde Riese vernahm den Lärm, der aus der unterirdischen Schmiede der feurigen Schmiedegötter kam, und folgte seinem Klang. Wegen seiner gewaltigen Größe konnte er auf dem Weg dorthin alle Meere und Flüsse durchwaten. Als er die Schmiede und das ewige Feuer des Lebens erreicht hatte, griff er nach einem der kleinen Schmiedegötter und setzte ihn auf seine Schulter, damit er ihn dem Licht der Sonne entgegenführen möge. Durch Helios, die aufgehende Sonne, wurde Orion wieder sehend.

Orion wurde zum Vorbild für den heiligen Christophorus, der, wie sein Name sagt, der Träger des Christuskindes ist. Die kleinwüchsigen Schmiedegötter der Frühzeit, die das zeugende Lebensfeuer im Leib der Erdmutter verkörperten, wurden mit Christus in kindlicher Gestalt identifiziert, der die Menschen aus der Finsternis zum Licht führen oder aus der Blindheit erlösen und sehend machen wollte.

Verkündigung Mariä, Meister des Marienlebens, Köln, um 1460.

Die Ankündigung des Lichts

Der Erzengel Gabriel, als Mittler zwischen Gott und den Menschen, ist im kabbalistischen 10-Punkte-System dem violetten Punkt zugeordnet. Als Verankünder oder Verkündiger von gottgesandten Söhnen wird er im Neuen Testament beim Evangelisten Lukas namentlich genannt. Elisabeth, einer Frau im vorgerückten Alter, verkündet er einen Sohn, der bereits im Mutterleib vom Heiligen Geist erfüllt sei. Er wird später der Täufer von Jesus werden und im Auftrag des Engels mit dem Namen Johannes versehen. Danach erschien der Erzengel Gabriel auch vor Maria und verkündete ihr die Geburt von Gottes Sohn. Der Heilige Geist würde über sie kommen und sie mit seiner Kraft beschatten (Lukas 1,5–38). Das klingt wie im griechischen Zeugungsmythos, in dem der Sternenhimmel, Uranos, sich beschattend über die Erde, Gaia, legte, um mit ihr das Licht der Welt zu erzeugen. Die Geburt des göttlichen Sohnes zur Zeit der Wintersonnenwende verkündete Gabriel nachts auch den Hirten auf dem Felde. Zum Zeichen seiner reinen und unschuldsvollen Absicht trägt er bei seiner Annäherung an Maria eine weiße Lilie oder aber eine Lilie steht zwischen Gabriel und der jungfräulichen Maria.

Jesus selber weist auf die Lilie als ein Sinnbild für die vertrauensvolle Hingabe an den Willen Gottes hin, indem er die Vergänglichkeit der äußeren Welt dem unvergänglichen Wesen des inneren, göttlichen Lichts gegenüberstellt. »Sammelt euch nicht Schätze hier auf Erden, ... sondern sammelt euch Schätze im Himmelreich ... Denn wo dein Schatz ist, da ist auch dein Herz. Das Auge gibt dem Körper Licht. Wenn dein Auge gesund ist, dann wird dein ganzer Körper hell sein. Wenn aber dein Auge krank ist, dann wird dein ganzer Körper finster sein. Wenn nun das Licht in dir Finsternis ist, wie groß muß dann die Finsternis sein ... Wer von euch kann mit all seiner Sorge sein Leben auch nur um eine kleine Zeitspanne verlängern ... Lernt von den Lilien, die auf dem Felde wachsen: Sie arbeiten nicht und spinnen nicht. Doch ich sage euch: Selbst Salomo war in all seiner Pracht nicht gekleidet wie eine von ihnen ... Euer himmlischer Vater weiß, daß ihr das alles (Nahrung und Kleidung) braucht. Euch aber muß es zuerst um sein Reich und seine Gerechtigkeit gehen; dann wird euch alles andere dazugegeben« (Matthäus 6,19–33).

Die Lilie war für Jesus ein Sinnbild der reinen Seele, die als unvergängliches Lebenslicht im Innern des Menschen leuchtet.

Im minoischen Kreta war die Lilie wahrscheinlich auch ein Zeichen der jungen, reinen Seele, denn mit einer Lilienkrone wurde ein Jüngling geschmückt, der mit seiner Hand auf sein Herz weist. Im Jüngling verkörperte sich das erneuerte Leben der Sonne, die während ihrer nächtlichen Bahn der zündende Lebensfunke im Körper der Nacht blieb.

Prinz mit Lilienkrone, minoisch, Kreta, 16. Jahrhundert v. Chr.

Lilie, Wandfresko in einem Haus auf Thera/Santorin, um 1500 v. Chr. Weiße Lilien gelten als Symbol der Reinheit und Unschuld.

Die kleine Sonne im Schutz der Dunkelheit

Der Kindermord zu Betlehem unter König Herodes, Dom zu Pisa, Ende des 12. Jahrhunderts.

Zu der Zeit, als Jesus in Judäa geboren wurde, herrschte dort König Herodes. Vor seinem Thron erschienen eines Tages drei weise Sterndeuter aus dem Osten und wollten dem neugeborenen König der Juden huldigen, denn sie hatten in der Nacht »seinen Stern« im Osten aufgehen sehen. König Herodes erschrak über diese Nachricht, denn er fürchtete um seine Herrschaft. Die herbeigerufenen Hohenpriester und Schriftgelehrten wußten ihm aus der Schrift der Propheten zu sagen, daß der erwartete Messias, der Gesalbte, in Betlehem geboren werden sollte. Herodes faßte heimlich den Plan, das Kind zu ermorden. Doch in der Nacht erschien der Erzengel Gabriel Joseph, dem Mann Marias, im Traum und forderte ihn auf, mit Maria und dem Jesus-Kind nach Ägypten zu fliehen und dort bis zum Tod von Herodes zu bleiben. Herodes aber ließ alle Knaben bis zu einem Alter von zwei Jahren in Betlehem und der ganzen Umgebung töten (Matthäus, 2,1–18).

Eine sehr ähnliche Geschichte wird in einer mythologischen Version über die Geburt von Abram erzählt. König Nimrod hatte aus den Sternen gelesen, daß ein göttliches Kind geboren werden sollte, das die Götter, denen er selber huldigte, absetzen würde, und er sann darauf, dieses Kind zu töten. Er befahl alle Schwangeren in ein Geburtshaus und lockte die werdenden Mütter mit dem Versprechen, sie für die Geburt einer Tochter reich zu beschenken. Auch Amitlai erwartete ein Kind, und ihr Gatte Terach wollte, daß sie dem Befehl des Königs folgte. Doch Amitlai konnte ihren Mann täuschen und ging heimlich fort bis zu einer Höhle am Euphrat. In ihrem dunklen Schutz gebar sie Abram, dessen Gesicht so strahlend war, daß es die Höhle erleuchtete. Amitlai aber mußte die Höhle verlassen, um das Leben des Kindes nicht zu gefährden. In ihrer Not bat sie auf ihrem Heimweg Gott um Hilfe. Als Abram, der Leuchtende, weinend allein in der Dunkelheit lag, erschien der Erzengel Gabriel, der ihn mit seinem kleinen Finger nährte, denn aus ihm floß Milch. So wuchs Abram in wenigen Tagen heran und verkündete, daß es über den vielen Göttern einen einzigen gäbe, der alles Geschehen lenken würde.[1]

Hinter dem milchspendenden Erzengel Gabriel verbarg sich im Dunkel der Nacht vermutlich eine Jägerin der Nacht, wie sie beispielsweise in der mythologischen Gestalt der Wölfin gesehen wurde, die als Verkörperung der Mondgöttin galt.

[1] Vgl. Robert Ranke-Graves, Hebräische Mythologie, Reinbek 1986, S. 168–170.

Die Kapitolinische Wölfin säugt Romulus und Remus, Italien, 2. Jahrhundert n. Chr.

Auch in Rom barg eine Wölfin die Sonnenzwillinge Romulus und Remus in einer schützenden Höhle und ernährte sie mit ihrer Milch. Wenn sich in der mythologischen Gestalt die weiße Mondgöttin verbarg, könnte ihre Milch auch aus der Milchstraße stammen, die in dunkler Nacht den leuchtenden Stern des göttlichen Kindes nährte.

Der Jahreswechsel birgt in seiner Endzeit das kommende Licht in sich. In den beiden 10-Punkte-Bäumen erweist sich der Weg in die Tiefe als Weg in die Höhe. Ein Kampf gegen das Ende von Lebensformen befreit nicht aus ihnen. Der erlösende Friede liegt vielmehr in der Hingabe an die Endzeit, denn nur in ihr zeigt sich die Gestalt der Zukunft wie ein leuchtender Stern am dunklen Himmel.

Der innere Friede

Der folgende Text ist ein Auszug aus der 21. Predigt des Johannes Tauler, der ungefähr von 1300 bis 1361 lebte. Dem mittelalterlichen deutschen Mystiker ging es vor allem um die praktische Anwendung mystischer Vorstellungen im täglichen Leben.

»Alle Menschen suchen den Frieden, sie suchen ihn überall, in Werk und Weise. Ach, könnten wir uns dem entreißen und Frieden im Unfrieden suchen – da allein wird wahrer, bleibender, dauerhafter Friede geboren; suchst du etwas anderes, dann irrst du, selbst wenn es dir wie Friede vorkäme – und Freude in Trauer suchen, Gelassenheit in Unbeständigkeit und Trost in Bitterkeit. So wird man Gottes Zeuge in Wahrheit. Er verhieß seinen Jüngern stets Frieden, vor seinem Tod und auch nach seiner Auferstehung. Und doch erhielten sie nie äußeren Frieden, sondern gewannen Frieden im Unfrieden, Freude im Leid. Im Tod gewannen sie das Leben und freudigen Sieg, als man sie vor den Richter schleppte, verurteilte und verbrannte. Das waren Gottes wahre Zeugen.

Viele Menschen gibt es, so durchflossen von Süßigkeit in Leib und Seele, daß es ihnen recht durch Mark und Bein ging. Als dann aber Leid und Dunkelheit über sie hereinbrach und sie außen und innen verlassen waren, da wußten sie nicht wohin, blieben gänzlich zurück und es ward nichts aus ihnen. Wenn furchtbare Stürme kommen, an der inneren Gelassenheit rütteln, äußere Versuchungen von der Welt, vom Fleisch und vom bösen Feind – wer da hindurchstieße, der fände wirklichen Frieden, den ihm niemand nehmen könnte. Wer diesen Weg nicht geht, bleibt zurück und findet niemals Frieden.«[1]

Die Bemächtigung der unsichtbaren Macht der Natur

In der Löwin verkörperte sich in der Frühzeit der ägyptischen Kultur Sachmet, die Herrin des Schreckens. Mit ihrer kämpferischen und angsteinflößenden Raubtiernatur war sie die Zerstörerin des Lebens, mit ihrer kraftvollen mütterlichen Natur wurde sie als bergende Schützerin und Erneuerin des Lebens verehrt. Als Herrin über Leben und Tod vollzog sich durch sie der unendliche Kreislauf der Schöpfung. Als Macht der Finsternis erneuerte sie in sich das Licht. Sie war die Gattin des Schöpfergottes Ptah, der als sterbender Sonnengott mit ihrer Schreckensgestalt konfrontiert wurde, um in der Vereinigung mit ihr von seiner Bindung an seine alte Form befreit zu werden. Ihre weibliche Kraft, die sich ebenfalls in der Tarot-Löwin im Baum der Erkenntnis zeigt, will von der Bindung an äußerliche Werte befreien, indem sie durch angst- und schreckenerzeugende Finsternis hindurchführt, an deren Ende es licht wird. Sie wirkt als Zerstörerin von äußerem Schein, irdischer Be-

[1] Deutsche Mystiker. Eine Textauswahl, hrsg. von Gundolf Gieraths, Zürich 1977, S. 101f.

Die Göttin Sachmet, Herrin des Schreckens, aus dem Tempel der Göttin Mut in Karnak, Ägypten, um 1380 v. Chr.
Die Macht über das Leben schließt die Macht über den Tod ein. Jede Himmelsgöttin, die Leben hervorbringt und schützt, ist zugleich auch Todesgöttin. Sie ist die Wandlerin, die den Tod aufhebt.

Die große Sphinx vor der Chephren-Pyramide, Ägypten, um 2550–2500 v. Chr. Die Sphinx, eine Löwin mit menschlichem Antlitz, ist zum Sonnenaufgang am östlichen Horizont ausgerichtet.

grenztheit und blindmachender Illusion, um zur erlösenden Wahrnehmung des inneren, unvergänglichen und unzerstörbaren Wesens zu führen. Nur das bewußte Hineingehen und die Hingabe an die Angst eröffnen den Einblick in die Wandlungskraft der lebendigen Gesetze allen Lebens, denn in der Finsternis ist das Licht als Gegenkraft bereits enthalten, wie auch umgekehrt das Licht in sich den Keim der Finsternis trägt. Der Weg in die Tiefe des Schreckens wird zum Weg in die Höhe der Erlösung.

Die löwengestaltige Sphinx vor den Pyramiden von Gise ist mit ihrem Antlitz auf den Horizont im Osten ausgerichtet, an dem sich die aufgehende Sonne als schöpferisches Wechselspiel konträrer Energien nach der Nacht wieder an den Himmel erhebt. In der Vorstellung der alten Ägypter wurden die mütterlichen Kräfte mit unterschiedlichen Tieren verbunden. So galt neben dem Raubtier auch die Kuh oder das Nilpferd als Sonnenträgerin oder Trägerin des Lebens. Bis auf die ungefährliche Kuh jedoch verschwanden mit zunehmender Furcht vor der dunklen Seite des Lebens die alten weiblichen Sinnbilder. Viele Tiere wurden in der Spätzeit zu Sonnenverschlingern erklärt. Mit ihrer Entthronung als Kräfte der Umwandlung veränderte sich auch die Einstellung zur Frau und zur Natur, die als beherrschbar erschienen. Die wilde, mörderische Raubkatze wurde gezähmt und nur noch als Hauskatze akzeptiert. In ihr verkörperte sich die spielende, tanzende und trunkene Göttin Bastet. In ihrem Kult offenbarte sich der Sieg über die Frau, die als verspielte und ungefährliche Liebesgefährtin willkommen war. Zum Herrscher der Nacht wurde Osiris als mächtiger Rächer an den dunklen Kräften zunehmend mehr verehrt.

König Tutanchamun steht in beherrschender Haltung auf einer schwarzen Raubkatze, Ägypten, um 1340 v. Chr. Die Haltung und der Speer in seiner Hand deuten auf einen Kampf gegen die Mächte der Finsternis, die er besiegt. Er hat sich die schreckenerregende Raubkatze untertan gemacht, indem er nicht mehr, wie in der Frühzeit, in ihren dunklen Körper eingeht und eine Wandlung erfährt, sonden außen als Lenker auf ihr thront.

Heilige Katze, das Tier der Göttin Bastet, 7.–6. Jahrhundert v. Chr., Ägypten. Die Katzenverehrung in der Spätzeit erlöste von der Herrin des Schreckens, zugleich aber auch von der vertrauensvollen Hinwendung an die schöpferischen, weiblichen Kräfte im Reich der Finsternis.

Punkt 10
Braun
Planetenenergie: Erde ♁

Spiegel der Schöpfung

Der 10. Punkt im kabbalistischen 10-Punkte-System ist braun. Er ist der einzeln stehende Punkt unterhalb von drei Dreiecken und bildet das Fundament, zu dem sich der Baum des Lebens verdichtet und aus dem der Baum der Erkenntnis sich entfaltet. Als End- und Umkehrpunkt stellt er das zusammenfassende Ergebnis aller geschaffenen Lebensformen dar. Er ist das sichtbar gewordene Resultat der Schöpfung. Als Spiegel in der Tiefe reflektiert er sein geistiges Gegenbild in der Höhe, den weißen Punkt der Ur-Schöpfung, in dem die Trinität von Schöpfung, Auflösung und Erneuerung bereits im Keim des Entstehens angelegt ist. In ihrer unsichtbaren Existenz ist zugleich auch die sichtbare, vielgestaltige Welt enthalten. Die unfarbige Trinität des Geistes und die beiden farbigen Trinitäten seiner wahrnehmbaren Erscheinungsformen bilden wiederum gemeinsam eine schöpferische Trinität. Der einzeln stehende Punkt unter ihnen bildet im Baum des Lebens das stoffliche Ergebnis der Schöpfung als Mikrokosmos ab. Im Braun sind alle farbigen Lichterscheinungen des Makrokosmos als lichtlose Substanz enthalten. Der Mikrokosmos in der Tiefe stellt das Element Erde dar, das in sich alle Substanzen enthält, aus denen sichtbares Leben zusammengesetzt ist. Braun entsteht aus der stofflichen Vermischung aller Farben. Da jedes Komplementärfarbenpaar die Summe aller Farben enthält, läßt sich Braun aus jedem farbigen Gegensatz herstellen. Braun bildet somit eine Ganzheit ab, die in sich alle Gegensätze vereint. Für den 10. Punkt bedeutet diese Einheit, daß in ihr alle sichtbaren Bewegungen aufhören, denn lebendige Bewegung basiert auf dem Gesetz der Anziehung und Abstoßung polarer Kräfte. Die bewegungslos erscheinende Summe aller stofflichen Erscheinungsformen der Welt bildet jedoch in ihrer Ganzheit den Gegenpol zur unsichtbaren Kraft des Geistes. Der bewegende Gegenpol, der in der ganzheitlichen Materie wirkt, ist somit der ganzheitliche Geist wie auch umgekehrt. Für das 10-Punkte-System ergibt sich daraus ein Weg hinab durch einen abwärtsgerichteten Baum und ein Weg hinauf durch einen aufwärtsgerichteten Baum. In diesem gegenläufigen Bewegungsablauf spiegelt sich das polare Wechselverhältnis zwischen Geist und Materie. Das Element Erde bildet den Umkehrpunkt in der Tiefe. Der Schöpfungskraft des Himmels steht die Schöpfungskraft der Erde als Gegensatz gegenüber. Sie sind wie alle Gegensatzpaare untrennbar aneinander gebunden, denn der Geist der Schöpfung wird durch das erschaffene Leben erst sichtbar und die Materie durch den Geist erst lebendig.

Der Weg hinab durch alle Licht- und Schattenseiten des Lebens vor das Angesicht der Erde ist die Voraussetzung für den Weg hinauf vor das Angesicht des Schöpfers. Die bewußtlose Verkettung an den Kreislauf der Natur und damit auch an das Schicksal bildet das stoffliche Fundament, aus dem die geistige Entfaltung des Erkenntnisweges erst erfolgen kann.

Detail einer Grabstele aus Mykene, Griechenland, 16. Jahrhundert v. Chr. Die Abbildung zeigt eine dahinjagende Person auf einem Wagen, dessen Rad das vierspeichige Sonnenzeichen bildet. Das Pferd setzt zum Sprung über das fließende Mäanderband an. Das gewundene Band ist der Totenfluß, den der Sonnenkönig während seiner Nachtfahrt überquert, um am anderen Ufer seine Tagesfahrt erneut anzutreten. Die doppelte Spirale am Himmel ist ein Symbol für die zwillingshafte Sonnengestalt, in der sich eine gegenläufige Bewegung als untrennbare und unendlich wirkende Einheit der Gegensätze darstellt. Verfolgt man die Linienführung, so ergibt sich über dem unteren Bogen eine Bewegung, die in eine Spirale hineinführt, um aus ihrer Mitte wieder nach außen geführt zu werden, wo sie über eine verbindende Erhöhung in entgegengesetzter Richtung zum unteren Bogen in die Spirale auf der anderen Seite wieder hineinführt.

Mit dem 1. Punkt im Baum des Lebens beginnt ein verströmendes Ausatmen in den Raum, dem als gegenläufige Bewegung ein zusammenziehendes Einatmen im Baum der Erkenntnis folgt. Durch das Ausatmen entsteht eine nach außen gebrachte Fülle. Im Einatmen wird diese Fülle von außen wieder nach innen hineingenommen. In der äußeren Fülle zeigt sich das Wirken des Geistes als Leben, in der inneren Fülle dagegen zeigt sich das Wirken der Materie als fundamentale Voraussetzung zur Einsicht in das Wesen des Geistes. Die unsichtbare Ursache bringt sowohl sichtbare als auch unsichtbare Ergebnisse hervor. Das unsichtbare Ergebnis zeigt sich am Ende des Weges durch 21 Schritte im unsichtbaren Spiegel zwischen der Welt des Geistes und der Welt der lebendigen Erscheinungen. Der Weg endet mit der geistigen Einverleibung einer Frucht, die der Baum des Lebens und der Baum der Erkenntnis gemeinsam hervorgebracht haben. Auch sie bildet wieder eine Ganzheit ab, in der das Gesetz der Polarität aufgehoben ist. Vor der grenzüberschreitenden Einsicht in ihr Wesen, die eine Erlösung vom ewig kreisenden Rad der Schicksale verspricht, stehen die grimmigen Hüter der Schwelle, die das Elysium ebenso bewachen wie das Paradies.

Die Bewegung im bewegungslosen Rad

Das 10. Tarotbild »Das Rad des Schicksals« zeigt ein Rad, das an einem Gestell befestigt ist. Eine Kurbel mündet im Zentrum des Rades. In der Darstellung fehlt jedoch der hintere Teil der Achse ebenso wie der hintere Teil des Gestells, an dem das Rad aufgehängt sein müßte. Die scheinbare Drehbarkeit ist eine optische Täuschung und mit ihr ein wichtiger Hinweis auf den Inhalt dieses Rades, das sich nur dann bewegen würde, wenn der gesamte Kosmos im gesetzlosen Chaos verschwindet.

»Das Rad des Schicksals«, 10. Tarotbild des Marseiller Tarot.

Auf den ersten Blick erscheint es auch so, als würden die beiden Tiere am Rand des Rades sich in einer Auf- und Abwärtsbewegung befinden. Der Affe auf der linken Seite hängt kopfüber am Rad, und der Affe auf der rechten Seite sitzt aufrecht auf einer Speiche. Die Anzahl der insgesamt sechs Speichen entspricht der Anzahl der sechs Farben in den 10-Punkte-Bäumen. Die beiden Affen berühren mit ihren Körpern die vier Farbpunkte auf den beiden äußeren Säulen. Der Affe links berührt mit seinem Geschlecht den roten Punkt, während sich in seiner Kopfhöhe der orangefarbene Punkt befindet. Der Affe gegenüber berührt mit seinem Kopf den blauen und mit seinem Geschlecht den grünen Punkt. Die beiden Köpfe in der Diagonale beschreiben das kopfbetonte Gegensatzpaar in der Farbwelt der Bäume. Die Kopfdiagonale verbindet Höhepunkt und Verlust der Lebenskraft beim blauen Jupiter-Punkt und mit ihrer Heilung beim orangefarbenen Merkur-Punkt. Der Affenkopf rechts oben hat große, zugebundene Ohren und blickt hinauf auf die geistige Ebene, die durch einen gekrönten und geflügelten Affen symbolisiert wird. Auf dem blauen Punkt steht er für die mythologischen Himmelsherrscher, die den Höhepunkt ihres Lebens überschritten haben. Ihr Blick gilt daher der geistigen Welt. Die verschlossenen Ohren bedeuten eine Hinwendung an die innere Stimme der unsterblichen Lebenskraft, die in der Abkehr von äußerlichen Werten wahrnehmbar wird. Der Affenkopf links dagegen blickt den Betrachter an. Er steht auf dem orangefarbenen Punkt für die mythologischen Herrscherinnen im Schattenreich, die das Gleichgewicht und mit ihm die ausgewogene Heilung der Lebenskraft verkörpern. Der Blick dieses weiblichen Affen richtet sich an den Betrachter, denn als weibliches Wesen identifiziert er sich mit dem Schattenreich und den heilenden Kräften der Tiefe. Der männliche Affe steht für die Vergänglichkeit der Körperformen und der weibliche Affe für ihre Erneuerung.

Die gegenläufige Diagonale der Radspeichen verbindet das geschlechtsbetonte Gegensatzpaar und mit ihm die Farben Rot und Grün. Der linke weibliche Affe ist an seinem Hinterteil mit dem Zeichen einer weiblichen Vagina versehen, während der rechte männliche Affe einen Penis hat, der gleichzeitig Radspeiche ist. Auf dem roten Mars-Punkt symbolisiert das weibliche Wesen die mythologischen Mutter-Göttinnen, von denen die erneuerten Körper in die lichte Lebenszeit geboren werden. Auf dem grünen Venus-Punkt dagegen symbolisiert das männliche Wesen die sterbenden mythologischen Herrscher, die in der Auflösung ihrer Körperformen ihre zeugende Lebenskraft der dunklen Lebenszeit übergeben. Mit der Berührung der beiden diagonalen Speichen im Rad des Schicksals verbindet das Affenpärchen die beiden äußeren Säulen. Ihre vier farbigen Punkte stehen für die vier Jahreszeiten im kreisenden Ablauf des Lebens, dessen lichte Hälfte dem Feuer-Dreieck und dessen dunkle Hälfte dem Wasser-Dreieck angehört. Die beiden senkrechten Speichen stellen die zentralen, schöpferischen Kräfte der beiden Elemente Feuer und Wasser dar. Dieses Gegensatzpaar bestimmt alle sichtbaren Bewegungen im Körper der Natur. Innerhalb des Rades werden somit die polaren Kräfte dargestellt, die das Entstehen von körperlichen Formen bewirken und mit ihnen das Phänomen der fließenden Zeit, in der sich das Schicksal des Lebens geboren zu werden, um zu sterben, zeigt. Die Bewegung innerhalb des Rades entspricht der gesetzmäßigen Ordnung im Körper der Natur. Würde man dieses Rad drehen und das oberste nach unten bringen, gäbe es keine sichtbaren Körperformen mehr.

Unterhalb dieser Welt gibt es weder Formen noch Zeiten, denn das Element Erde wie auch die Farbe Braun, die den 10. Punkt symbolisiert, ist als Summe aller gegensätzlichen Erscheinungsformen formlos. In der Erde verdichten sich die polaren Kräfte zu einer bewegungslosen Einheit von verdichteter Materie. Auf dem Tarotbild steht das Radgestell auf ihrer anorganischen Stofflichkeit. Im 10-Punkte-System wird das Element Erde nur durch einen einzigen Punkt dargestellt, der unterhalb der beiden Farbdreiecke auf der mittleren Säule angeordnet ist. Wie alle Punkte auf der mittleren Säule steht auch dieser Punkt für eine schöpferische Kraft. Eine schöpferische Kraft kann sich jedoch nur dann entfalten, wenn ihr gegenüber eine polare Kraft wirkt. Das Element, das der Erde als schöpferische Kraft gegenübersteht, ist die Luft, das geistigste aller vier Elemente. Der Ort im 10-Punkte-System für die unsichtbare Luft ist der unsichtbare Punkt auf der Grenze zwischen dem geistigen Himmel und dem sichtbaren Planetenhimmel darunter. Erde und Luft bilden ein Gegensatzpaar, das sich wie alle Gegensatzpaare wechselseitig bedingt und somit untrennbar zusammengehört. Dieses Paar wirkt unabhängig von der Welt der Zeit und ihrer körperlichen Farben und Formen. Sie umschließen als Grundvoraussetzung für alles Leben die Welt der Lebensschicksale. Auf dem Tarotbild ist als Gegenpol zur Erde oberhalb des Rades ein gekröntes und geflügeltes Tierwesen dargestellt, das die Waffe des Geistes, ein Schwert, trägt. Das Schwert steht im Tarot für das Element Luft. Der verborgene, einzeln stehende Punkt oberhalb der sechs farbigen Punkte steht für den lichten Geist, der sich in der zu schwereloser Leichtigkeit gereinigten Materie spiegelt. Er bildet den Gegenpol zum Chaos in der schweren, ungeordneten Materie unten. Das Schwert symbolisiert den geschärften, blitzenden Geist, der das ungegliederte Chaos in seine vier elementaren Bestandteile zergliedert und zu neuer Ordnung zusammenfügt. In dieser geordneten Einheit aller Gegensätze drückt sich das Wesen des göttlichen Ebenbildes aus, das jenseits der Zeit und der vergänglichen Lebensformen im Garten Eden oder im Elysium ewig lebt. Der Hüter der Schwelle, der auf dem Tarotbild vor dem verborgenen Grenzpunkt in beiden Bäumen sitzt, ist ein Tierwesen, in dessen Körper der Geist Gottes lebt. Im Chaos der ungeordneten und unreinen Materie wird als bewegender Gegenpol sein Geist sichtbar. Die Flügel trägt das gekrönte Wesen als Ausdruck für seinen Aufstieg aus der irdischen Tiefe der Materie in die luftige Höhe des Geistes. Seine Krone entstammt seinem geistigen Erschaffer, denn als Krone wird der höchste, weiße Punkt im kabbalistischen

10-Punkte-System bezeichnet. Würde sich die Kurbel am Rad bewegen lassen, fiele auch die Schwelle, die den oberen Himmel vom unteren Himmel trennt, und mit ihr das gekrönte Tierwesen in die Tiefe. Das geflügelte Wesen ist jedoch noch nicht am Ziel seines Weges angekommen, denn das liegt hinter der Schwelle und nicht unten im Chaos.

Die planetarische Kraft, die sich mit dem Luft-Punkt verbindet, ist der Mond, dessen Körper unsichtbar hinter dem Licht verborgen ist, das ihn bescheint. Erde und Mond bilden somit im 10-Punkte-System ein kosmisches Gegensatzpaar. Beide Himmelskörper sind lichtlos. Das Licht, das den Vollmond überflutet, erscheint jedoch zugleich wie das weiße, geistige Licht des Schöpfers, der sich in seinem Geschöpf spiegelt. Im lichtlosen Körper der Erde hingegen ist sein Geist unsichtbar in jedem Element enthalten, nur kann er in ihrer ungeordneten Vermischung nicht leuchten. Im Schmelztiegel jedoch wirkt der

Die Geschichte von Adam und Eva, Buchmalerei, England, um 850. Der Baum der Erkenntnis, von dem Eva und Adam nicht essen sollten, ließ sie erkennnen, daß »sie wie Gott waren«. Sie erkannten, daß sie sterblich waren wie der Körper Gottes. Diese Erkenntnis bestrafte Gott mit der Vertreibung aus dem Paradies, denn er wollte verhindern, daß das Menschenpaar auch nach der Frucht vom Baum des Lebens greift und damit begreifen würde, daß es ewig lebt wie der Geist Gottes. Vor diese verbindende Einsicht in beide Bäume stellte er die Kerubim mit Flamme und Schwert, damit sie den Weg zum Baum des Lebens bewachen sollten. Im Alten Testament werden die Kerubim als zwei Wächter vor dem Eingang zum Heiligen Tempel, in dem die Bundeslade aufgestellt ist, häufig beschrieben. Die Bundeslade birgt in sich die beiden Tafeln, auf denen in zehn Punkten die Gesetze aufgelistet sind, die Mose dem auserwählten Volk Israel überbrachte. Der Baum des Lebens und der Baum der Erkenntnis werden von den Kerubim bewacht. Flamme und Schwert sind Symbole für den blendenden Geistesblitz.

Das große Glück, von Albrecht Dürer, um 1500–1503. In der Renaissance wandelte sich die frühmittelalterliche Anschauung vom Schicksal, das jetzt nicht mehr als blinder Zufall angesehen wurde, sondern als eine Kraft, die das gerechte Maß wahrt und Zügellosigkeit straft. Die römische Göttin Fortuna wurde auf Darstellungen durch die ältere, griechische Göttin Nemesis ersetzt, die auch Dürer auf seinem Kupferstich darstellt. In einer Hand hält sie Zügel gegen die Zügellosigkeit und in der anderen den Kelch des ewigen Lebens.

Geist als bewegende Kraft, die zur Entfaltung drängt. Beide Himmelskörper, die Erde und der Mond, symbolisieren weibliche Körperkräfte. In der mütterlichen Erde ist die männliche Kraft des Ur-Lichts eingeschlossen und beim jungfräulichen Mond überflutet das Licht des Höchsten den reinen weiblichen Körper, um sich mit ihm zu vereinen.

Der Luft-Punkt stellt ebenso wie der Erd-Punkt eine farbige Summe dar, oben sind sie zu einer subtraktiven Mischung und unten zu einer additiven Mischung zusammengefügt.

Im Baum des Lebens steht das Rad des Schicksals für die anorganische Materie, die zugleich mit dem zeugenden Geist der Ur-Schöpfung erschaffen wurde. Der Weg durch den abwärtsgerichteten Baum führt die Lebenden vor das Angesicht der Erde, in der sich alle Zeiten und Körperformen zu zeitlosem Dasein auflösen. Nach der unbewußten Verkettung an den Schicksalslauf tritt die Seelenkraft oder die körperlose Seele in ein schöpferisches Chaos ein, in dem alle Ordnung aufgehoben ist. Im Schmelztiegel der Ur-Substanz jedoch wirkt der Geist als entfaltende Kraft, die zu einer neuen Ordnung drängt. Im Baum der Erkenntnis befreit er die drei elementaren Geisteskräfte Wasser, Feuer und Luft zu einer leuchtenden Ordnung, die zur bewußten Einsicht in die kosmischen Gesetze allen Lebens und damit zur Erlösung führen kann. Der Aufstieg durch den Baum der Erkenntnis führt vor das Angesicht des Schöpfers. Im »Rad des Schicksals« wird das erlösende Gegenbild bereits sichtbar. Im Chaos beginnt der befreiende Weg für die unsterbliche Lebenskraft durch alle Formen des Lebens, um mit der Waffe des Geistes reinigend in ihnen zu wirken.

Zufall oder Ordnung

Die Griechen kannten die Göttin Tyche. Ihr Name bedeutet Zufall, Schicksal oder Glück. Mit ihrem Wesen verbinden sich keine mythologischen Erzählungen. Es heißt nur, sie sei die gute oder böse Führung, die unberechenbar den Wechsel der Geschicke herbeiführt und ganz willkürlich Menschen erhöht oder erniedrigt. Gleiche Vorstellungen verband man mit ihrer römischen Variante, der Göttin Fortuna. Beide galten als geflügelte Göttinnen, deren Attribute eine Kugel, ein Rad oder ein Füllhorn waren. Auf der Kugel konnten sie balancieren oder mit ihr spielen wie mit dem Schicksal.

In Griechenland wurde Tyche zu dem Zeitpunkt zunehmend erwähnt, als der Glaube an das Wirken der alten Götter verlorenging, zumindest aber erschüttert war. Mit dem Untergang der alten Ordnung, die ihren politischen Höhepunkt in den Kämpfen Alexanders des Großen fand, begannen die Menschen an das Walten eines blinden, vernunftlosen Schicksals zu glauben. Diese Vorstellung reichte bis ins Mittelalter hinein. Fortuna wurde oftmals auch mit dem sinnlos erscheinenden Tod gleichgesetzt. Sie galt als Sinnbild für das Ausgeliefertsein des Menschen an ein unberechenbares Schicksal, das er nicht selber steuern konnte, sondern von dem er zufällig und sinnentleert gelenkt würde.

Fortuna, von Hans Sebald Beham, 1541. Das segelbesetzte Schiff im Hintergrund war ein Sinnbild für die Menschen, die gegen die Gewalt der Natur ankämpfen, um ihr Schicksal durch ihren Willen selber zu bestimmen, indem sie das Steuerruder in ihre eigene Hand nehmen. Auf dem Rad in der Hand der Göttin thront ein winziger Mensch, der sich als Beherrscher der Natur wähnt.

Mit einer Rückbesinnung auf die Antike in der Renaissance begannen sich die Vorstellungen vom Schicksal erneut zu wandeln. Der wiedergeborene Mensch erkor sich zum Mittelpunkt der Welt und zum Beherrscher der Natur. Die Göttin Fortuna wurde durch die gewandelte Weltanschauung nicht mehr allein mit dem Rad dargestellt, sondern als Attribut wurde ihr zusätzlich ein mit Segeln besetztes Schiff beigegeben, in dem der Mensch sich selber ans Steuerruder setzt und gegen die Gewalt der Natur ankämpft, um das Schicksal durch seinen Willen zu bestimmen.

Eine anders ausgerichtete Rückbesinnung knüpfte an die älteste griechische Vorstellung von einem sinnvoll ablaufenden Schicksal an, in dem es keinen blinden Zufall gab. Fortuna wurde auf Darstellungen durch die griechische Göttin Nemesis ersetzt. Die Schicksalsgöttin von Albrecht Dürer erhielt den Titel »Das große Glück«. Das aber sollte wohl eher eine beschwörende Formel sein, denn der Kelch der Nemesis enthielt die Wasser des Lebens, in denen das Leben erneuert wird. Die waren einerseits ein Symbol für die bittere Wahrheit, daß alles Leben vergänglich ist und andererseits ein Symbol für die Erlösung von allem Leid im Tod.

Die frühen Mythen in Griechenland bezeichneten die Göttin Nemesis als Tochter der Nyx, der Nacht. Sie war mit Themis, der Göttin der kosmischen Ordnung, eng verbunden. Wenn Themis nicht beachtet wurde, war Nemesis zur Stelle, um die Ordnung in der Natur, ihre Regeln und Normen zu verteidigen und Freveltaten rächend zu verfolgen. Ihr Name bedeutet gerechter Zorn. Sie vermochte auch dreifaltig in Erscheinung zu treten wie die Erinnyen, die geflügelten Zorn- und Rachegeister.

Für den 10. Punkt mit seinem Tarotbild »Das Rad des Schicksals« ist sie vergleichbar mit dem geflügelten Hüter der Schwelle, denn auch sie thront geflügelt über der gesetzmäßigen Ordnung der himmlischen Kräfte. Auf frühen Abbildungen wurde sie auch mit einem Apfelzweig in ihren Händen gezeigt, als wäre sie eine von den Hesperiden, in deren Obhut sich die Goldenen Äpfel der Göttin Hera befanden. Mit diesem Attribut war sie eine Beschützerin der Früchte der Weisheit, die sich jenseits der Zeit in einem ähnlichen Garten befanden, wie er in den beiden 10-Punkte-Bäumen durch den verborgenen Grenzpunkt angedeutet wird.

Mit der Göttin Nemesis verbindet sich eine Geschichte, in der sie sich erstens als dunkles, weibliches Gegenüber auf dem braunen Erdpunkt zum höchsten Zwillingsprinzip des weißen Punktes erweist und zweitens als Hervorbringerin einer geheimnisumwobenen weiblichen Frucht. Im ersten Fall galt Nemesis als Mutter der Dioskuren, der Sonnen-Zwillinge Kastor und Pollux, von denen der eine sterblich und der andere unsterblich war. Sie verkörperten eine der vielen Varianten von Zwillingen oder ungleichen, auch feindlichen Brüdern, die in der Mythologie für das Sonnen- und Lebensprinzip standen, in dem mit dem Erscheinen des Lichts die Finsternis als untrennbare Einheit enthalten war. Im zweiten Fall wird Nemesis als Mutter der schönen Helena geschildert, die sie auf der Flucht vor Zeus von ihm empfangen hatte. Sie wollte sich seinem Werben durch die Verwandlung in eine Gans entziehen. Zeus jedoch nahm die Gestalt eines Schwans an und verführte sie. Nemesis, die Tochter der Nacht, legte ein Ei. Mit einem solchen Ei war vermutlich der Vollmond gemeint. In der mythischen Erzählung wurde dieses Ei von Hirten gefunden und zu Leda gebracht, die es als ihr eigenes annahm wie auch die Tochter Helena, die dem Ei entschlüpfte. Nemesis und Leda aber sind lediglich unterschiedliche Namen der gleichen Göttin, denn auch von

Leda heißt es, daß Zeus sie als Schwan verfolgte und Leda ihn liebend empfing. Der Schwan galt als Symbol des sterbenden Lebens, denn nur in seiner Todesstunde erklang sein geheimnisumwobener Schwanengesang. In seiner Gestalt verbarg sich ein Heiliger König, der sich sterbend mit der weißen Göttin der Nacht vereint. Gänse sind bekannt als wachsame Verteidigerinnen ihres Territoriums. Leda war vermutlich eine lykische Erdgöttin, den *lada* hieß in Lykien Frau, vergleichbar der griechischen Erdmutter Gaia, aus der die Mondgöttin Helena als Wandlungsform hervorging.

Helena galt als die schönste Frau, wegen der der Trojanische Krieg ausbrach. Die Erzählungen lassen jedoch die Vermutung zu, daß die Göttin Helena niemals in Troja war, sondern daß sich mit ihrer Gestalt nur ein Traumbild verband, das der strahlenden und verführerischen Mondgöttin glich. Ihren Ursprung hatte Helena wahrscheinlich auf Kreta, wo sie als Vegetationsgöttin verehrt wurde, denn ihr kretischer Name verbindet sich mit Bäumen. Von Helena hieß es, daß sie ebenso wie Aphrodite die Macht besaß, alle Männer, die sie begehrte, an sich zu fesseln. Mit diesen Fesseln der Liebe bewirkte sie jedoch nicht nur Glück, sondern auch Unglück und Leid. So war sie die passende Tochter der Schicksalsgöttin Nemesis, oder aber sie war Nemesis, und Nemesis war wie Leda, oder sie waren alle gleich Aphrodite. Sie verkörperten in ihrer Einheit die kosmische Ordnung, die sich den Menschen als Schicksal offenbart, mit dem sie in den Ablauf der Naturgesetze eingebunden sind.

Artemis empfängt einen Schwan, Griechenland, um 490 v. Chr., Malerei auf einem Gefäß, das als Ölbehältnis den Verstorbenen ins Jenseits mitgegeben wurde.

Feuersglut und der Atem der Weisheit

Wie der Reigen der kreisenden Zeit durch die Erschaffung der zwölf göttlichen Titanen aus dem Körper der Erde unten und dem Himmelsgewölbe oben entstand, wurde bereits beim orangefarbenen Punkt geschildert. Auch die Entstehung der Menschen aus griechischer Sicht wurde kurz vorgestellt. Ihr zufolge formte Prometheus den ersten Menschen aus Erde, und Athene hauchte ihm mit ihrem Atem das Leben ein.

Von Prometheus heißt es auch, daß er den Menschen das himmlische Feuer brachte, das er am feurigen Sonnenrad entzündet hatte. In einem Stab barg er die Glut und brachte sie zur Erde, wo sie seither von den rasenden Frauen, den Mänaden, im Rausch der Sinne entfacht wird, um sie sich in grenzüberschreitender Hingabe einzuverleiben.

Der Schöpfungsbericht ließe sich auch so darstellen, daß Prometheus mit seiner feurigen Zeugungsglut in Mutter Erde, Gaia, eindrang, um den Ur-Stoff formend zu bewegen, denn die zündende Glut symbolisierte das lebenerzeugende Ur-Licht. Prometheus galt als Erschaffer der menschlichen Form. Um diese zu beleben, trat jedoch noch Athene hinzu, um das irdische Wesen mit göttlichem Geist zu erfüllen. Sie hauchte ihm jenes Leben ein, das wie ein Schmetterling zu ihm flog, um seinen vergänglichen Körper zu begleiten. Der Schmetterling hieß Psyche, Seele. Auf seinen Flügeln schwebte er der Menschenform entgegen und entfernte sich aus ihr, wenn diese zerfiel. Athene, die bewaffnete Göttin der Weisheit, galt als Schützerin der heiligen Mondmysterien. Ihr Schutzschild war das schlangenumwobene Medusenhaupt, das als abschreckende und versteinernde Maske zum Schutz vor der Einsicht in die Weisheit getragen wurde. Die Wahrnehmung der hüllenlosen Seele sollte unwissenden Menschen verwehrt werden, denn die geflügelte Psyche würde ihren Körper verlassen können, ihn möglicherweise jedoch nicht wiederfinden. Der Anblick der Medusa versteinerte die Unbefugten. Sie wurden zu einer seelenlosen Körperform. Athene aber schützte den unsterblichen Frieden der Seele, mit der sie den Menschen ausgestattet hatte, denn unter aller Kreatur war er von der Göttin Athene ausersehen, seine Einheit mit der göttlichen Ewigkeit wahrzunehmen.

Auf das 10-Punkte-System übertragen, könnte man Prometheus als das feurige, männliche Licht beschreiben, das als Teil der Ur-Schöpfung in den tiefsten Erd-Punkt eindrang, damit aus ihm heraus die Vielfalt aller Körperformen erwächst. Und Athene wäre die weibliche Psyche oder der Seelenatem, der auf der Grenze zwischen dem oberen und dem unteren Himmel dann die Vereinigung von Geist und Materie sichtbar macht.

Die von Prometheus und Athene geschaffenen Menschen hatte Zeus durch eine Sintflut vernichten wollen, doch Devkaleon und Pyrrha waren von Prometheus rechtzeitig gewarnt worden, so daß sie die todbringende Flut in einer Arche überlebten. Sie erneuerten die Menschheit, indem sie die steinernen Gebeine von Mutter Erde hinter sich warfen. Das hatte ihnen die Göttin Themis als geheimnisvolles Orakel zugeflüstert. Themis aber war gleich Nemesis oder Leda ebenfalls eine Schicksalsgöttin, die als Wächterin vor der unsichtbaren Weisheit saß. Sie wachte über die bewegte und bewegende Ordnung im Rad der Schicksale wie auch über den Eingang zum Jenseits. Von Prometheus heißt es, daß er den Menschen das Wissen um die Zukunft genommen

Der gefesselte Prometheus und Atlas mit dem Himmelsgewölbe, Mitte des 6. Jahrhunderts v. Chr., Griechenland.

hätte, dessen sie bis dahin mächtig gewesen waren, weil er meinte, daß es ihnen das Herz gebrochen hätte, der Wahrheit hinter dem Medusenhaupt ins Antlitz zu sehen.

Dafür aber, daß Prometheus dem Menschen das himmlische Feuer gebracht hatte, bestrafte Zeus ihn mit der Zerstörung seines Körpers. Er ließ ihn an einen Felsen (Mutter Erde) ketten und schickte seinen Adler, der während des Tages die Leber aus seinem Körper fressen sollte. In der Nacht jedoch wurde Prometheus wieder geheilt, denn der Titan war ein Bruder der Sonne, sterblich und unsterblich zugleich. Als sterblicher Zwillingsteil erneuerte er seinen Körper durch Mutter Erde. Von seiner Verkettung an sie oder den Felsen aber sollte Prometheus in der 13. Generation endgültig befreit werden, so war es ihm prophezeit worden. Prometheus verkörperte somit die Hoffnung auf Erlösung vom endlosen Kreislauf von Leben und Tod. Seine Erlösung von diesen Ketten wird als Gnadenakt und Belohnung von Zeus geschildert, denn Prometheus hatte ihn vor der Heirat mit der gewaltigen Thetis gewarnt, die einen neuen Weltenherrscher gebären würde. Der Name von Prometheus bedeutet der Voraussehende oder der im voraus Wissende. Sein Zwillingsbruder heißt Epimetheus, der Unbedachte, der durch Unwissenheit zerstört, was Prometheus formt. Gemeinsam standen sie für das lebendige Prinzip von Werden und Vergehen. Athene jedoch und nicht Zeus verkörpert die Gnade der Erlösung, denn Gnade erlöst von schicksalhafter Anbindung an eine Lebensform im Rad des Lebens.

Träger des himmlischen Gartens

Göttin mit Granatapfel, Griechenland, frühes 6. Jahrhundert v. Chr. Es könnte sowohl Hera als auch Persephone oder Aphrodite sein. Die Göttin trägt einen Granatapfel in der Höhe ihres Leibes. Ihre Finger bilden das Zeichen des ewigen Kreislaufs.

Die griechische Mythologie berichtet über einen anderen Bruder von Prometheus, der ebenso wie dieser zu einer bildhaften Annäherung an den verborgenen Grenzpunkt führt, der nur über den aufwärtsverlaufenden Weg durch den Baum der Erkenntnis zu erreichen ist und daher einer stufenförmigen Himmelsleiter gleicht, die auf der Erde steht.

Atlas, der Titan, galt ursprünglich als Wächter der Himmelssäulen und später auch als Träger des Himmels. Sein Reich lag im Westen, wo die Sonne in den Körper der Nacht eingeht. Ebenfalls im Westen lag der Garten der Hesperiden. Vor ihm war der wachsame Riese aufgestellt, denn er glich dem steinernen Atlas-Gebirge, auf dessen Schultern der Himmel zu ruhen schien. Seine Gestalt gleicht auch den Säulen im 10-Punkte-System, die den farbigen Planetenhimmel und den jenseitigen Himmel tragen. Der Ort, den Atlas bewacht, befindet sich auf der Grenze zum Jenseits. Der mythologische Garten der Hesperiden war ein Ort, in dem ein Baum wuchs, der goldene Äpfel trug. Der Baum war das Hochzeitsgeschenk der Erdmutter an ihre Tochter Hera zu ihrer Vermählung mit Zeus gewesen. Im Garten lebten die Hesperiden, die als Töchter des Atlas und der Nyx galten. Diese wurden als hellsingende Nymphen geschildert, die den Baum mit den Goldenen Äpfeln schützten. Als singende Töchter der Nacht glichen die Hesperiden auch den verführerischen Sirenen am Eingang zum Jenseits, die den grenzüberschreitenden Seelen am westlichen Horizont die Überfahrt zum jenseitigen Ufer mit ihrem süßen Gesang erleichtern wollten. Im Einklang mit ihren hellen Stimmen mußte der Gesang des sterbenden Schwans für Zeus zu einer berauschenden und erlösenden Himmelsmusik werden.

Den Baum inmitten des Gartens jedoch bewachte Ladon, der als zweiköpfiger, dreiköpfiger oder hundertköpfiger Drache oder als geflügelte Schlange oder auch nur als Schlange beschrieben wurde. Hera hatte ihn zum Wächter ihres kostbarsten Eigentums, das Gaia für sie hatte wachsen lassen, gemacht. Die Goldenen Äpfel galten ebenfalls als Eigentum der Liebesgöttin Aphrodite. Die rotgoldfarbenen Granatäpfel waren Sinnbilder des Todes und der Auferstehung des Lebens. Von Persephone heißt es, daß sie durch den Genuß von drei Granatapfelkernen zum zeitweiligen Aufenthalt im Reich des Todes verurteilt worden war. Aus der Unterwelt konnte sie jedoch alljährlich als jungfräuliche Göttin wieder emporsteigen.

Atlas, dem Träger des himmlischen Gartens der Hesperiden, war prophezeit worden, daß eines Tages ein Sohn von Zeus kommen würde, um die Goldenen Äpfel zu stehlen. Als daher Perseus vor ihn trat, gewährte er ihm keinen Einlaß. Perseus aber soll ihm das schreckenerregende Haupt der Medusa gezeigt haben, das Atlas zu Stein werden ließ, doch als steinerner Himmelsträger hatte er auch zuvor schon gegolten. Auch Herakles wollte die Goldenen Äpfel erobern und bat Atlas, diese für ihn aus dem Garten zu stehlen. Als Gegenleistung wollte er ihm für eine Weile die Last des Himmels abnehmen. Atlas fühlte sich ohne den Himmel erleichtert und hatte die Absicht zu fliehen, doch Herakles konnte ihn ein zweites Mal überlisten, so daß Atlas der Träger des Himmels blieb. Herakles, der Vernichter vieler matriarchaler Kultbilder, soll bei dieser Gelegenheit die Schlange Ladon getötet haben. Damit ähnelt er dem Lichtgott Apollon, der in Delphi die Schlange der Erd-Mutter Gaia getötet hatte.

Der Raub der Goldenen Äpfel aus dem Garten der Hesperiden aber wurde von Athene nicht geduldet. Die Trägerin der versteinernden Maske der Medusa sorgte dafür, daß Herakles die Früchte an die Hesperiden zurückgeben mußte, denn es war gegen das kosmische Gesetz, das Eigentum der Hera von dem ihr heiligen Baum zu entfernen. Um den getöteten Drachen Ladon aber trauerte Hera so sehr, daß sie eine Schlange zum ewigen Gedenken an ihn an den Sternenhimmel setzte.

Heras Baum trug als geheimnisvolle Frucht die schöpferische Kraft, die ewiges Leben verspricht. Athene hatte diese Kraft den Menschen als beseelenden Lebensatem geschickt, der einem Schmetterling glich. Den Zugriff auf diese Lebensfrucht verwehrte die Göttin der Weisheit dem Helden, denn die konnte nicht geraubt, sondern nur gegeben werden.

Die Kerubim und der Gesetzeskörper Gottes

Die Kerubim werden im Alten Testament nicht nur als Wächter vor dem heiligen Tempel geschildert, in dem die beiden Gesetzestafeln aufbewahrt wurden, die beiden Engel traten vor allem und erstmals bereits als Wächter in der Genesis in Erscheinung. Im zweiten Schöpfungsbericht heißt es, daß sie mit Flamme und Schwert von Gott östlich des Gartens von Eden aufgestellt wurden, um den Weg zum Baum des Lebens zu bewachen, denn wenn der Mensch auch noch nach seiner Frucht greifen würde, hätte er nicht nur erkannt, daß er wie Gott ist, sondern er wüßte zudem auch noch, daß er ewig lebt (Genesis 3,4–24).

Die Kerubim bewachten mit dem östlichen Horizont des Gartens einen Ort, an dem das Leben neu erwacht, wenn die Sonne sich aus dem Körper der Nacht erhebt. Der Weg

Die Bundeslade vor dem Tempel des Getreidegottes Dagon, Fresko aus der Synagoge in Dura-Europos, Syrien, Mitte des 3. Jahrhunderts n. Chr. Die Bundeslade ist an ihrer Stirnseite mit den sieben Punkten versehen, in denen sich die Welt der sieben farbigen Lichterscheinungen darstellt. Die unsichtbare, schöpferische Trinität wie auch der unsichtbare Grenzpunkt im kabbalistischen Gesetzeskörper sind vor den Blicken mit einem Tuch verhüllt.

durch den aufwärtsverlaufenden Baum der Erkenntnis beginnt am westlichen Horizont. Innerhalb der zehn Punkte ist der Westen identisch mit dem einzelstehenden Erd-Punkt. Er bildet das Tor zum Himmel. Wie der Westen nimmt auch die Gegenrichtung, der Osten, einen Punkt ein, in dem sich die Summe der farbigen Erscheinungswelt darstellt. Während das Element Erde dem Westen zugeordnet wird, ist der Osten mit dem Element Luft identisch, das den unsichtbaren Grenzort zwischen dem oberen und dem unteren Himmel einnimmt. Hinter diesem Ort verbirgt sich die Frucht, die von den beiden Kerubim bewacht wird. Sie wachen vor ihr mit Flamme und Schwert. Diese beiden Begriffe symbolisieren den blitzenden Geist Gottes, der sich dem Erkennenden zeigt, wenn er das Tor zum Himmel im Westen durchschreitet. Die Kerubim am Fuß der Himmelsleiter symbolisieren das irdische Fundament der beiden Bäume. Wie auch das Tarotbild »Das Rad des Schicksals« die materielle Grundlage allen Lebens in zwei Bäumen darstellt, so stehen die Kerubim vor zwei baumgestaltigen Gesetzeskörpern, in denen der Geist Gottes lebt, und wachen darüber, daß der Baum des Lebens und der Baum der Erkenntnis voneinander getrennt bleiben, denn nur in ihrer Trennung bilden sie einen lebenden Körper. Die fehlende Frucht in ihnen kann nur sichtbar werden, weil sie verborgen ist. Ihre Existenz als geistige Kraft wird jedoch bereits durch ihren stofflichen Gegenpol wahrnehmbar.

Den ersten Tempel über der Bundeslade errichtete König Salomo im Namen seines Vaters David. Salomo wurde als weiser als alle Menschen gepriesen, und so erging das Wort Gottes an Salomo: »Wenn du meinen Geboten gehorchst, ... dann werde ich an dir das Wort wahr machen, das ich zu deinem Vater David gesprochen habe. Und ich werde inmitten der Israeliten wohnen und sein Volk Israel nicht verlassen.« Salomo errichtete im Innern des Tempels eine Gotteswohnung, in die er die Bundeslade stellte. Vor der Gotteswohnung ließ er goldene Ketten anbringen, und in ihr stellte er als Wächter zwei Kerubim aus Olivenholz auf, die er mit Gold überziehen ließ. In der Lade befanden sich die zwei Tafeln des Bundes, den der Herr beim Auszug aus Ägypten mit den Israeliten geschlossen hatte. »Damals sagte Salomo: Der Herr hat die Sonne an den Himmel gesetzt, er selbst wollte im Dunkeln wohnen. Ich habe ein fürstliches Haus für dich gebaut, eine Wohnstatt für ewige Zeiten.« (1. Könige, 5,9–8,13)

Eine andere Geschichte berichtet von einer kriegerischen Auseinandersetzung mit den Philistern, bei der die Bundeslade erst verlorenging, dann aber an Israel zurückgegeben wurde. Um einen möglichen Sieg der Philister abzuwenden, hatten die Ältesten Israels angeordnet, die Bundeslade aus dem Gotteshaus zu holen und sie ins Heerlager zu bringen. »Und sie holten die Bundeslade des Herrn der Heere, der über den Kerubim thront.« Die Philister jedoch errangen den Sieg, verschleppten die Bundeslade nach Aschdod und stellten sie im Tempel ihres Gottes Dagon neben dessen Standbild auf. Der Getreidegott Dagon wurde im weiten Umkreis, auch von den Semiten, angebetet. Es heißt, daß die Einwohner von Aschdod am Morgen nach der Schlacht die Statue ihres Gottes Dagon mit dem Gesicht im Staub vor der Bundeslade liegend vorgefunden hatten. Sie richteten ihn wieder auf und stellten ihn zurück auf seinen Sockel, doch in der folgenden Nacht fiel die Statue erneut um, und Kopf und Hände waren abgeschlagen. Die Bewohner aber wurden von der Beulenpest heimgesucht. So beschlossen sie, die Bundeslade loszuwerden und sie unverzüglich an Israel zurückzuschicken. Doch in allen Orten, durch die sie geführt wurde, starben die Menschen an der Beulenpest. Auf ihrem Weg zurück kam der Wagen auch an Menschen vorbei, die in einem Tal gerade bei der Weizenernte waren. Sie blickten auf und sahen die Bundeslade des Herrn. Der Herr aber erschlug 70 Mann aus ihrem Volk als Strafe dafür, daß sie die Bundeslade angesehen hatten (1 Samuel 4,1–6,19).

Eine weitere Geschichte aus dem Alten Testament soll die Wirkung der Gesetze des Herrn, so wie sie von Israel gehütet wurden, noch verdeutlichen: Nachdem Mose gestorben war, hatte der Herr zu Jona gesagt: »Jeden Ort, den euer Fuß betreten wird, gebe ich euch.« So nahmen sie mit Gottes Segen alles in Besitz, und die Bewohner des Landes vergingen in Furcht vor ihnen. Die Bundeslade führten sie auf ihrem Eroberungszug vor sich her und kamen auch vor die Stadt Jericho, deren Stadttore vor ihnen fest verschlossen waren. Da sagte der Herr zu Jona, er solle mit allen Kriegern sechs Tage um die Stadt herumziehen. Die Bundeslade sollte die Umkreisung anführen. Am siebten Tage dann sollten die sieben Priester an der Spitze des Zuges sieben Widderhörner blasen und das ganze Volk in lautes Kriegsgeschrei ausbrechen. Denn Gott, der Herr, »hatte die Stadt Jericho mit allem, was in ihr war, zu Ehren des Herrn dem Untergang geweiht.« Unter dem Getöse der Trompeten und der Stimmen stürzte die Stadtmauer in sich zusammen, und sie eroberten Jericho. »Mit scharfem Schwert weihten sie alles, was in ihr war, dem Untergang, Männer und Frauen, Kinder und Greise, Rinder, Schafe und Esel.« (Josua 1,1–6,21)

Die Weisheit der Gesetze wurde somit nicht nur durch die Kerubim vor unbefugten Einblicken in die Einheit der beiden Paradies-Bäume verborgen, sie wurde als Unterdrückungs-, Macht- und Vernichtungsinstrument gegen Andersgläubige mißbraucht. Die Gesetzestafeln sind jedoch ein Spiegelbild allen Lebens und daher am Himmel und auf der Erde in allen lebendigen Bewegungen ablesbar und nicht nur in der Existenz eines Volkes.

Die Kerubim sind wie der bewegte Himmel, der sich nicht fortbewegt oder wie die Räder, die nicht rollen und doch Bewegung darstellen, oder wie die Erde, die ein Spiegel der kosmischen Lichter ist, die sich im siebenarmigen Leuchter zur sichtbaren Einwohnung Gottes in seiner Schöpfung entfaltet haben.

Jakobsleiter und Errichtung eines Altars in Bethel, Buchmalerei, um 1160. Jakob, der zweitgeborene Sohn, hatte sich durch Hinterlist und mit Hilfe seiner Mutter Rebekka das Erstgeborenenrecht von seinem Vater erschlichen. Als er auszog, um sich eine Frau aus dem Herkunftsland seiner Mutter zu suchen, sah er im Traum eine Treppe, die von der Erde bis zum Himmel reichte und auf ihr Engel, die auf- und niederstiegen. Der Herr stand oben und sprach: »Ich bin der Herr, der Gott deines Vaters Abraham und der Gott Isaaks. Das Land, auf dem du liegst, will ich dir und deinen Nachkommen geben ...« Als Jakob erwachte, bezeichnete er den Ort, an dem er das Tor des Himmels erblickt hatte, als Bet-El, »das Haus Gottes« (Genesis 27,1–28,20).

Die Himmelsleiter

Sechs farbige Stufen führen im Baum der Erkenntnis hinauf zur Sphäre des oberen Himmels. Das Tarotbild auf der höchsten Sprosse heißt »Das Haus Gottes«, wie auch der Ort Bet-El, an dem Jakob die Himmelsleiter im Traum erblickte. Über dem Bild »Das Haus Gottes« folgt die Grenze zwischen der Welt der irdischen Erscheinungen und der Welt der göttlichen Prinzipien. Hinter dem unsichtbaren Grenzpunkt verbirgt sich der lebendige Gegenpol zur schweren Erde. Die Einsicht in seine Existenz und Bedeutung erschließt sich nur über den Aufstieg durch den Baum der Erkenntnis, der von der Erde bis vor das Antlitz Gottes führt. Erst nach der Einsicht in die Einheit von Licht und Schatten als einem geistigen Schöpfungsprinzip, führt der Weg wieder von oben hinab bis zu dem Punkt, in dem sich das geistige Licht mit der lichtlosen Materie zu einer neuen Ordnung verbindet.

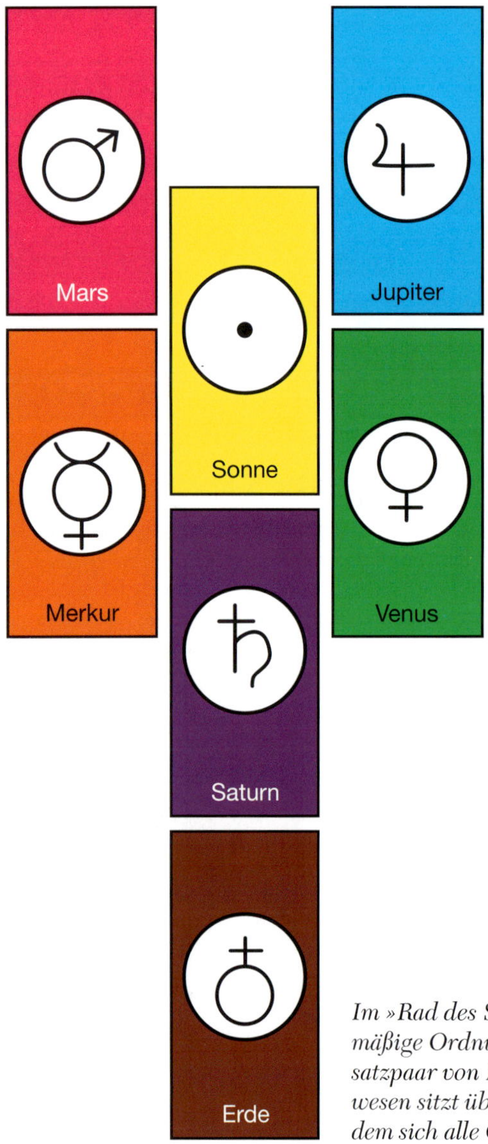

Im »Rad des Schicksals« wird der Kreislauf des Jahres als gesetzmäßige Ordnung von Leben und Tod durch das elementare Gegensatzpaar von Feuer und Wasser dargestellt. Das geflügelte Tierwesen sitzt über und außerhalb dieser Ordnung vor dem Ort, hinter dem sich alle Gegensätze zu einer schwerelosen Einheit verbinden.

Die trennende Grenze

Der Weg zur erlösenden Vereinigung der beiden Paradies-Bäume zu einem Körper führt zuerst hinab durch den Baum des Lebens bis vor das Angesicht der Erde. Dieser Weg beginnt mit dem geistigen Schöpfungspunkt und führt durch die farbige Welt aller lebendigen Erscheinungen bis vor das Angesicht der Erde. Der lichte Geist hat sich im Chaos der Materie einen dunklen Gegenpol erschaffen, der ewiges Leben erzeugt. Das »Rad des Schicksals« bildet den vollendeten Weg in die Tiefe ab. Der Weg der Bindung an das Schicksal wird in der spiegelbildlichen Umkehrung zum Weg des Aufstiegs aus dem Chaos zum Licht des Geistes. Im Baum der Erkenntnis bildet das Tarotbild »Die Sonne« das Wesen des Schöpfungsgeistes als Einheit von Licht und Finsternis ab, das dem »Rad des Schicksals« gegenübersteht. Nur in diesen beiden Bildern wird auf die trennende Grenze zwischen dem unfarbigen Geist jenseits der Erscheinungsformen und seiner sichtbaren Existenz im Diesseits hingewiesen. Auf dem Tarotbild »Das Rad des Schicksals« sitzt das geflügelte Tier vor dieser Grenze, und auf dem Tarotbild »Die Sonne« bildet die Mauer hinter den Zwillingen die gleiche Grenze ab, hinter der sich jene mystische Frucht verbirgt, die beide Bäume zu einem einzigen Körper macht. Das erste Menschenpaar konnte sich nur die halbe Einsicht in das göttliche Gesetz einverleiben, welches seither unsichtbar in seinem Innern verborgen ist. Der Weg hinauf vor das Angesicht Gottes hatte das Menschenpaar das zwillingshafte Wesen der Schöpfung erkennen lassen, in der es sich als vergängliches Wesen gespiegelt sieht. Die andere Hälfte der Frucht jedoch bleibt dem Menschen solange verborgen, bis er vollkommen geläutert sich in einem Herabschreiten aus der Höhe des Geistes wieder der materiellen Erscheinungswelt des Lebens zuwendet und damit die trennende Grenze zwischen dem Jenseits des Geistes und dem Diesseits seiner Einwohnung in seiner Schöpfung aufhebt. Die Paradies-Frucht hinter der Grenze verbindet die menschliche Erkenntnisfähigkeit mit dem göttlichen Geschenk des ewigen Lebens.

Das Opfer Kains und Abels, Meister Bertram, 1379.

Die Geschichte berichtet vom Opfer der ungleichen Brüder. Der Herr beachtete nur Abel und sein Tieropfer. Kain jedoch wollte ebenfalls angesehen werden und erschlug seinen Bruder Abel. Der Herr verbannte ihn vom Ackerboden, denn der hatte das Blut seines Bruders in sich aufgenommen. Sein Leben jedoch wollte der Herr schützen und sprach: »Darum soll jeder, der Kain erschlägt, siebenfacher Rache verfallen. Darauf machte der Herr dem Kain ein Zeichen, damit ihn keiner erschlage, der ihn finde.« Im Brudermord von Kain und Abel wird ein lebendiges Prinzip dargestellt und keine

Der Brudermord, Meister Bertram, 1379.

moralisch bewertbare Handlung. Kain verkörpert den unsterblichen und Abel den sterblichen Teil der untrennbaren Einheit von Licht und Finsternis. Kain ließ sich östlich von Eden nieder. Damit war er ein Sinnbild für das Licht, das sich im Osten aus der Erde erhebt, während Abel sein abendliches Eingehen in die Erde mit seinem befruchtenden Opferblut darstellt. Das siebenfache Siegel, mit dem Kains Leben geschützt wird, ist der sogenannte Davidstern mit einem zentralen Punkt, denn dieser symbolisiert die Einheit von Geist und Materie und steht für den verborgenen Grenzpunkt in den beiden 10-Punkte-Bäumen (Genesis, 4,1–16).

DIE FRUCHT

Wo ist der Ort, der die Augen öffnet?

»Die Weisheit aber, wo ist sie zu finden, und wo ist der Ort der Einsicht? Kein Mensch kennt die Schicht, in der sie liegt; sie findet sich nicht in der Lebenden Land. Die Ur-Flut sagt: Bei mir ist sie nicht.« »Die Weisheit aber wo kommt sie her, und wo ist der Ort der Einsicht? Verhüllt ist sie vor aller Lebenden Auge, verborgen vor den Vögeln des Himmels. Abgrund und Tod sagen: Unser Ohr vernahm von ihr nur ein Raunen. Gott ist es, der den Weg zu ihr weiß, und nur er kennt den Ort. Denn er blickt hin zu den Enden der Erde; was unter dem All des Himmels ist, sieht er.« »Doch zum Menschen sprach er: Seht die Furcht vor dem Herrn, das ist Weisheit, das Meiden des Bösen ist Einsicht.« (Hiob 28,12–28)

Dieser biblische Text verhüllt den Ort der Weisheit und setzt die Furcht als Schutz vor die Frucht inmitten der Paradies-Bäume. Sie wirkt wie das flammende Schwert der Kerubim oder wie die furchteinflößende Maske der Medusa, die den Ort der heiligen Mondmysterien in der Antike schützte.

Der Text enthüllt jedoch einige Orte im kabbalistischen 10-Punkte-System und läßt durch sie ahnen, wo sich die Weisheit verbirgt. Drei Orte werden genannt, die auf der mittleren Baum-Säule drei elementare Erscheinungsformen des Lebens beschreiben. So stehen die Vögel am Himmel für den gelben Feuer-Punkt, der Tod für den violetten Wasser-Punkt und der Abgrund für den braunen Erd-Punkt. Bis zu seinem Ende blickt das göttliche Auge, und im Spiegelbild des tiefsten Punktes sieht es einen Widerschein von dem Ort, der sich auf der Grenze zwischen oben und unten, unterhalb des Alls befindet. Der Weg zum Ort der Weisheit führt jedoch durch die im Text genannte Ur-Flut hindurch, denn die wird durch die beiden dunklen Punkte im höchsten Dreieck symbolisiert. Daß die Weisheit nicht in der Lebenden Land zu finden ist, verweist auf den Ort, an dem das geläuterte Leben vom Licht des göttlichen Geistes durchleuchtet wird. Dieser Ort ist den Lebenden verborgen, die nicht zuvor das Licht des Schöpfers erblickt haben und danach durch die Ur-Flut gegangen sind.

Die folgenden Textauszüge entstammen dem Sohar, dem »Buch des Glanzes«, einer kabbalistischen Kommentarsammlung aus dem 13. Jahrhundert zu Texten des Alten Testaments.

Der Text beschreibt den verborgenen Punkt, der für das Element Luft steht, als das eine Auge der Ein-Sicht und die beiden Räder auf dem Erd-Punkt als zwei unterschiedlich geartete Augen.

»Alles, was im Zeichen der Liebe kommt, hat keine Lider und Wimpern am Auge.« »Die Fische des Meeres haben keine Lider noch Wimpern. Sie schlafen nicht und ihr Auge bedarf keines Schutzes.« »Siehe die Augen JHWHs (Jahwes), sie schweifen über die ganze Erde.« »Wir haben die Lehre, es sei dieses Auge verborgen. Zwei Augen sind hier wieder zu einem geworden. Denn es ist gänzlich von der rechten Seite (Baum der Erkenntnis) und nichts von der linken in ihm. Es schlummert und schläft nicht und bedarf keines Schutzes. Von seinem wechselnden Blick ernährt sich alles. Wir haben die Lehre:

Der Sündenfall, von Meister Bertram, 1379. Eva verkündet mit geöffnetem Mund etwas von der Frucht und weist mit dem Zeigefinger auf die Schlange, als einer ihr ähnlichen Kraft, die das weibliche Prinzip der Erneuerung des Lebens im Tod symbolisiert. Adam empfängt von der Schlange die Frucht und mit ihr die Erkenntnis, daß er wie Gott ist. Er erkennt jedoch nur die Vielfalt der göttlichen Erscheinungsformen. Diese Erkenntnis trennt ihn aus der ungeteilten Ur-Einheit mit dem Schöpfergott. Der Baum in der Mitte mit der weiblichen Schlange steht für das Element Luft, das in den Bäumen mit der Frucht verbunden ist. Der Baum dahinter auf dem Erdhügel symbolisiert das Element Erde. Der linke Baum hinter Adam steht für das Element Feuer (Leben) und der rechte Baum hinter Eva für dessen Gegenpol, das Element Wasser (Tod). In ihrer Vierzahl bilden sie die Quelle allen Lebens im Garten Eden ab. Der kleine Baum vor Adam verweist auf das männliche Lebensprinzip, das wie das kleine Licht geboren wird, um zu sterben. Der kleine Baum hinter Eva verweist auf das weibliche Lebensprinzip, als einem dunklen Körper (Gebäude), aus dem Leben erwächst.

Wenn dieses Auge sich einen Augenblick schlösse, vermöchte nichts mehr zu bestehen. Darum wird es geöffnetes Auge genannt, oberes Auge, heiliges Auge, überschauendes Auge, ein Auge, das nicht schläft noch schlummert, ein Auge, das aller Dinge Wache, das aller Dinge Bestand ist. Auch haben wir gelernt: Das untere Auge hat kein Licht, wodurch es sich von der Trübung reinige, als wenn es durch jenes weiße Licht des oberen Auges gereinigt wird.« »Und wäre nicht das gute, obere Auge, welches das untere Auge bewachte und reinigte, die Welt vermöchte nicht einen Augenblick zu bestehen.« »Auch merke: Bei den unteren Augen gibt es ein rechtes und ein linkes, welche beide von

Elfenbeinfries, Assur, Mesopotamien, 14. Jahrhundert v. Chr. Zwei geflügelte Stiere bewachen zwei Bäume. Im Zentrum befindet sich ein kreuzförmiger Körper, von dem vier Flüssse (vier Elemente) ausgehen. An ihren Enden sind sie mit dem Ring-Stab-Zeichen, dem Symbol für die ewige Existenz des Vergänglichen, versehen. Ihre nie versiegende Quelle befindet sich mitten im Paradiesgarten.

verschiedener Art sind. Hier aber gibt es kein linkes Auge, sondern beide Augen verbinden sich zu einer Stufe und alles ist rechts. Aus diesem Grund wird von einem Auge gesprochen und nicht von zweien.« »Wir haben gelernt, daß dieses ein Auge des Wachens ist, ein ständig geöffnetes, ständig lachendes, ständig frohes. Was nicht desgleichen von den unteren Augen gilt. Sie sind nicht ständig geöffnet und haben deckende Lider.« Fische galten als mystische Sinnbilder der göttlichen Sendboten und Heilsbringer auf Erden. Ihre stets wachen Augen sind wie die Augen von erwachten Menschen, die sich Auge in Auge mit der Weisheit befinden.

Der mittelalterliche Kabbalist Isaak Lurias sagte, daß der erwartete Messias, den er im Zusammenhang mit dem verborgenen Punkt erwähnt, nichts anderes sei, als die erlösende Wiedereinsetzung der Frucht, die von jedem Menschen vollzogen werden muß.

Das Buch der Weisheit

Das Alte Testament enthält ein Buch, in dem das Wesen der Weisheit beschrieben wird. Die Schrift trägt in der römischen Bibel den Titel »Buch der Weisheit« und in der griechischen den Titel »Weisheit Salomos«. Es ist das jüngste Buch innerhalb des Alten Testaments. Es wurde in griechischer Sprache in der jüdischen Diaspora zwischen 80 und 30 v. Chr. in Ägypten geschrieben. Die Stadt Alexandria war zu dem Zeitpunkt ein berühmtes Zentrum hellenistischer Wissenschaft. Der Verfasser nennt Salomo niemals beim Namen, spricht aber in der Person des Salomo und stellt sich damit in eine Reihe mit den alten Weisheitslehrern Israels.

Die Weisheit, die ihm »alles Verborgene und alles Offenbare« zu erkennen gab, wird von ihm als seine Lehrerin und geliebte Lebensgefährtin beschrieben. Ihr Wesen stellt er mit 21 Eigenschaften dar, die sich in ihr vereinen. Sie entsprechen der Anzahl der hebräischen Buchstaben, wenn der 22. Buchstabe das Resultat aller Eigenschaften in sich zusammenfaßt.

Es heißt: »In ihr ist ein Geist, gedankenvoll, heilig, einzigartig, mannigfaltig, zart, beweglich, durchdringend, unbefleckt, klar, unverletzlich, das Gute liebend, scharf, nicht zu hemmen, wohltätig, menschenfreundlich, fest, sicher, ohne Sorge, alles

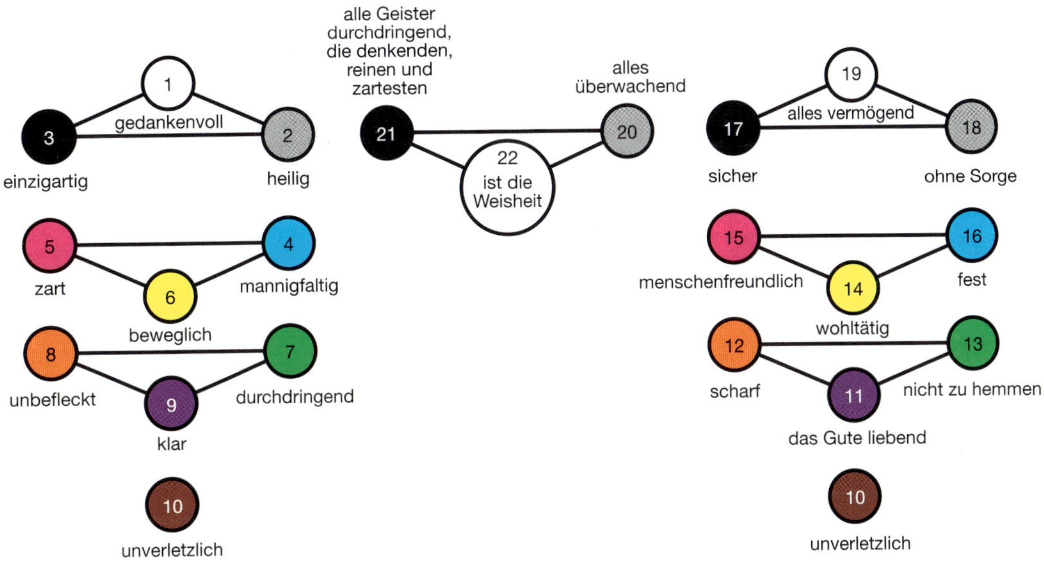

Die Attribute der Weisheit

vermögend, alles überwachend, alle Geister durchdringend, die denkenden, reinen und zartesten.« (Weisheit 7,22–23)

»Sie ist schöner als die Sonne und übertrifft jedes Sternbild. Sie ist strahlender als das Licht; denn diesem folgt die Nacht, doch über die Weisheit siegt keine Schlechtigkeit. Machtvoll entfaltet sie ihre Kraft von einem Ende zum anderen und durchwaltet voll Güte das All. Sie habe ich geliebt und gesucht von Jugend auf, ich suchte sie als Braut heimzuführen und fand Gefallen an ihrer Schönheit ... Eingeweiht in das Wissen Gottes, bestimmt sie seine Werke.« (Weisheit 7,29–8,4)

Der Mond als Spiegel des göttlichen Geistes im Leben

Die letzten drei Tarotbilder bilden das einigende Zentrum zwischen dem Baum des Lebens und dem Baum der Erkenntnis ab. Die Einsicht in sein Wesen vollzieht sich erst, nachdem die beiden gegenläufigen Bäume durchschritten und ihr Getrenntsein voneinander als lebensnotwendige Voraussetzung für einen lebendigen Organismus erkannt wurde. Der Erkenntnisweg verläuft mit seinen letzten drei Schritten durch den oberen Himmel, jenseits der sichtbaren Welt. Er führt durch die Welt des Geistes. Die Tarotbilder »Der Mond«, »Der Stern« und »Die Sonne« symbolisieren diese unsichtbare Welt als Kräfte der Auflösung, Erneuerung und Schöpfung. »Der Mond« und »Der Stern« stehen in der unfarbigen Triade für zwei dunkle Gegenkräfte zum Ur-Licht. Als bildhafte Übersetzungen werden sie mit zwei Erscheinungsformen des Mondes verglichen. »Der Mond« meint die Mondsichel und »Der Stern« den Neumond, der in mondloser Nacht den kreisenden Lauf der Sterne sichtbar macht. Im höchsten Dreieck stehen sie für übergeordnete, geistige Prinzipien und nicht für sichtbare Erscheinungsformen. Die dunkle Welt des oberen Himmels wird ebenfalls durch die Sintflut

Die letzten Schritte zur Einheit.

ausgedrückt, die alles unreine Leben vernichtet (Prinzip Auflösung – Grau), um die Welt zu erneuern (Prinzip Erneuerung – Schwarz).

Die letzten beiden Tarotbilder, »Das Urteil« und »Der Narr«, die zur verbindenden Frucht zwischen den Bäumen führen, beschreiben somit im oberen Himmel die geistigen Auswirkungen der Sintflut. Das letzte Tarotbild »Die Welt« hat seinen Ort unterhalb der Sintflut und symbolisiert den Vollmond als drittes Erscheinungsbild des Mondes. Sein weißes Licht auf der Grenze zwischen dem Jenseits und dem Diesseits, das seinen Ursprung sowohl in der geistigen Sonne des oberen Himmels wie auch in der feurigen Sonne des unteren Himmels hat, macht den Vollmond zu einem Symbol für eine Frucht, die sowohl unsichtbar als auch sichtbar ist.

Die Trinität der Nacht

Drei Gorgonen nennt die griechische Mythologie. Zwei von ihnen galten als unsterblich, die dritte jedoch wird als die sterbliche Medusa beschrieben. Als Gorgoneion bezeichneten die Orphiker auch das Antlitz dieser Mondform, Medusa wird einerseits als wunderschönes Mädchen geschildert, andererseits aber war es gerade ihr Antlitz, das die Menschen zu Stein erstarren ließ. Das schlangenumwobene Haupt jedoch war nur ihre verhüllende Maske. Von den drei Gorgonen bezeichnet die sterbliche Medusa den Grenzpunkt zwischen dem Jenseits und dem Diesseits. Denn hinter der Maske der Vergänglichkeit verbirgt sich die Schönheit der unsterblichen Seele.

Perseus hat der sterblichen Gorgone Medusa nach Athenes Rat den Kopf abgeschlagen und trägt ihn fort, Vasenmalerei aus Capua, Italien, 460 v. Chr.

Von dem griechischen Helden Perseus wird berichtet, daß er Medusa tötete. Diese Tat konnte ihm nur deswegen gelingen, weil er nicht direkt in ihr Antlitz sah, sondern sich diesem nur in der spiegelnden Fläche seines Schildes genähert hatte. Zu dieser List soll ihm Athene, die Göttin der Weisheit, geraten haben. Das Spiegelbild aber zeigte ihm nur die Spiegelung der Welt der vergänglichen Erscheinungen. Die schöngesichtige Medusa hinter der Maske hat er nicht wahrgenommen.

Dreifaltig werden ebenfalls die griechischen Chariten geschildert, die auch als Grazien bezeichnet werden. Ihr Name leitet sich von dem Verb *chairein,* »sich freuen«, ab und bedeutet Freude. Doch auch sie erscheinen doppeldeutig, denn es heißt, daß man ihnen gleichzeitig mit den finsteren Erinnyen, den Zorn- und Rachegeistern, Opfer darbrachte. Die Erinnyen aber wurden auch als Eumeniden, die Wohlwollenden, angesprochen. Von den drei Chariten berichtet der Mythos, daß sie als Steine vom Himmel gefallen seien, denn als drei Steine wurden sie auch verehrt. Andererseits wurden sie als schöngestaltige Göttinnen der Liebe geschildert, die Aphrodite dienten oder aber ihr gleich waren.

Bei einem nächtlichen Reigentanz fielen sie in einen tiefen Brunnen. Auf seinem Grund nahm die Erde sie in sich auf und ließ eine dreiteilige Blume sprießen. Mit dieser Geschichte sind sie gleich Aphrodite, die sich in der Tiefe des Wassers erneuert und gleich Persephone, die aus der Erdentiefe im Frühling mit einem Blütengewand bekleidet emporsteigt. Als vom Himmel gefallene Meteoriten wird ihre Herkunft und Verbundenheit mit dem Himmel bezeugt. Sie galten auch als dreifaltige Verkörperungen des Mondlichts und stellen seine drei Erscheinungsbilder dar. Ihre Namen waren Aglai, die Strahlende, Euphrosyne, die Freude, und Thalia, die Fülle. In dunklen Neumondnächten wie auch bei Vollmond wurden sie lärmend angerufen, um ihren wohlwollenden Segen zu beschwören, denn als Göttinnen der Liebe waren sie zugleich auch Todesgöttinnen. In ihrem Reigen bilden Freude, Leid und erlösender Friede eine Einheit.

Der himmlische Reigentanz der Freude

»Das Urteil«, 20. Tarotbild des Marseiller Tarot.

Das 20. Tarotbild »Das Urteil« zeigt ein vielfältig geflügeltes Wesen, das von Wolken und Strahlen umrahmt ist. Es hält ein Blasinstrument und eine Fahne in seinen Händen. Trompeten und andere Blasrohre galten als Ankündigungs- oder Verkündigungsinstrumente, die mit ihren lärmenden Tönen sogar feste Mauern zum Einsturz gebracht haben sollen. Zumeist wurden sie jedoch geblasen, um die Menschen aus dem Schlaf wachzurütteln oder ihre ungeteilte Aufmerksamkeit zu erwecken, wenn es darum ging, wichtige Mitteilungen zu machen.

Das Tarotbild »Das Urteil« hat seinen Ort auf dem grauen Punkt, dem das geistige Prinzip der Auflösung zugrunde liegt. Die Verkündigung erweckt die Seele aus ihrem schlafenden Körper. Die erwachte Seele erblickt vor sich die Botschaft von den vier elementaren Lebensquellen im Kreuz der Fahne, die ihren geistigen Ursprung im oberen Himmel haben. »Das Urteil«, das der entblößten Seele offenbart wird, wirkt wie die finstere, reinigende Sintflut. Die Wasser des oberen Himmels, die auf dem Tarotbild durch den Wolkenkranz dargestellt werden, sind die geistige Quelle für die Wirkung der unteren Wasser auf dem grünen Punkt, in denen sich die Körperformen auflösen. In der grauen Ur-Flut hingegen werden die Seelen durch den Klang der Trompete aus ihren schlafenden Körpern erweckt, um den erlösenden Weg zur Weisheit vollenden zu können. »Das Urteil« verkündet der erwachten Seele, daß nur sie aus der Erdentiefe aufersteht, während die körperliche Substanz in der sichtbaren, farbigen Welt bleibt. Darauf verweisen die drei Menschen, die so dargestellt sind, daß sie die bergige Horizontlinie nicht überragen. Ihre Blöße symbolisiert die Erwachten als unverhüllte Seelen, die mit der geistigen Bildform ihres Körpers aus ihrem irdischen Körper herausgetreten sind.

Mit den drei Menschen werden drei verschiedene Wahrnehmungszustände geschildert. Eine Frau und ein alter Mann befinden sich hinter einer waagerechten Linie, die den Vordergrund mit der Erdgruft von der Hügellandschaft trennt. In anbetender Haltung richten sie ihre Blicke auf die Emporsteigende aus der Erdentiefe, die auf dem grauen Punkt für eine weiblich geprägte Empfängnisbereitschaft der Seele steht, die offen ist für den reinigenden Geist der oberen Wasser. Der alte Mann symbolisiert an diesem Ort die Wahrnehmung der unsterblichen Seele im vergänglichen Körper und die junge Frau die zukünftige Erneuerung des Lebens durch die Ur-Flut oder die noch unverwirklichte Läuterungsstufe, die durch den schwarzen Punkt dargestellt wird. Die aus ihrer stofflichen Umhüllung befreite Seele steigt aus der Erde empor und erblickt vor

Tanzendes Paar, Detail einer Wandmalerei in einem etruskischen Grab, Tarquinia, Italien, um 480–470 v. Chr.

sich ihre abgeschlossene Vergangenheit und ihre Zukunft und damit den Weg, der für die Seele vorgesehen ist, die zum Garten Eden zurückkehrt. »Das Urteil« enthält die Bestimmung für die Seele, sich wieder mit einem vollkommen reinen Körper zu verbinden und zum Leben zurückzukehren.

Die drei kabbalistischen Ebenen und die dreigliedrige Seele

In dem bereits erwähnten »Sohar« wird die jüdische Vorstellung von drei Seelengliedern beschrieben. Es heißt dort:

»Drei Namen trägt die Seele des Menschen: Nefesch, Ruach, Neschama. Alle sind sie ineinander enthalten, doch an drei Orten zeigt sich ihre Eigenart. Nefesch befindet sich im Grabe, wenn der Körper im Staube modert, und wälzt sich weiter in dieser Welt, um noch bei den Lebenden zu bleiben und ihren Schmerz kennenzulernen und fleht, wenn es not tut, um Erbarmen für sie. Ruach tritt ein in den Garten der Erde, nimmt dort eine Gewandung an in jeder Bildform des Körpers, die er in dieser Welt hatte, wie sie dort entsprechend ist, und genießt im Glanze des Gartens ihrer Wonne. An Sabbaten, Neumonden und Festzeiten aber steigt sie höher, erfreut sich höherer Wonne und kehrt wieder an ihre Stätte. Wovon gesagt ist: ›Und der Geist (Ruach) kehrt zu Gott zurück, der ihn gegeben hat‹ (Kohelet 12,7). Neschama hingegen steigt sofort empor an jene Stätte, von der sie gekommen ist, und für sie wird die Leuchte entzündet, nach oben zu leuchten. Sie steigt niemals mehr nach unten. In ihr vollendet sich, was sich von allen Seiten, von oben und von unten vollendet… Nefesch hat kein Licht aus sich selbst, sondern teilnehmend am Geheimnis des Körpers ist sie es, die ihn mit allem, was not tut, erquickt und ernährt – wovon gesagt ist: ›Und sie gibt Nahrung ihrem Hause und Satzung ihren Dienerinnen‹ (Sprüche 31,15). Das Haus, das ist der Körper, den sie ernährt, ihre Dienerinnen, das sind die Organe ihres Körpers. Ruach ist über Nefesch gesetzt, herrscht über sie und erleuchtet sie mit allem, was not tut, und Nefesch ist sein Sockel. Neschama hingegen läßt Ruach entspringen, herrscht über ihn und leuchtet ihm in jenem Lichte des Lebens. Ruach ist abhängig von Neschama und wird von ihr erleuchtet, Nefesch hingegen ist abhängig von Ruach und wird von ihm erleuchtet und ernährt, alles in einem Zusammenhange. Solange aber jene obere Neschama nicht aufsteigt in das Quellen

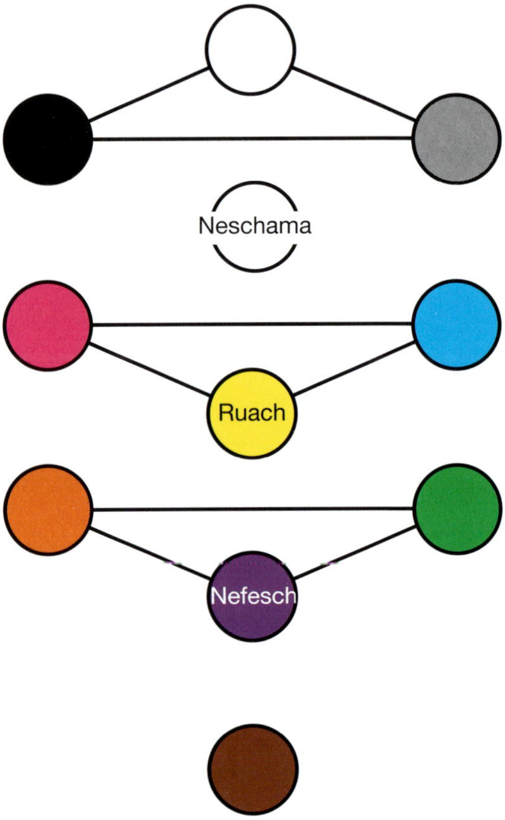

Die drei Seelenstufen der jüdischen Mystik.

Caliope, Tarotbild des Ferraresischen Meisters, Italien, um 1465. Caliope ist eine der neun griechischen Musen, die als Töchter der Titanin Mnemosyne gelten. Mnemosyne, das Gedächtnis, war die rechtsfließende Quelle im Jenseits, aus der, nach der Unterweisung der Orphiker für Eingeweihte, die Verstorbenen trinken sollten, um ihre Seele vor der Bewußtlosigkeit zu bewahren. Caliope wurde die Schönstimmige genannt. Sie bläst ein Instrument, als wäre sie die Erweckerin der Seele aus dem Schlaf der Unbewußtheit. Rechts neben ihr ist ein Brunnen als Wandlungsort und Quelle des Lebens dargestellt. Hinter dem Brunnen ragt ein Felsen hoch auf, dessen Spitze ein Lebens-Baum krönt. Die rechtsfließende Quelle Mnemosyne offenbart der bewußt wahrnehmenden Seele die Einsicht in ihre elementare Verbundenheit mit den Wassern der geistigen Erweckung.

des ›Alten der Alten‹, des ›Verborgenen aller Verborgenen‹ und von ihm ohne Unterbrechung erfüllt wird, tritt auch Ruach nicht ein in den Garten Eden und kommt Nefesch nicht zur Ruhe an ihrer Stätte im Körper unten ... Solange aber die Knochen im Grabe sind, ist auch Nefesch dort. Es ist das Geheimnis jener, welche den Pfad der Wahrheit wissen und die Sünde scheuen: In der Stunde, wenn Neschama oben sich schmückt mit der heiligen Krone und Ruach sich im oberen Lichte erhöht an Sabbaten, Neumonden und Festzeiten, und wenn Ruach vom oberen Lichte herabsteigt, um im Garten Eden zu wohnen, dann leuchtet und erblitzt auch Nefesch, erhebt sich im Grabe und formt sich eine Hülle in der Bildform, die sie vorher im Leibe gehabt, und in dieser Bildform steigen alle jene Gebeine auf, lobpreisen und singen dem Allheiligen, wie es heißt: ›All meine Gebeine werden sprechen: JHWH, wer ist wie Du!‹ (Psalm 35,10) ...«[1]

Der entrückte Liebhaber der Weisheit

»Der Narr«, das einzige Tarotbild ohne Ziffer im Marseiller Tarot, es entspricht jedoch in seiner Rangfolge dem 21. Buchstaben im hebräischen Alphabet.

Der Narr im Jenseits ist ein namenloser Wanderer, der in der finsteren Ur-Flut des oberen Himmels dem verheißungsvollen Licht der Frucht entgegengeht. Er ist wie die Ziffer 0 ein Nichts am Ende einer absteigenden Zahlenreihe. Als geistiges Wesen symbolisiert er den letzten Schritt, der vor den Ort des Neubeginns führt.

Die drei senkrechten Säulen, die das 10-Punkte-System durchziehen, werden durch die drei hebräischen Buchstaben Alef, Mem und Schin beschrieben, die als drei Mutter-Buchstaben bezeichnet werden. Alef entspricht im Tarot dem »Magier«, der als mittlere Säule den Beginn des Weges und mit ihm die zentralen Grundlagen im Gesetzeskörper der Natur darstellt. Mem entspricht dem 13. Tarotbild, das als rechte, graue Säule den wesentlichen Inhalt beschreibt, der sich im aufwärtsverlaufenden Weg durch den Baum der Erkenntnis als Einsicht in die notwendige Vergänglichkeit aller Körperformen zeigt, denn die bildet die Voraussetzung für einen Weg zu geistiger Höhe. Schin entspricht im Tarot dem »Narren«, der als linke, schwarze Säule das Ende des Weges beschreibt. Der letzte Schritt führt die reine Seele durch die oberen Wasser der geistigen Erneuerung einer neuen Ordnung in einer neuen Welt entgegen. Diese erscheint im Schwarz als leuchtendes Gegenbild. Der Zauberstab, der Sensengriff und der Wanderstab weisen die gleiche diagonale Richtung auf. In der Diagonale werden im 10-Punkte-System immer die ebenenübergreifenden Gegensätze der Auflösung und ihrer Leben erneuernden Gegenkraft abgebildet. Auch auf dem Tarotbild »Die Päpstin« ist eine solche Diagonale hervorgehoben, die auf das Buch der Weisheit in ihrem Schoß verweist

1 Der Sohar. Das Heilige Buch der Kabbala. Nach dem Urtext ausgewählt, übertragen und herausgegeben von Ernst Müller, München 1993, II. folg. 141b–142a, S. 176–178.

Die drei hebräischen Buchstaben Alef, Mem, Schin, denen die drei Tarotbilder »Der Magier«, das 13. Tarotbild und »Der Narr« entsprechen, bilden die drei senkrechten Säulen im kabbalistischen Sefirot-Baum.
»Der Magier« leitet den Baum des Lebens ein und verkörpert das Prinzip der Schöpfung. Das 13. Tarotbild stellt im Baum der Erkenntnis die Erfahrung und die Einsicht in das Gesetz der Vergänglichkeit von Körpern dar. »Der Narr« hat die Welt der Erfahrungen grenzüberschreitend verlassen und verkörpert die Wahrnehmung aller Stufen des Seins als ein geistiges Wesen.

und diesen mit dem »Papst« verbindet. Auf dem Bild »Der Narr« verbindet der Wanderstab die körperlose Seele mit der erneuernden Kraft der Sintflut. Auf dem schwarzen Punkt symbolisiert »Der Narr« die unsterbliche Seele, die vollkommen ungebunden durch die Welt des Geistes wandert. Das Ziel dieser reinen Seele liegt in ihrer Bewegungsrichtung. Diese führt aus dem oberen Himmel hinab in eine neue Ordnung der Welt, die als Frucht eines langen Weges zu beschreiben ist. Der Blick des Narren ist jedoch auf den höchsten, weißen Punkt gerichtet, denn von dort stammt das Licht, das den Ort erleuchtet, an dem er sich wieder mit einem Körper vereinen wird.

Auf die besondere inhaltliche Verbindung des »Narren« zum 2. Tarotbild »Die Päpstin« und ihrem männlichen Gegenbild, dem 5. Tarotbild »Der Papst«, verweisen außer seinem Wanderstab auch noch die zwei Punkte an seinem Schulterstab, der die dunkle Waagerechte des oberen Himmels beschreibt und die darunter angeordneten fünf Punkte an seinem Kragen. Beim 2. Punkt wird das Buch der Weisheit aufgeschlagen, seinen entrückten, wahren Liebhaber aber findet es nicht in der Welt der religiösen Dogmen, sondern erst im ungebundenen Narren, der sich nur einer uneingeschränkten, grenzenlosen Wahrheit verbunden weiß. »Der Narr« verkörpert den erwachten und befreiten Geist, der nicht glaubt, sondern weiß. Er hat alle Erfahrungen des Lebens durchlebt und sie als gesetzmäßig und sinnvoll erkannt. Hinter seinem ausgrenzenden Gewand verbirgt sich ein Liebhaber der Weisheit vor den Blicken der Unbewußten und Schlafenden. Er ist ein geistiger Führer der reinen Seelen vor das Angesicht der umfassenden Weisheit, die sich vor Uneingeweihten unsichtbar im Verborgenen hält. Auf die lehrende Rolle des »Narren« deutet der rechte der beiden Punkte am Schulterstab, der sich in der Höhe seines Kehlkopfes befindet. Er lehrt über das Buch der

Das Narrenschiff, von Hieronymus Bosch. Narren waren die verrückten, ausgelassenen, weisen und ungebundenen Possenreißer, die der Welt den Spiegel der Wahrheit vor Augen hielten. Nur im Narrengewand hatten sie das Privileg, die ungeschminkte Wahrheit sagen zu dürfen. Ihr Gelächter über die Narreteien der Welt erlaubte den Menschen, mit Tränen in den Augen über das Schicksal zu lachen.

Weisheit, das bei der »Päpstin« aufgeschlagen wurde. Betrachtet man das 10-Punkte-System als menschliche Gestalt, so nimmt der verborgene Punkt den Ort ein, an dem die Stimme ihren hörbaren Ausgangsort hat. Dieser Punkt ist zugleich der Ort im wiedergefundenen Garten Eden, in dem die eine, ungeteilte Frucht für die Weisheit steht.

Das geschulterte Säckchen hinter seinem Rücken enthält seine Vergangenheit, die er im Körper der Natur mit ihren sechs farbigen Punkten durchlebt und hinter sich gelassen hat. Diese Welt trägt »Der Narr« mit sich in die zukünftige neue Welt hinein. Der sechste spitze Kragenzipfel verschwindet hinter dem Säckchen und verweist auf dessen Inhalt, der sechs Ausdrucksformen von Leben in sich birgt. Das Säckchen ist oben mit einer kreisförmigen Öffnung versehen, die auf den kreisenden Ablauf in der sichtbaren Welt hindeutet, die hier unsichtbar ist. Die löffelförmige Öffnung darunter verweist dagegen auf die zukünftige Wiederausgießung der elementaren Lebenskräfte in eine sichtbare Welt.

Der Wanderstab, das ausschreitende Bein und die Horizontlinie bilden einen Schnittpunkt, der den Ort beschreibt, auf den »Der Narr« zuschreitet. Dieser befindet sich auf der Grenze zwischen dem unfarbigen, oberen Himmel oder der Sphäre des Geistes und dem farbigen, unteren Himmel oder der Welt seiner sichtbaren Einwohnungen im Körper der Natur. Oberhalb der Horizontlinie entblößt ein Hund das voranschreitende Bein. Hunde, wie auch ihre Urahnen, die Wölfe, galten in der Mythologie wegen ihres nächtlichen Geheuls als Anbeter der Mondgöttin. Werwölfe nannte man die grenzüberschreitenden Sucher nach dem wahren Kern ihres inneren Wesens. Das zerrissene Narrengewand gewährt einen Blick auf die hüllenlose Seele, denn nur als reine Seele kann der Voranschreitende in eine neugeordnete Welt gelangen, die unterhalb der Ur-Flut liegt. Auf seinem Weg zur Wahrheit hat der Narr alle Stationen im kreisenden »Rad des Schicksals« durchlaufen. Er ist den Baum des Lebens hinab vor das Angesicht der Erde gewandert, und er ist den Weg hinauf durch den Baum der Erkenntnis vor das Angesicht Gottes gewandert und befindet sich jetzt auf dem Weg vor das Angesicht der Weisheit, in der sich die gegensätzlichen Welten vereinen. Sein Ziel ist der erlösende Friede, der aus dem Bündnis zwischen Himmel und Erde oder Geist und Materie erwächst.

Die vier Glöckchen an seinem Gürtel verkünden dem Wandernden in der Finsternis das nahende Licht, das als planetarische Kraft dem Vollmond und als viertes Element der Luft ähnlich ist.

Der mittelalterliche Narr stand mit seiner Rolle außerhalb der Gesellschaft, hatte aber gleichzeitig Zugang zu allen Ständen. In der Hierarchie der weltlichen oder gar klerikalen Stände bekleidete er, gleich einem Bettler, den tiefsten Rang. Er war der besitzlose, aber auch bedürfnislose Wanderer ohne weltanschauliche oder religiöse Bindungen. Als Wahrheitssucher und Weiser jedoch bekleidete er häufig die Rolle des verrückten Ratgebers, denn er durchschaute das Spiel des Lebens auf allen Ebenen. Da er selber an keine besondere Rolle mehr gebunden war, konnte er auf der Bühne des Lebens tanzen und mit entlarvendem Witz die Wahrheit enthüllen und mit seinem Gelächter ihr ins Auge sehen. Sein besonderes Narrengewand oder seine Maske boten ihm den äußeren Schutz vor Verfolgung, denn Narrenfreiheit galt als unantastbar. Im Schutz der ausgrenzenden Verkleidung aber war ihm erlaubt, die ungeschminkte Wahrheit beim Namen zu nennen. Seine Distanz zum Leben erlaubte ihm, die Menschen einen Blick auf die Ursachen von schicksalhaften Verknüpfungen werfen zu lassen. Er hielt ihnen den Spiegel vor Augen und zerstörte mit ihm die Illusionen von Trauerspielen und undurchschaubaren Leiden und machte das Leben zu einer durchschaubaren Komödie. Sein Lachen über die Wechselfälle des Lebens befreite nicht vor der Erfahrung des Leidens, aber Tränen der Trauer, der Wut oder der Enttäuschungen können durch eine distanzierte und bewußte Wahrnehmung des jeweiligen Rollenverhaltens zum Versiegen gebracht werden. Die Toleranz eines wahren Narren war und ist grenzenlos, denn seine Liebe zur Wahrheit ist jenseits von Bindungen an festgelegte Normen. Ohne sein mittelalterliches Schutzkleid aber lebte und lebt ein Narr in dieser Welt gefährlich.

Misero, der Bettler, Tarotbild des Ferraresischen Meisters, um 1465. Seine hüllenlose Nacktheit mühsam verbergend, lehnt sich der unterste in der Rangstufe der Gesellschaft sinnend auf seinen Stab. Kein irdischer Besitz täuscht seinen Blick auf die Realität des Daseins. Auch die Bäume zeigen sich ohne das verhüllende Gewand der Blätter in ihrer wahren Gestalt. Die Mauer hinter dem äußerlich Elenden ist zerbrochen, wie auch er den Panzer um den Kern seines inneren Wesens zerbrochen hat und seinen geistigen Reichtum nachdenklich mit nach innen gerichtetem Blick wahrnimmt. Der ihn anbellende Hund ist seiner Entrücktheit gewahr geworden und verhält sich vor dem unverhüllten Leuchten der Weisheit wie ein Anbeter des Mondlichts. Der abgemagerte, sich kratzende Hund hingegen ist sich, gleich dem elenden Bettler, der Mühsal seiner lebendigen Existenz auf Zeit bewußt.

Der eine Körper des Gesetzes
im Gewand der 22 Tarotbilder.

Die Liebesoffenbarung der Tora an ihren einzigen Freund

Der folgende Textauszug entstammt wieder dem »Sohar«. Der Narr wird hier als törichter Tor bezeichnet, der sich der Tora, dem einen göttlichen Körper, ohne absichtsvolles Verstehen, sondern reinen Herzens zu nähern weiß.

»Wenn sie aus ihrem Schreine ein Wort für einen Augenblick enthüllt, dann nur denen, welche es kennen und erkennen können. Vergleiche es einer Geliebten, schön an Erscheinung, lieblich an Wuchs, die sich in ihrer Kammer verbirgt. Sie hat einen einzigen Freund, von dem die Menschen nicht wissen, ganz im Verborgenen. Aus Liebe umwandert er immer das Tor ihres Hauses, nach allen Seiten die Augen gerichtet. Und da sie weiß, wie der Geliebte das Tor umkreist, was tut sie? Sie öffnet den Eingang der verborgenen Kammer, enthüllt für einen Augenblick das Antlitz dem Geliebten, verbirgt es wieder. Keiner sah es und nahm es wahr, nur der Geliebte allein, dessen Eingeweide und Herz und Seele es nach ihr zog. Und weiß, daß aus Liebe sie einen Augenblick sich enthüllte.

Und merke: So ist der Weg der Tora. Im Anfang, wenn sie sich dem Menschen enthüllen will, gibt sie ihm einen Wink, ob er es gut verstehe, und wenn nicht, sendet sie zu ihm und heißt ihn Tor. Und heißt dem Toren sagen, daß er zu ihr komme und sie mit ihm sich vergnüge.

Wird dann der Mensch erst in Vollkommenheit ein Vermählter der Tora, dann offenbart sie ihm alle Geheimnisse, nichts fernend oder bergend vor ihm. Und spricht: Du siehst das Wort, das ich dir erst in feinem Winke zugewinkt, Geheimnisse so und so. Nun sieht er, daß diesen Worten nichts hinzuzufügen, von ihnen nichts wegzunehmen ist. So ist der wahre Sinn der Tora, daß auch nicht ein Zeichen ihr zugetan, von ihr hinweggenommen werden darf. Darum wollen die Menschen dessen achtsam sein, der Tora nachzufolgen, daß sie Geliebte der Tora seien.«[1]

Die Offenbarung hinter Maske und Spiegel oder Angst und Leid

Der Weise im ausgrenzenden Narrengewand verbarg sein Gesicht häufig hinter einer Maske. Die Rollen, die er mit ihr spielen konnte, waren ein Spiegelbild der Verhältnisse in seiner Umgebung. Sie diente ihm beim spielerisch-distanzierten Umgang mit dem Trauer- und Lustspiel des Lebens, dem er mit entlarvendem Witz oder besonnener Heiterkeit begegnete.

In der Antike jedoch gab es neben der Überbetonung der Lichtseite, die mit einer Verehrung des Lichtgottes Apollon und der Bevorzugung der Knabenliebe einherging, ebenfalls den Dionysos-Kult, bei dem es um eine ganzheitliche Einsicht in alle lebendigen Erfahrungen ging, zu denen auch grenzüberschreitende Erlebnisse in das Reich der Schatten, der Ängste, der Ekstase oder der berauschenden Sinnesfreude gehörten. Frauen und Männer fühlten sich in gleicher Weise seinem Kult verbunden und wurden in seine Mysterien eingeführt. Die Einweihungsrituale waren mit schreckenerre-

[1] Der Sohar. Das Heilige Buch der Kabbala. Nach dem Urtext ausgewählt, übertragen und herausgegeben von Ernst Müller, München 1993, S. 38f.

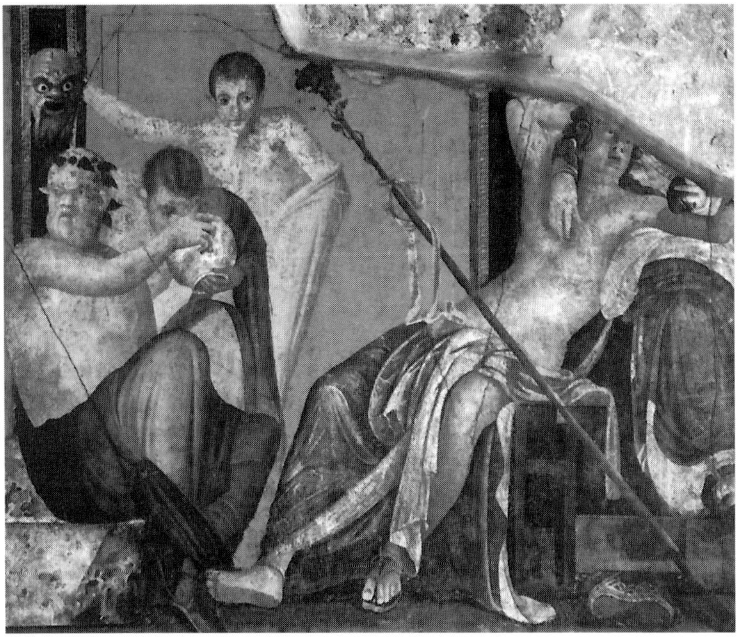

Ausschnitte aus einem Mysterienfries des Dionysos-Kultes in Pompeji, Italien, um 60 v. Chr.

genden und beängstigenden Zeremonien verbunden, die dazu dienten, auch der Dunkelseite des Lebens bewußt ins Antlitz zu schauen.

Der griechische Held Perseus hatte der Wahrheit im Spiegel der Wirklichkeit nicht ins schreckenerregende Antlitz sehen wollen, denn die grauenerregende Maske der Medusa hätte ihn zu Stein erstarren lassen. Der Dunkelseite seiner Existenz und seiner Macht auf Zeit, seinem Alter und Tod hätte Perseus bewußt ins Auge sehen müssen, um die fließende Bewegung von Leben wahrnehmen zu können. Er näherte sich dem Wesen der Wahrheit hinter der Maske der Medusa nur im Spiegelbild seiner Panzerung gegen die Angst. Sein begrenztes Bewußtsein hinderte ihn, sich der Angst zu öffnen und durch sie hindurchzugehen, um durch die Erfahrung von Angst von ihr erlöst zu werden. Daß die erlösende Wahrnehmung der fließenden Lebenskräfte erst durch umfassende Erfahrung und Bewußtheit aller Existenzformen wahrgenommen wird, wollte ein patriarchaler Held der Spätantike nicht mehr wahrhaben, denn sein Streben galt dem endgültigen Sieg über die Dunkelseite des Lebens und nicht mehr der Erkenntnis ihres erlösenden Sinnes.

In Pompeji ist ein Wandbild erhalten geblieben, das ein Einweihungsritual in die dionysischen Mysterien darstellt. So sieht man beispielsweise eine Szene, in der einem Adepten ein Spiegel vorgehalten wird, in dem sich zugleich mit seinem jugendlichen Gesicht die Maske eines bärtigen alten Mannes spiegelt. Er sollte seiner Begrenztheit und seiner Vergänglichkeit bewußt ins Auge sehen, um die unbewußten Verstrickungen an das Schicksal zu durchschauen. Angst und Schrecken wurden überwunden, indem ein Adept durch die Erfahrung hindurchging, die ihm besonders schreckenerregend erschien, um sich aus verkrampften Vorstellungen lösen zu können und das gelöste Fließen der Kräfte in sich zu fühlen. Rechts neben der Spiegelszene ist die Wirkung der Zeremonie dargestellt. Mit vollkommen gelösten Gliedern sieht man den Eingeweihten an eine Gestalt gelehnt, die ihn liebevoll umfängt. Das Einweihungsritual für eine junge Frau wird auf dem Wandbild mit einer ganz anderen Handlung dargestellt. Zu sehen ist

eine Kniende, die ihren Kopf im Schoß einer Sitzenden geborgen hat und von ihrer linken Hand schützend umfaßt wird, während die rechte sie mit einer Geißel schlägt, so daß ihr Rücken voll blutiger Striemen ist. Die unterschiedliche Praxis für beide Geschlechter hängt möglicherweise mit den andersartigen Ängsten oder Leidenserfahrungen zusammen. Bei Frauen spielt wahrscheinlich die Angst vor körperlichen Schmerzen eine größere Rolle als die eher männliche Angst vor Altersschwäche und Machtverlust. Auch das Verhalten nach dem Einweihungsritual äußert sich daher unterschiedlich. Die Frau hat sich dem befreienden Rausch des Tanzes hingegeben.

Das Licht der Weisheit

»Die Welt«, das 22. Tarotbild des Marseiller Tarot, das die Ziffer 21 trägt, denn im 22. Bild sind die 21 Attribute der Weisheit zu einer neuen Ordnung zusammengefaßt.

»Die Welt«, das letzte Tarotbild, hat sich mit vielerlei Attributen bereits angekündigt, denn einerseits verbindet es das unfarbige Dreieck des oberen Himmels mit den beiden farbigen Dreiecken des planetarischen Himmels unten und fügt erst durch sein Erscheinen den noch fehlenden siebten Himmelskörper, den Mond, in die kabbalistische Baumstruktur ein. Andererseits jedoch verbindet »Die Welt« nicht nur oben und unten, sondern vor allem den abwärtsverlaufenden Baum des Lebens und den aufwärtsverlaufenden Baum der Erkenntnis. Das letzte Bild wird so zu dem, was durch zwei voneinander getrennte Paradiesbäume zu einer von beiden erzeugten Frucht wird, die beide Seiten in sich vereint. Die biblische Frucht ist eine Metapher für die Erschaffung einer neuen Welt, in der alle Gegensätze sich zu einer schwerelosen, schwebenden Einheit verbinden. Mit ihr wird ein paradiesischer Zustand geschildert, der dem Menschen als Utopie mit auf den Weg durch beide Bäume gegeben wurde, damit er sich zum Ebenbild Gottes entwickeln kann, als das der Schöpfergott ihn am sechsten Schöpfungstag erschaffen hatte. Seine Erschaffung nach sechs Tagen, wie sie im Genesis-I-Bericht (Genesis 1,1–2,3) geschildert wird, beinhaltet noch keinen gelebten Zustand, sondern lediglich das Potential, das im

Luna, Mond, Tarotbild des Ferraresischen Meisters, Italien, um 1465. Von zwei Pferden gezogen, bewegt sich der Mondwagen mit Frau Luna über den nächtlichen Himmelsbogen. Die Rükkenlehne ihres Sitzes ist aus einem Dreieck und einem Viereck geformt. Das aufwärtsgerichtete Dreieck bildet die geistige Trinität von Schöpfung, Auflösung und Erneuerung ab. Das Viereck steht für die vier Elemente. Der Mond, im Reigen der sieben planetarischen Kräfte, faßt in seinem Zeichen die Gesamtheit der sechs Grundlagen allen Lebens zu einer geistigen Einheit zusammen. Das Bild zeigt unter dem Himmelsbogen eine geschützte Meeresbucht, in der drei Schiffe als seelenbergende Archen vor Anker gegangen sind, um im Frieden der Nacht zu ruhen. Wasser wird von den Kräften des Mondes bewegt und zeigt sich als Ebbe und Flut wie auch im zyklischen Geschehen des weiblichen Körpers. Die drei elementaren Wasserkräfte werden in der Luft schwerelos. Mond und Luft symbolisieren in der Kabbala das Bündnis zwischen Geist und Materie.

Menschen angelegt wurde. Die Gesamtheit aller seiner Möglichkeiten oder die Ausschöpfung seines gesamten Potentials erlebt und erkennt der Mensch jedoch erst durch die Trennung der beiden Paradiesbäume, die im Genesis-II-Bericht (Genesis 2,4–24) geschildert wird. Die Frucht bedeutet somit ein Wissen, das dem Menschen bei seiner Erschaffung mitgegeben wurde, das er jedoch nur dadurch wahrnehmen kann, daß er die Frucht sichtbar macht, die unerkannt in ihm wirkt. Erst dann kann er als lebendiges Ebenbild seines Schöpfers wieder in den Garten Eden eintreten.

In der jüdischen Mystik heißt der verborgene Grenzort Daath. Daß gerade der Mond im kabbalistischen 10-Punkte-System den utopischen Ort der Vollkommenheit einnimmt, scheint bereits ganz äußerlich durch sein nur zyklisch erscheinendes, volles Licht am nächtlichen Himmel sinnfällig zu sein, denn der volle Mond wird nur in dem Moment sichtbar, wenn die Erde keinen Schatten mehr auf ihn wirft. In nur einer Nacht im Monat wird das schattenlose Licht der Sonne von ihm empfangen. Die geistige Bedeutung dieses kosmischen Phänomens zeigt sich bildhaft in der mystischen Interpretation innerhalb des 10-Punkte-Systems. Wenn der Schatten der Erde das Vollmondlicht nicht berührt, entfällt in ihm für einen Moment der Gegenpol Erde. Die Erde oder der 10. Punkt, in dem sich alle irdischen Erscheinungsformen zu einer stofflichen Verdichtung zusammengefügt haben, werden unsichtbar, um den Mond oder die Auflösung aller stofflichen Schwere sichtbar zu machen. Es werden somit niemals elf Punkte, sondern immer nur zehn Punkte sein, die in der Kabbala sichtbar erscheinen. Da die Erde auch das Chaos ausdrückt und der Mond die Ordnung, verlieren die Bäume ihren Baumcharakter und werden zu einem wurzellosen Abbild eines Himmels, in dem die Elemente sich

Die drei Prinzipien des Lebens und die vier Elemente oder die vier elementaren Grundlagen des Lebens.

Christi Himmelfahrt, mittelalterliche Buchmalerei.

zu einer neuen, lichten Ordnung vereint haben.

In der Mythologie und in religiösen Texten wird dieser Zustand als Erlösung von der Gebundenheit an ein irdisches Schicksal (»Rad des Schicksals« – Erde) und als Himmelfahrt der Heiligen Könige, der göttlichen Söhne, der Erleuchteten, der Erwählten, der Propheten oder der Heiligen geschildert.

Bei vielen alten Kulturvölkern verkörperte sich im Vollmond eine weiße Göttin der Weisheit. In der liebevollen Umarmung mit ihr wurde der Liebende aus der irdischen Welt entrückt. Sie war ein Sinnbild für den Eingang in eine jenseitige Welt. Auf dem Tarotbild »Die Welt« sind Blätter zu einer Mandorla geformt. In der vaginalen Öffnung erscheint das Bild vom Zustand der Vereinigung mit der leuchtenden Weisheit, in dem alle trennenden Gegensätze verlöschen. Die Gestalt ist aus Licht geformt. Der weiße Kern der Mandel war ein Symbol für das erneuerte, vollkommen gereinigte Leben, das sich erst dann in seiner ganzen Zartheit zeigt, wenn es aus der körperlichen Umhüllung heraustreten kann. Die Blätter der Mandorla auf dem Tarotbild »Die Welt« entwachsen einer Unendlichkeitsschleife, die an der oberen Spitze die beiden Bogenhälften miteinander verbindet. Außerhalb der beiden Bögen sind rechts und links die beiden elementaren Gegensatzpaare abgebildet. Das Stiergesicht symbolisiert die Erde und das Menschengesicht die Luft. Das Löwengesicht symbolisiert das Wasser und das Adlergesicht das Feuer. Beide Gegensatzpaare sind auf der mittleren Säule im kabbalistischen System ablesbar. Die beiden Bildsymbole für die schweren Elemente, das Stiergesicht und das Löwengesicht tragen blattförmige Flügel, während die beiden leichten Elemente durch gefiederte Flügel symbolisiert werden.

Im Alten Testament werden diese vier heiligen Tierwesen im Buch Ezechiel ausführlich beschrieben. In einer Version erscheinen sie als »Räder« oder »Wirbel« unter dem Thron Gottes. Den einen der vier Wirbel, das Stiergesicht, bezeichnet Ezechiel auch als Kerubim. Wirbel aber meinen die bewegende Kraft der Elemente, die selber unbeweglich an ihrem Ort bleiben. Die Kerubim sind demnach gleich der elementaren Kraft der Erde, die als stoffliche Ur-Substanz der geistigen Essenz, die aus ihr erwächst, gegenübersteht. Die Wächter sind zugleich die Führer. Das Stiergesicht trägt als einziges Abbild der vier Elemente keinen Heiligenschein. Es symbolisiert die lichtlose Summe aller farbigen Himmelslichter und ist zugleich das Fundament, aus dem heraus sich alle Lebenskräfte oder Seelenstufen entfalten. Die drei Elemente Wasser, Feuer und Luft, die auf dem Tarotbild mit einem Heiligenschein versehen sind, gelten in der jüdischen Mystik als bildhafte Umschreibungen für drei Seelenstufen, die im Menschen wirken. Der violette Wasserpunkt steht für die Pflanzenseele, der gelbe Feuerpunkt für die Tierseele und der weiße Luftpunkt für die Menschenseele.

Verklärung Christi, Mosaik-Ikone, Anfang des 13. Jahrhunderts, Griechenland. Christus steht in einer strahlenaussendenden Mandorla mit einem weißen Gewand auf einem Berg. Rechts und links von ihm stehen die Propheten Mose und Elias. In kniender Haltung sind die beiden Jünger Petrus und Jakobus dargestellt. Nur Johannes, der Evangelist, hat sich vor dem Verklärten zu Boden geworfen. Dieser Evangelist hatte erklärt, daß alles Leben aus dem lichten Wort Gottes entstanden sei, das verborgen in der Finsternis leuchtet, ohne daß diese es erfaßt.

In der Summe der sechs Farben, wie sie im lichtlosen »Rad des Schicksals« dargestellt werden, sind die beiden zentralen Elemente Wasser und Feuer mit ihren sechs unterschiedlichen Erscheinungsformen enthalten. Im Gegenbild »Die Welt« jedoch sind nur ihre beiden schöpferischen Qualitäten, wie sie auf der mittleren Säule beschrieben werden, vertreten. Ihre auflösenden und erneuernden Kräfte, zwischen denen sich das sichtbare Leben durch vier Jahreszeiten auf den äußeren Säulen darstellt, fehlen in der lichten Summe aller Farben. Die beiden schöpferischen Seiten von Feuer und Wasser oder die Farben Gelb und Violett bilden den Anfang und das Ende der unendlich kreisenden Zeit ab. Nur dieses Thema ist daher auch der Inhalt des Punktes, in dem die Zeit aufgehoben wird, da sich in ihm Anfang und Ende nicht mehr im Kreis begegnen, sondern zu einem Punkt verdichten, so wie auch die heiligen Tierwesen zu einem Ort unterhalb des göttlichen Thrones aufgestiegen sind und an diesem Ort bewegungslos als vier Räder stehen. Das sichtbare Leben und mit ihm die Zeit hat sich zu einem zeitlosen, geistigen Leben gewandelt, in dem die elementaren Kräfte nur noch als schöpferische, geistige Quellen des Lebens wirken. Oben neben der Unendlichkeitsschleife sind das Adlergesicht und das Menschengesicht dargestellt. Ihr Geist, der Anfang und die endlose Zeit, wirken von oben nach unten auf das Löwengesicht und das Stiergesicht, denn diese verkörpern das Ende und die begrenzte Zeit. Darauf verweisen die beiden Spitzen, die oben von der Unendlichkeitsschleife umschlossen werden. Die nach oben weisende Spitze zeigt auf den geistigen Ursprung aller vier geistigen Lebensquellen. Die nach unten weisende Spitze zeigt auf die liegende oder empfangende Rolle der beiden unteren Lebensquellen, die ebenfalls durch eine Unendlichkeitsschleife miteinander verbunden sind. Nur münden in die unteren Quellen alle Blätter ein, die aus den oberen Quellen an der Spitze der Mandorla entsprungen sind.

Im Buch Ezechiel geht es, wie häufig in der Bibel, um den Zorn Gottes gegen das »Haus Israel«, das er mit einem schrecklichen Strafgericht heimsuchen wollte, um ohne Mitleid Alt und Jung, Mädchen, Kinder und Frauen zu erschlagen. »Doch von denen, die ein T auf ihrer Stirn tragen, dürft ihr keinen anrühren«, sagte Gott zu den sechs von ihm

Marmorsarkophag aus dem 5. Jahrhundert, Ravenna. Christus, das Lamm Gottes, erscheint als Darstellung des T, des letzten Buchstaben Taw im hebräischen Alphabet. Der Baum des Lebens, eine Palme mit Wedeln und Früchten steht auf der linken Seite. Der Baum der Erkenntnis, rechts, zeigt verkümmerte Palmwedel. Das erhöhte Lamm steht auf einem Berg, dem die vier heiligen Quellen des Lebens entspringen. Sie bilden die vier Grundlagen aller lebendigen Erscheinungen, die sich aus den vier Elementen Erde, Wasser, Feuer und Luft zusammensetzen. Die luftige Höhe auf der waagerechten Ebene des Berges bildet die Grenze zwischen oberem und unterem Himmel, auf der der Erlöser erscheint. Dieser blickt zurück zum Baum des Lebens, denn in ihm liegt sein Lebensweg und seine Opferrolle begründet. Der Weg hinauf durch den Baum der Erkenntnis dagegen stellt keine körperlichen Erfahrungen dar, sondern einen geistigen Erkenntnisprozeß. Das Lamm Gottes verbindet die beiden gegensätzlichen Bäume zu einer geistigen Quelle des ewigen Lebens.

Cosmico, Kosmos/Welt, Tarotbild des Ferraresischen Meisters von 1465. Dieser Genius verkörpert die unsichtbare Lebenskraft der Welt. In seiner rechten Hand hält er eine Kugel, in der Himmel und Erde abgebildet sind, in die Höhe. Mit seiner linken Hand weist er in die Tiefe. Im Mikrokosmos wie im Makrokosmos wirken die gleichen Kräfte und Gesetze, besagt seine Gestik. Im Hintergrund seiner riesenhaften Gestalt wächst ein Wald von Bäumen aus der Erde dem Himmel entgegen. Sie symbolisieren viele wachsende Menschen, für die der große Kosmos im kleinen Kosmos ihrer Gestalt sichtbar wird, so wie der baumgestaltige Gesetzeskörper Gottes auch sein Ebenbild und zugleich den Kosmos darstellt.

auserwählten Mördern. Ihre Anzahl entspricht nicht zufällig der Anzahl der sechs farbigen Punkte in der Baumstruktur. Mit einem T waren von Gott nur jene Männer versehen worden, »die über die in der Stadt begangenen Greueltaten seufzen und stöhnen« (Ezechiel, 9,4–6). Das T meint den letzten Buchstaben im hebräischen Alphabet, Taw, der im letzten Tarotbild »Die Welt« bildnerisch gedeutet wird. Die sechs Mörder symbolisieren die Vergänglichkeit der Körperformen, während das Taw diejenigen bezeichnet, die sich jenseits der vergänglichen Zeit aus den geistigen Quellen des Lebens ernähren.

Innerhalb der Mandorla steht auf dem Tarotbild »Die Welt« eine leicht verhüllte Gestalt. Ihre Geschlechtslosigkeit wird unter zwei Scheiben, die den Anschein weiblicher Brüste erwecken, verborgen. Der wehende Schleier verbirgt den Rest. Sie ist das ungeteilte und daher zweigeschlechtliche Ebenbild Gottes, in dem der Schöpfer sich spiegelt. Als sichtbares Abbild seiner unsichtbaren Existenz hatte er es erschaffen. Doch erst nach einem langen Weg hinab zur Erde und wieder hinauf zum Himmel ist es dem Erwachten möglich, sich selbst als leuchtend wahrzunehmen. Die göttliche Frucht ruht nicht mehr verborgen in seinem Innern, sondern tritt als schattenloses Licht aus dem Verborgenen hervor. Der ungeteilte Mensch trägt zwei Stäbe mit betonten Endpunkten in seinen Händen. Der senkrecht gehaltene, rechte Stab steht für das Gegensatzpaar Feuer und Wasser oder den höchsten Sonnenstand im Süden und die Abwesenheit der Sonne im Norden. Der linke, waagerecht gehaltene Stab steht für die beiden waagerecht liegenden Horizontpunkte im Osten und Westen, wo die Sonne und mit ihr das sichtbare Leben erwacht oder ausgelöscht wird oder aber für die Elemente Luft und Erde. Diese beiden Gegensatzpaare werden durch eine Verbindungslinie, die außen um die Hand herum verläuft, noch besonders betont, denn in ihnen stellen sich jeweils umfassende Summen aller elementaren Erscheinungen dar. Die Luft oder das geflügelte Menschengesicht birgt in sich die geistige und daher unsichtbare Summe aller Elemente, während die Erde oder das blattgefiederte Stiergesicht für die stoffliche und daher sichtbare Summe aller Elemente steht.

Was sich im höchsten, weißen Schöpfungspunkt als gestaltloses, geistiges Schöpfungsprinzip darstellt, wird im darunterliegenden Spiegelpunkt zum gestaltlosen Element Luft, die unfarbig und unsichtbar ist, wie der Punkt, den es widerspiegelt. Dieses Element repräsentiert den wahrnehmbaren Geist innerhalb der farbigen Erscheinungswelt. Luft wird nur durch

Christus, von zwei Kerubim umgeben am Firmament, spanische Buchmalerei von 945 n. Chr. Unten sind die vier heiligen Tierwesen als Symbole für die vier Evangelisten abgebildet. Sie sind entsprechend der Ezechiel-Vision mit vier wirbelnden Rädern verbunden und zu einem beweglichen Thronwagen angeordnet, der den oberen Himmel trägt.

Bewegung wahrnehmbar. Im Körper wird sie durch den Atem spürbar oder aber der Körper wird außen von ihr berührt. Ihre Bewegung zeigt sich im zarten Lufthauch wie auch im gewaltigen Sturm. Die unsichtbare Luft wurde zum Sinnbild des göttlichen Odems, der die unbeseelte Materie belebt. Innerhalb des 10-Punkte-Systems bildet der Luftpunkt auch das Kehlkopfzentrum, wenn man den Gesetzeskörper auf die menschliche Gestalt überträgt. An diesem Punkt werden die Stimmbänder durch den Atem zum Schwingen gebracht. Aus geistiger Sicht aber ist dieser Punkt vor allem der Eingang und der Ausgang der Seele, mit der das individuelle Leben im Körper beginnt und beim letzten Atemzug endet, wenn der Mensch seine Seele aushaucht.

In Griechenland war es Athene, die Göttin der Weisheit, die dem von Prometheus aus Erde geformten, ersten Menschen mit ihrem göttlichen Odem die geflügelte Seele einhauchte. Dieses göttliche Geheimnis verbarg sich hinter ihrer Mondmaske, dem Gorgoneion der Medusa, denn dieser geistige Schöpfungsakt war nicht darstellbar und nicht faßbar.

In der Genesis wird Adam, der erste noch ungeteilte Mensch, vom Schöpfergott aus Erde geformt und danach mit seinem Odem zu beseeltem Leben erweckt. Der männliche Schöpfergeist hat sich mit der Erschaffung des Menschen einen weiblichen, empfangenden Körper geschaffen, dem er seinen Geist einhauchte. Der Mensch der Endzeit ist somit gleich dem Menschen der Vorzeit ein ungeteiltes Wesen, weder Mann noch Frau, sondern weiblicher Körper und männlicher Geist.

Im Neuen Testament beschreibt der Evangelist Johannes das göttliche Wirken im Schöpfungsakt folgendermaßen: »Im Anfang war das Wort, und das Wort war bei Gott. Alles ist durch das Wort geworden, und ohne das Wort wurde nichts, was geworden ist. In ihm war das Leben, und das Leben war das Licht, und das Leben war das Licht der Menschen. Und das Licht leuchtet in der Finsternis, und die Finsternis hat es nicht erfaßt« (Johannes, 1,1–5).

Der Lebensatem ist die lichte Ur-Kraft des Menschen. Die geistige Kraft wurde als Seele, Wesenskern, Genius oder Tugend bezeichnet und als geflügelte Menschengestalt dargestellt. Als unsichtbarer Schutzengel verkörpert er das unsterbliche, geistige Licht im dunklen Körper des Menschen. Erst wenn das Seelenlicht in der Finsternis bei Vollmond zurückkehrt in den Garten Eden oder ins Elysium, erfaßt es sich als leuchtendes Ebenbild Gottes, das ewig lebt wie das Licht, in dem es seinen Ursprung hat. Die körperliche Gestalt des geflügelten Menschen ist mit dem Element Luft verbunden. In der Luft sind alle übrigen Elemente zu schwereloser, schwebender Leichtigkeit emporgehoben. Auf dem Tarotbild »Die Welt« schweben die beiden leichten Elemente Feuer und Luft oder das Adler- und das Menschengesicht auf Wolken. Die luftige Engelsgestalt jedoch trägt zudem auch noch die Wolke, so wie die Luft die schweren Wolken trägt. Auf dem Tarotbild umfaßt ihre Hand die verdichtete Luft, die ihre körperliche Beschaffenheit zum Ausdruck bringen soll. Erst durch das Menschengesicht werden alle Elemente in einem schwerelosen Körper vereint.

Wie alle Gegensatzpaare rufen sich auch Luft und Erde wechselseitig hervor und sind als Keim im jeweiligen Gegenüber als Bewegungsenergie angelegt. Die elementare Schwerelosigkeit der Luft birgt somit die Schwere der Elemente als Gegenkraft in sich wie auch umgekehrt. Wird die unsichtbare Luft durch das Licht des Geistes sichtbar, verändert sich die Gestalt der beiden Paradiesbäume. Sie verschmelzen zu einer

Mit dem Sichtbarwerden des verborgenen Punktes in den beiden Paradiesbäumen verändert sich deren Gestalt. Die verbindende Frucht zwischen ihnen hebt die Trennung auf und erschafft dadurch eine neue, geistige Ordnung der Welt. Der bisher sichtbare Erd-Punkt wird in dieser Welt unsichtbar. Wie alle Gegensätze können auch Luft und Erde oder Geist und Materie in vollkommen reiner Ausprägung nur wechselseitig erscheinen. Gemeinsam bilden sie eine Ganzheit, die als hin- und herfließende Bewegung zwischen ihnen sichtbar wird. Das leuchtende Ebenbild Gottes erfährt sich im Garten Eden als ein geistiges Geschöpf, das mit der stofflichen Welt nur dadurch verbunden ist, daß es den Gegenpol als unsichtbare Kraft in sich trägt. Sein Leuchten wird deswegen sichtbar, weil das unsichtbare geistige Licht, das es empfängt, von seiner stofflichen Substanz empfangen und reflektiert wird. Die Luft ist wie sein Körper nur sichtbar, weil in ihr schwebende Stoffe enthalten sind. Der göttliche Geist braucht die Materie als Spiegel, um sichtbar werden zu können. Je feiner die Stoffe, um so reiner erscheint das Licht.

neugeordneten Welt, in der die sichtbare Erde zu unsichtbarer, schwereloser Leichtigkeit gewandelt ist.

Mit einem Bein fußt die Gestalt in der Mandorla auf den unteren, schweren Elementen wie auf einer Wolke, während sie mit schwebendem Bein mit den beiden leichten Elementen verbunden ist. Beide Beine bilden ein Kreuz. In der waagerechten

Beinlinie ist die senkrechte Gegenbewegung durch den senkrechten Fuß dargestellt und umgekehrt, in der senkrechten Beinhaltung deutet der Fuß die gegenläufige Richtung an. Blickrichtung und Schleieröffnung weisen nach links, denn erst nach dem Durchschreiten der geistigen Reinigung durch die Ur-Flut ist der Eintritt in den Ort des ewigen Lebens möglich, in dem Körper und Geist eine leuchtende Einheit bilden.

Der Glanz des lebendigen Lichts

Der folgende Textauszug entstammt einem Brief, den die Äbtissin Hildegard von Bingen an Gilbert von Gembloux schrieb. Die Mystikerin und pflanzenkundige Heilerin lebte im 11. Jahrhundert.

»Was ich schaue, vermag ich nicht vollkommen zu erkennen, solange ich im Körper lebe und meine Seele noch unsichtbar ist. Denn in diesen beiden Dingen ist die Unvollkommenheit des Menschen begründet.

Von meiner Kindheit an, da meine Knochen, Nerven und Adern noch nicht gekräftigt waren, schaue ich diese Vision immer in meiner Seele bis auf den heutigen Tag, da ich mehr als 70 Jahre alt bin. In dieser Vision steigt meine Seele, so wie Gott es will, hinauf in die Höhe des Firmaments und in verschiedene Luftschichten und breitet sich zwischen den verschiedenen Völkern aus, die in entlegenen Gegenden und Orten von mir entfernt sind. Und da ich dies auf solche Weise in meiner Seele schaue, so nehme ich es auch nach dem Wechsel der Wolken und anderer Geschöpfe wahr. Nicht aber höre ich es mit den äußeren Ohren noch erkenne ich es in den Gedanken meines Herzens oder durch Mitwirkung meiner fünf Sinne, sondern ich schaue es nur in meiner Seele, mit offenen Augen, ohne jemals dabei eine Ekstase erlebt zu haben, wachend bei Tag und bei Nacht.

Ständig werde ich von meinen Krankheiten bedrängt und bin oft von so schweren Schmerzen umklammert, daß sie mir den Tod zu bringen drohen. Aber Gott hat mich bis jetzt aufrecht gehalten …

Die Menora, der siebenarmige Leuchter, Miniatur aus der Cervora-Bibel, Spanien, 1000 n. Chr. Die Menora wird von zwei Bäumen flankiert, die ihr aus drei Gefäßen Öl spenden. Die Gefäße entsprechen den drei geistigen Kräften des oberen Himmels, von denen die sieben sichtbaren Lichter des unteren Himmels zum Leuchten gebracht werden. In der Minora sind der Baum des Lebens und der Baum der Erkenntnis vereint.

Maria Verkündigung, armenische Miniatur, 1356. Maria steht neben einer Quelle, aus der sich Wasserstrahlen in einen Brunnen ergießen. Auf den Schultern trägt Maria ein leeres Gefäß, das ihre jungfräuliche Empfängnisbereitschaft anzeigt. Über ihrem Haupt schwebt eine Taube, das Zeichen der geistigen Liebe zwischen Gott und den Menschen. In der Mitte ist der Baum des Lebens dargestellt. Hinter der ausgestreckten Hand des Erzengels befindet sich die Stelle am Baum, die den mystischen Ort der Heiligen Hochzeit symbolisiert, die Himmel und Erde vereint.

Die Gestalt dieses Lichts vermag ich in keiner Weise zu erkennen, wie ich ja auch die Sonnenscheibe nicht vollkommen anblicken kann. In diesem Licht sehe ich zuweilen, nicht häufig, noch ein anderes Licht, das mir als das lebendige Licht bezeichnet wird. Wann und in welcher Weise ich dieses sehe, das weiß ich nicht zu sagen. Aber solange ich es sehe, wird alle Angst und Traurigkeit von mir genommen, so daß ich dann wie ein einfältiges Mägdlein und nicht wie eine alte Frau bin. Aber wegen der ständigen Krankheit, an der ich leide, widerstrebt es mir, die Worte und Gesichte anzusprechen, die mir da gezeigt werden. Wenn aber meine Seele dieses Licht sieht und genießt, dann werde ich, wie ich sagte, in eine solche Verfassung versetzt, daß ich allen Kummer und alles Leid vergesse. Und was ich dann in dieser Version schaue und vernehme, das schöpft meine Seele wie aus einem Quell, der voll und unerschöpflich bleibt. Jenes Licht aber, das der Schatten des lebendigen Lichts genannt wird, entbehrt meine Seele zu keiner Stunde. Ich sehe es, als schaute ich in einer lichten Wolke das Firmament ohne Sterne. Darin sehe ich das, was ich gewöhnlich rede und was ich antworte, wenn man mich nach dem Glanze jenes lebendigen Lichtes fragt.«[1]

[1] Hildegard von Bingen, in: Deutsche Mystiker. Eine Textauswahl, hrsg. von Gundolf Gieraths, Zürich 1977, S. 87–89.

BILDNACHWEIS

Athen, Nationalmuseum: 204.
Baltimore, Walters Art Gallery: 179.
Beirut, Nationalmuseum: 117 (oben).
Berlin, Kupferstich-Kabinett: 218.
Berlin, Staatliche Museen: 176, 186, 202 (unten), 214, 226.
Berlin, Vorderasiatisches Museum: 81, 127, 136 (oben).
Boston, Museum of Fine Arts: 75 (unten links).
British Museum, London: 67, 72, 82, 93, 115 (links), 123, 148, 167, 180, 207.
Chantilly, Musée Condé: 80.
Dijon, Archäologisches Museum: 164.
Eriwan, Museum Matenadaran: 251.
Florenz, Uffizien: 158.
Hamburg, Kunsthalle: 13, 35, 46, 52, 60 (unten), 78 (unten), 96, 98, 109 (beide), 124, 126, 128, 153, 154, 169 (unten), 173, 188 (beide), 192, 222, 223, 225, 232 (unten), 237, 242, 246 (unten).
Herakleon, Archäologisches Museum: 92, 181, 197 (rechts).
Kairo, Ägyptisches Museum: 74, 76, 90, 102 (beide), 132, 202 (oben).
Köln, Wallraf-Richartz-Museum: 105, 209.
Leningrad, Eremitage: 211.
Lissabon, Nationalbibliothek: 250.
London, National Gallery: 66, 107.
Marseille, Archäologisches Museum: 145 (links).
München, Alte Pinakothek: 137, 196.
München, Bayerische Staatsbibliothek: 144.
München, Staatliche Graphische Sammlung: 208.
Münster, Westfälisches Landesmuseum: 83.
New Haven, Yale University Art Gallery: 216.
New York, Metropolitan Museum: 75 (oben), 175.
New York, Pierpont Morgan Library: 156.
Nürnberg, Germanisches Nationalmuseum: 119.
Palermo, Archäologisches Museum: 99.
Paris, Bibliothèque Nationale: 134.
Paris, Louvre: 78 (oben), 95, 115 (rechts), 133 (unten), 235, 245.
Rom, Nationalmuseum: 171.
Rom, Vatikanisches Museum: 130, 178.
Rotterdam, Museum Boymans-van Beuningen: 85.
Samos, Museum: 88 (rechts).
St-Germain-en-Laye, Archäologisches Museum: 59.
Stuttgart, Württembergisches Landesmuseum: 145 (rechts).
Tarquinia, Museum: 116, 163, 191.
Volterra, Museo Guarnacci: 86.
Würzburg, Universitätsbibliothek: 104.

Alle anderen Abbildungen und die Zeichnungen stammen aus dem Archiv des Verlages bzw. der Autorin.

LITERATUR

Die Bibel, hrsg. im Auftrag der Bischöfe Deutschlands, Österreichs, der Schweiz, des Bischofs von Luxemburg, des Bischofs von Lüttich, des Bischofs von Brixen, für die Psalmen und das Neue Testament auch im Auftrag des Rates der Evangelischen Kirche in Deutschland und der Deutschen Bibelgesellschaft, Stuttgart 1980 (Verlag Katholische Bibelanstalt)

Champdor, Albert, Das Ägyptische Totenbuch, Bern/München 1977 (Scherz Verlag)

Duerr, Hans Peter, Traumzeit, Frankfurt/Main 1978 (Syndikat Verlag)

Fischle, Willy H., Das Geheimnis der Schlange, Fellbach-Oeffingen 1983 (Verlag Adolf Bonz)

Gieraths, Gundolf (Hrsg.), Deutsche Mystiker. Eine Textauswahl, Zürich/Einsiedeln/Köln 1977 (Benzinger Verlag)

Goethe, Johann Wolfgang von, Farbenlehre, 3 Bände, 3. Auflage, Stuttgart 1984 (Verlag Freies Geistesleben)

Golowin, Sergius, Die weisen Frauen, 2. Auflage, München 1985 (Goldmann Verlag)

Jung, C. G., Der Mensch und seine Symbole, 5. Auflage, Olten/Freiburg i. Br. 1981 (Walter-Verlag)

Kerényi, Karl, Die Mythologie der Griechen, Band 1: Die Götter- und Menschheitsgeschichten, 11. Auflage, München 1988 (dtv)

Kersten, Holger, Jesus lebte in Indien, München 1983 (Droemersche Verlagsanstalt)

Leisegang, Hans, Die Gnosis, Stuttgart 1985 (Alfred Kröner Verlag)

Leuenberger, Hans-Dieter, Schule des Tarot, 3 Bände, Freiburg i. Br. 1986 (Verlag Hermann Bauer)

Müller, Ernst (Hrsg.), Der Sohar, das heilige Buch der Kabbala, Köln 1986 (Eugen Diederichs Verlag)

Papus (d. i. Gérard, Encausse), Die Kabbala, übers. v. J. Nestler, 6. Auflage, Wiesbaden 1986 (Fourier Verlag)

Ranke-Graves, Robert, Die weiße Göttin, Reinbek bei Hamburg 1985 (Rowohlt-Taschenbuch Verlag)

Ranke-Graves, Robert, Griechische Mythologie, Reinbek bei Hamburg 1987 (Rowohlt-Taschenbuch Verlag)

Ranke-Graves, Robert und Raphael Patai, Hebräische Mythologie, Reinbek bei Hamburg 1986 (Rowohlt-Taschenbuch Verlag)

Scholem, Gershom, Zur Kabbala und ihrer Symbolik, 1. Auflage, Frankfurt/Main 1973 (Suhrkamp-Taschenbuch Verlag)

Soden, Wolfram von (Hrsg.), Das Gilgamensch-Epos, Stuttgart 1982 (Philipp Reclam jun.)

Tarocchi. Menschenwelt und Kosmos, Katalog zur Ausstellung, hrsg. v. Wallraf-Richartz-Museum der Stadt Köln 1988

Wolf, Christa, Voraussetzungen einer Erzählung: Kassandra, Darmstadt/Neuwied 1983 (Sammlung Luchterhand)

CARLA RANDEL,
geboren 1934, studierte an der Hochschule für bildende Künste in Hamburg. Das Fach Kunst lehrte sie viele Jahre in der Schule, heute ist sie als Malerin und Autorin tätig. Seit ihrer Entdeckung der Hintergründe des Marseiller Tarot bestimmt diese Forschungsarbeit ihr Leben. Auch die 56 Kleinen Arkana sind inzwischen von ihr als Darstellung des ersten Teils der Genesis entschlüsselt worden, in dem die sechs Schöpfungstage oder das gesamte Potential im Urbild des Menschen beschrieben werden.

Informationen über Seminare
und sonstige Anfragen bei
der Autorin unter folgender Adresse:

CARLA RANDEL
Kleiner Schäferkamp 29
20357 Hamburg

Zum Thema Tarot sind im Heinrich Hugendubel Verlag bereits folgende Titel erschienen:

Hajo Banzhaf

Das Arbeitsbuch zum Tarot

187 Seiten mit vielen Abbildungen, Festeinband und als Set mit Rider-Waite-Deck

Dieses »Arbeitsbuch« macht beinahe mühelos mit dem Tarot-Orakel vertraut. Es gibt dem Fragenden neue Perspektiven, ob es sich nun um zwischenmenschliche Beziehungen handelt, um berufliche Schritte, finanzielle Entscheidungen, alte Gewohnheiten und Einstellungen oder Selbstfindungsprobleme. Das neue Legesystem *Der Weg,* anhand dessen der Autor die Symbole der 78 Tarotkarten und ihre Varianz auslegt, erweist sich als faszinierender Schlüssel: zum Orakel, zur Praxis, zum Nachschlagen, zur Orientierung im Alltag – schon morgen.

Hajo Banzhaf

Das Tarot-Handbuch

260 Seiten mit zahlreichen Abbildungen, Festeinband

Mit dem Tarot-Handbuch hat der Autor ein Grundlagenbuch geschrieben, das in die vielschichtige Symbolik der Karten einführt. Die zwölf Legesysteme ermöglichen es, die Karten zu Themen aller Lebensbereiche gezielt zu befragen. Deutungsvorschläge und Interpretationsmöglichkeiten werden aus dem Themenkreis der jeweiligen Karte heraus erarbeitet und zusätzlich durch traditionelle Deutung ergänzt.

Hajo Banzhaf / Elisa Hemmerlein

Tarot als Wegbegleiter

Der zuverlässige Ratgeber für den »nächsten Schritt«

213 Seiten mit zahlreichen Abbildungen, Festeinband

Dieses Buch bietet einen lebendigen Einstieg in die Bilderwelt und die Interpretation der beiden berühmtesten Tarotspiele, den Rider-Waite-Tarot und die Karten von Aleister Crowley. Die Autoren beschreiben allgemein die Bedeutung aller 78 Tarotkarten, aber auch speziell für die vier Plätze der Legemethode *Der nächste Schritt,* die dem Fragenden wertvolle Hinweise gibt, worauf er in wichtigen Situationen achten muß, und ihm zeigt, wohin ihn sein nächster Schritt führen wird.

Akron / Hajo Banzhaf

Der Crowley-Tarot

Das Handbuch zu den Karten von Aleister Crowley und Lady Frieda Harris

219 Seiten mit zahlreichen Abbildungen, Festeinband und als Set mit Crowley-Tarot-Deck

Unter Tarot-Liebhabern ist der Crowley-Tarot seit Jahrzehnten ein fester Begriff. Zwei kompetente Autoren legen mit diesem Band ein umfassendes Handbuch und damit den Schlüssel zum Verständnis dieses vielbenutzten Karten-Sets vor. Entstanden ist ein Nachschlagewerk, das die vielfältige Symbolik der Karten ergründet und ihren Spuren ebenso in der Welt der Magie, der Astrologie und der Alchemie nachgeht wie in den Überlieferungen der mediterranen und der keltischen Völker, insbesondere aber in der ägyptischen Mythologie.

Mary Greer

Tarot-Konstellationen

Persönlichkeits- und Wesenskarten

307 Seiten mit zahlreichen Abbildungen, Leinen

Die Autorin konzentriert sich auf eine weitgehend vernachlässigte, jedoch sehr interessante Seite des Tarot: Sie stellt die Karten gemäß ihrem Zahlenwert in neuen Basiseinheiten zusammen und kommt so zu einer eindeutigen Interpretation aller Karten. Über das Geburtsdatum oder über den Zahlenwert des Namens kann der Befrager etwa die für ihn relevante Persönlichkeitszahl und damit auch seine Persönlichkeitskarte, seine Wesenskarte, die Karte seiner verborgenen Seite ermitteln und anhand der ausführlichen Deutung dieser Symbole für sich interpretieren.

KAILASH